AF649519

Darius Foroux

Finanziell erfolgreich wie ein Stoiker

Darius Foroux

FINANZIELL ERFOLGREICH WIE EIN STOIKER

Der gelassene Weg
zu dauerhaftem Wohlstand

Aus dem amerikanischen Englisch
von Hans Freundl

Mit 12 Schwarz-Weiß-Abbildungen

PIPER

Mehr über unsere Autorinnen, Autoren und Bücher:
www.piper.de

Inhalte fremder Webseiten, auf die in diesem Buch (etwa durch Links) hingewiesen wird, macht sich der Verlag nicht zu eigen. Eine Haftung dafür übernimmt der Verlag nicht. Wir behalten uns eine Nutzung des Werks für Text und Data Mining im Sinne von § 44b UrhG vor.

Unser Versprechen für mehr Nachhaltigkeit
• Klimaneutrales Produkt
• FSC®-zertifiziertes Papier
• Hergestellt in Deutschland

FSC www.fsc.org MIX Papier | Fördert gute Waldnutzung FSC® C014496

ISBN 978-3-492-07303-5
Die amerikanische Originalausgabe erschien 2024
unter dem Titel *The Stoic Path to Wealth*
bei Portfolio/Penguin, New York
© Darius Foroux, 2024
All rights reserved including the right of reproduction
in whole or in part in any form.
This edition published by arrangement with Portfolio,
an imprint of Penguin Publishing Group,
a division of Penguin Random House LLC.

Für die deutsche Ausgabe:
© Piper Verlag GmbH, München 2024
Herstellung und Satz: Sieveking Agentur, München
Gesetzt aus der Scala
Litho: Lorenz & Zeller, Inning am Ammersee
Druck und Bindung: GGP Media GmbH, Pößneck
Printed in Germany

Inhalt

DRITTER GRUNDSATZ
Vermehren Sie Ihr Geld

Stoische Anlagetechniken

· EINLEITUNG ·

Warum Stoizismus hilft, Wohlstand aufzubauen

· 1 ·

Mein Streben nach dauerhaftem Wohlstand

Ich wurde 1987 in Teheran geboren, auf dem Höhepunkt des Krieges mit dem Irak. Ein Jahr später verließ meine Mutter das Land und ging in die Niederlande, wo sie bereits Familienmitglieder hatte, die einige Monate zuvor den gleichen Schritt unternommen hatten. Mein Vater durfte das Land während eines Krieges nicht verlassen, also musste meine Mutter die Reise allein antreten. Als sie sich bei der niederländischen Einwanderungsbehörde meldete, hatte sie kein Geld und nur einen Koffer – das war alles. Mein Vater kam 1990 ohne jegliche Besitztümer an. Er musste auf dem Landweg reisen, wofür er fast zwei Monate brauchte. Das klingt dramatisch, aber es ist die Geschichte von Millionen von Menschen auf der ganzen Welt. Wenn Sie in den Vereinigten Staaten, dem Land der Einwanderer, leben, kamen Ihre Eltern, Großeltern oder Urgroßeltern wahrscheinlich unter ähnlichen Umständen ins Land.

Jeder, der sein Geburtsland aus der Not heraus verlässt, muss bei null anfangen. Meine Eltern mussten sich neu ausbilden lassen, eine neue Sprache lernen, sich an eine andere Kultur anpassen, ein soziales Leben aufbauen und eine bessere Zukunft für sich, meinen Bruder und mich schaffen. Solange ich mich erinnern kann, lebte unsere Familie von der Hand in den Mund; wir waren bis zum Hals verschuldet. Bei uns zu Hause drehte sich von Anfang an alles um Geld oder vielmehr um den *Mangel* daran.

Meine Eltern taten ihr Bestes, um uns gut zu erziehen, aber sie stritten sich immer über die Preise für alles, von Lebensmitteln bis zu Kleidung. Trotz unserer begrenzten Mittel mussten mein Bruder und ich nie hungrig ins Bett gehen und hatten sogar eine Nintendo-Spielkonsole. Aber irgendwie hatte ich ein schlechtes Gewissen. Als ob ich der Grund für ihre finanziellen Probleme wäre. Obwohl ich die finanziellen Schwierigkeiten meiner Eltern nicht genau kannte, konnte ich die ständige Anspannung im Haus spüren. Ich hatte Angst, alles zu verlieren, was wir hatten. Ein immer wiederkehrender Gedanke von mir war: »Wenn sie mich nicht hätten, müssten sie nicht so viel Geld ausgeben und würden sich nicht streiten.« Heute weiß ich, dass dies die Gedanken eines übermäßig verantwortungsbewussten Kindes waren. Aber meine Kindheit hat mir ein Gefühl der Dringlichkeit eingeflößt. Ich war fest entschlossen, reich zu werden, damit wir nicht mehr so leben mussten.

Das war der Grund, warum ich an der Universität BWL und Finanzwissenschaften studierte. Ich weiß noch, wie sehr sich meine Klassenkameraden mit der Wahl des richtigen Studienfachs abmühten. Für mich war das überhaupt keine Frage. Mein einziges Ziel war es, eine Menge Geld zu verdienen. Und ich war davon überzeugt, dass ein Wirtschaftsstudium der erfolgversprechendste Weg zu diesem Ziel ist.

Im Jahr 2007, als ich noch auf dem College war, bekam ich einen Job bei der ING, einer multinationalen niederländischen Bank. Die ING war damals auf internationalem Terrain unterwegs und besaß Niederlassungen in der ganzen Welt. Das war vor der globalen Finanzkrise, und die Branche war noch weit weniger reguliert als heute. An den Abenden arbeitete ich bei der ING, zunächst in der Abteilung für Privatkunden, wo ich Kunden bei alltäglichen Aufgaben wie der Beantragung von Kreditkarten oder Privatkrediten half. Nachdem ich drei Monate lang viele Kreditkarten an Kunden verkauft hatte, wurde mir eine Stelle als Berater für Investmentfonds in der Anlageabteilung angeboten. Damit ging ein Traum in Erfüllung. Schon als Teenager liebte ich die Welt der Finanzen, die in Filmen wie *Wall Street* und *Boiler Room* (deutscher Titel: *Risiko – Der schnellste Weg zum Reichtum*) verherrlicht wurde. Als sich mir diese Gelegenheit bot, stellte ich mir vor, Aktien am Telefon zu verkaufen, genau wie die von Charlie Sheen verkörperte Figur Bud Fox in *Wall Street*. Ich verkaufte dann zwar keine Aktien einzelner Unternehmen wie Bud, aber ich verkaufte Investmentfonds, also Körbe von Aktien, was der Sache schon sehr nahekam. Ich *fühlte* mich wie ein Börsenmakler.

In der niederländischen Finanzdienstleistungsbranche war es damals erstaunlich einfach, Berater zu werden. Ich nahm an einem dreiwöchigen Schulungsprogramm teil, und schon war ich startklar. Meine Aufgabe war einfach: bestehende Kunden anzurufen, die bereits in andere Finanzprodukte investiert hatten, und sie davon zu überzeugen, Geld in die neuesten Investmentfonds zu investieren, die die Bank eingeführt hatte. Die Verkaufsgespräche liefen super, und die Kundenanrufe waren eine tolle Erfahrung. Das war eine Zeit, in der die Menschen gerne mit einem Bankmitarbeiter sprachen, eine Zeit, in der man noch Vertrauen in Banker hatte.

Wenn ich zurückblicke, denke ich jedoch: »Wie kann ein zwanzigjähriger Jungspund nach einem dreiwöchigen Trainingsprogramm Kunden beraten, worin sie ihr Geld investieren sollten?« Es ging nur um Profit. Die Bank legte immer wieder neue Investmentfonds zu bestimmten Themen wie nachhaltige Energie, Schwellenländer, Technologie und anderes auf. Ein Investmentfonds ist ein Korb von Aktien, die von einem Fondsmanager ausgewählt werden. Wenn Sie in diese Fonds investieren, setzen Sie auf den potenziellen Erfolg des Fondsmanagers.

Ziel war es, so viele Anleger wie möglich zu gewinnen, denn die Bank erhielt eine Gebühr für das Geld, das die Kunden investierten. Und es war einfach, Kunden zu gewinnen, denn wer kann schon dem Versprechen widerstehen, Geld zu verdienen, ohne dafür arbeiten zu müssen? Einfach Geld in einen Fonds investieren und warten, bis man reich wird.

Nach meinen ersten Geschäften hielt ich mich für ein Anlagegenie. Ich erzählte allen von meiner Arbeit: meiner Familie, Freunden, Kommilitonen und Professoren. Mit dem Geld, das ich bei der Bank verdient hatte, kaufte ich sogar Aktien der ING. Gleich nachdem ich die Wertpapiere erworben hatte, rieb ich mir die Hände und wartete darauf, selbst reich zu werden. Ich kaufte die Aktien zu einem Kurs von etwa 27 Dollar. Aber ein Jahr später wurde die Aktie von ING Direct für etwa 3 Dollar gehandelt. Ich war auf dem Höhepunkt der Immobilienmarktblase, die die Finanzkrise von 2008/09 auslöste, in den Markt eingestiegen. Ich fühlte mich miserabel, als ich so viel Geld verlor. Dieses Gefühl verfolgte mich über Jahre hinweg.

Ich verkaufte zwar nicht am Tiefpunkt, hielt aber bis 2011 an der ING-Aktie fest, als ich schließlich die emotionale Achterbahnfahrt nicht mehr aushielt und sie zu einem Preis von etwa 11 Dollar abstieß. In vier Jahren hatte ich 60 Prozent meines Geldes verloren. In der Zwischenzeit hatte der breite Markt seine Verluste bereits wieder aufgeholt und stand sogar höher als vor der Finanzkrise. Ich hatte zwar nur etwa 2000 Dollar investiert, aber mehr als die Hälfte seines Vermögens zu verlieren tut weh, egal wie hoch der Geldbetrag ist. Als ob es nicht schon schmerzhaft genug wäre, in der Jugend mit finanziellen Problemen aufzuwachsen, wurde ich nun auch noch am Aktienmarkt gebeutelt. Investieren war einfach zu schwierig. Wie jeder, der an der Börse Geld verliert, dachte ich, das sei nur etwas für reiche Leute oder Wall-Street-Banker in Dreiteilern. Obwohl ich einen Master in Betriebswirtschaft besaß und mich auf Finanzen spezialisiert hatte, fehlte mir das Vertrauen darauf, dass man mit Aktien ein Vermögen aufbauen kann. An dem Tag, als ich meine Aktien verkaufte, hatte ich aufgegeben.

Tatsächlich aber ist es so, dass wir es uns gar nicht leisten können, *nicht* zu investieren. Das alltägliche Leben wird immer teurer. Die Preise für Lebensmittel, Benzin, Versicherungen, Energie und fast alles andere steigen. Viele Menschen können es sich nicht leisten, ein Haus zu kaufen. Und was noch schlimmer ist: Die Löhne steigen nicht schnell genug, um mit der Inflation Schritt zu halten.[1] In Wirklichkeit nimmt unser Wohlstand jedes Jahr ab … es sei denn, Sie besitzen Vermögenswerte. Die folgende Grafik zeigt, wie sich die Inflation im Laufe der Zeit auf Ihr Bargeld auswirkt. Zwischen 1980 und 2022 betrug die Inflation in den USA im Durchschnitt 3,06 Prozent pro Jahr (einschließlich der hohen Inflation in den Jahren 2021 und 2022).[2]

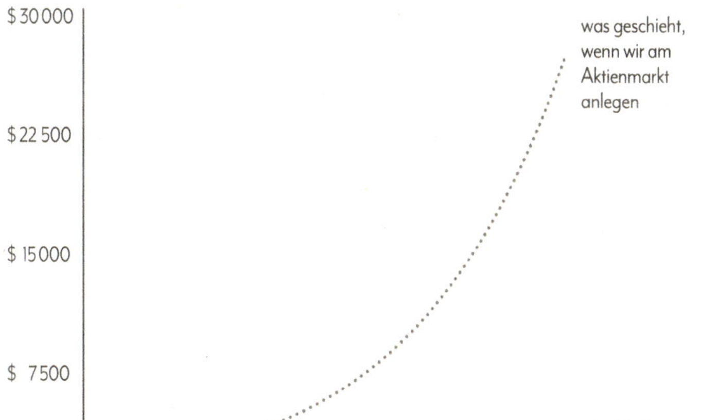

Abbildung 1: Der Unterschied zwischen positiver Akkumulation am Aktienmarkt und negativer Akkumulation durch Inflation

Im Vergleich dazu erzielte der Markt (wenn ich von »dem Markt« spreche, beziehe ich mich immer auf den S&P 500, einen Index von Standard & Poor's, der die 500 größten börsennotierten US-Unternehmen enthält) eine durchschnittliche jährliche Rendite von 11,44 Prozent.[3] Seit der Schaffung des S&P 500 im Jahr 1928 stieg der Index durchschnittlich um rund 10 Prozent pro Jahr.[4] Bereinigt man diesen Wert um die Inflation, so lieferte der Markt eine jährliche Rendite von 8,38 Prozent. Das hört sich vielleicht nicht nach viel an. Aber sehen Sie sich die Alternative an, die darin besteht, beim Bargeld zu bleiben.

Für Bargeldbesitzer ist das ein unschönes Bild. Nehmen wir an, Sie hätten 1980 1000 Dollar unter Ihre Matratze gelegt. 42 Jahre später, im Jahr 2022, hätte dieses Geld einen realen Wert von 240 Dollar gehabt.[5] Hätten Sie dieses Geld jedoch in den S&P 500 investiert, hätten Sie eine reale (inflationsbereinigte) Rendite von 29 632,50 Dollar erzielt.[6] In dieser Zeitspanne haben wir Kriege, Rezessionen, Naturkatastrophen, politische Spannungen, Börsenblasen, Zinserhöhungen und eine schwere Finanzkrise erlebt. Außerdem hatten wir eine weltweite Pandemie, die fast sieben Millionen Todesopfer forderte,[7] und mussten mit einer Reihe von Folgeproblemen kämpfen wie zweistelligen Inflationsraten, Problemen in den Lieferketten und Arbeitskräftemangel. Und die ganze Zeit über stiegen die Preise für Vermögenswerte. Das Problem ist, dass nicht jeder Vermögenswerte besitzt. Das ist die Ursache für die Vermögensungleichheit.

So gut wie jedes Land auf der Welt, egal wie hoch entwickelt es ist, hat ein Problem mit der zunehmenden Ungleichheit. Im reichsten und wohlhabendsten Land der Welt, den USA, hat sich beispielsweise die Kluft zwischen den reichsten und den ärmsten Familien von 1989 bis 2016 verdoppelt.[8]

Es ist kein Wunder, dass die wirtschaftliche Ungleichheit in den letzten Jahrzehnten die Aufmerksamkeit von Politikern und Wirtschaftswissenschaftlern auf sich gezogen hat. Trotzdem hat sich nicht viel geändert, denn die meisten Menschen konzentrieren sich auf die Steigerung ihres Gehalts. Ein höherer Verdienst mag zwar eine unmittelbare finanzielle Entlastung bringen, ist aber nicht der Weg zu langfristigem Wohlstand. Die Daten zeigen, dass bei 99 Prozent der Steuerzahler, die weniger als 500 000 Dollar verdienen, 75 Prozent ihres Einkommens auf Gehälter und Löhne entfallen. Bei Millionären machen die Gehälter nur 15 bis 50 Prozent ihres Einkommens aus.[9]

Wir wissen also, wie man reich wird: Investieren Sie Ihr Geld in zuverlässige Vermögenswerte und lassen Sie es mit der Zeit wachsen. Das klingt so einfach, und doch ist es eines der schwierigsten Dinge im Leben. Denn wir wollen nicht nur um jeden Preis reich werden. Wir wollen mehr Geld, aber wir wollen gleichzeitig auch unseren Seelenfrieden haben. Diese beiden Dinge passen nicht immer zusammen. Man kann so viel Geld haben, dass man sich nie mehr um das Bezahlen der Rechnungen Sorgen machen muss, und trotzdem vor Angst vergehen, dieses Geld zu verlieren.

Wir sollten in finanzieller, aber auch in geistiger Hinsicht prosperieren. Wenn Ihre Finanzen stabil sind und Ihr Geist ausgeglichen ist – das ist wahrer Reichtum. Wenn Sie sich nicht mehr ausschließlich auf Ihre Arbeit verlassen müssen, um Geld zu verdienen. Wenn sich Ihr Geld auf dem Aktienmarkt von selbst vermehrt. Dann können Sie sich endlich aus der Falle befreien, Ihre Zeit gegen Geld zu tauschen.

Während die Wirtschaft trotz katastrophaler Ereignisse weiter wächst und der Markt sich folglich positiv entwickelt, gibt es einige Herausforderungen, wenn es darum geht, langfristig erfolgreich zu investieren:

Herausforderung Nr. 1: Volatilität

Viele von uns wissen, dass ein Engagement am Aktienmarkt ein guter Weg ist, um Vermögen aufzubauen. Das Problem besteht darin, dass Investitionen in Aktien schwierig sind, weil der Markt sehr schwankungsfreudig ist. Die Kurse steigen und fallen ständig, was zwei starke menschliche Emotionen anspricht: Angst und Gier. Wir haben Angst, wenn sich der Markt verschlechtert. Wir werden gierig, wenn die Kurse zu steigen beginnen, und verspüren den Drang, unser gesamtes Erspartes sofort in den Markt zu stecken.

Diese Dynamik hat sich an den Aktienmärkten seit 2020 noch verstärkt. Seit der COVID-19-Pandemie ist der Handel mit Aktien beliebter denn je geworden. Im Jahr 2011 machten Privatanleger etwas mehr als 10 Prozent des gesamten Handelsvolumens am Aktienmarkt aus. Im ersten Quartal 2021 waren es schon fast 25 Prozent.[10]

Doch die Märkte sind tückischer geworden. Eine Möglichkeit, die Volatilität zu messen, besteht darin, zu ermitteln, wie oft sich der S&P 500 an einem einzigen Tag um mindestens 1 Prozent in die eine oder andere Richtung bewegt. Im Jahr 2022 traten solche Schwankungen beim S&P 500 an mehr als 87 Prozent der Handelstage auf, was zuvor nur während des Höhepunkts der globalen Finanzkrise von 2008 beobachtet worden war.[11] Ein weiteres Maß, der CBOE Volatility Index (oder VIX), der die vom Markt erwartete kurzfristige Schwankungsbreite des S&P 500 misst, verharrte von Februar 2020 bis Anfang 2023 auf erhöhtem Niveau.

All dies bedeutet: Die Volatilität ist hoch, was den Markt unberechenbar erscheinen lässt. Wenn Sie auf diese täglichen Schwankungen zu reagieren versuchen, werden Sie entweder Geld verlieren, oder Sie können auch an der Seitenlinie bleiben.

Sie werden erfolgreich sein, wenn Sie trotz der schwankenden Natur des Marktes Ruhe bewahren.

Herausforderung Nr. 2: Beständigkeit

Die Wahl der richtigen Anlagestrategie ist schwierig. Sie haben buchstäblich Hunderttausende von Möglichkeiten, Ihr Geld zu investieren. Die meisten Brokerfirmen bieten die Möglichkeit, Aktien und Rohstoffe aus der ganzen Welt zu handeln. Während ich dies schreibe, gibt es weltweit mehr als 59 000 Unternehmen, in die Sie investieren können.[12] Darüber hinaus existieren unzählige andere Anlageinstrumente wie börsengehandelte Fonds (Exchange-Traded Funds – ETFs), Investmentfonds, Anleihen und Rohstoffe wie Gold, Silber, Kupfer sowie Kryptowährungen.

Darüber hinaus gibt es Tausende von »Experten«, die alle möglichen Ereignisse in der Wirtschaft vorherzusagen versuchen. Es gibt Leute in den sozialen Medien, die vor einem totalen Zusammenbruch des Dollars in einem Jahrzehnt warnen. Unsere Welt wird immer schneller, lauter und chaotischer, was uns nur noch mehr überfordert. Wir können nicht mehr unterscheiden, was wichtig ist und was nicht, und was wahr ist und was nicht.

Und wenn wir versuchen, in etwas zu investieren, werden wir von der nächstbesten Sache, die uns über den Weg läuft, abgelenkt. Wir probieren zu viele verschiedene Arten von Strategien aus, was uns daran hindert, jemals konsequent zu sein. Erfolgreiches Investieren bedeutet, irrelevante Informationen auszublenden, die Kraft aufzubringen, an seiner Strategie festzuhalten, und dem Drang zu widerstehen, jeder neu auftauchenden Gelegenheit nachzugehen.

Herausforderung Nr. 3: Frühere Verluste

Dass man an der Börse hin und wieder Geld verliert, ist normal. Studien, die sich mit den Erfolgsquoten sehr aktiver Privatanleger befassen, zeigen, dass nur zwischen 1 Prozent und 3 Prozent kurzfristig Geld verdienen.[13] Es ist schwer vorstellbar, dass bis zu 99 Prozent aller Händler Verluste machen, aber das wundert mich nicht. Jeder, mit dem ich gesprochen habe, der sich jemals am Kauf und Verkauf von Aktien versucht hat, hat irgendwann einmal Geld verloren.

Mit Aktien zu handeln, um kurzfristig Gewinne zu erzielen, hört sich immer gut an (wer möchte nicht mit ein paar Klicks in seiner Aktienhandels-App Geld verdienen?), aber wenn die Leute erkennen, dass die Chancen gegen sie stehen, haben sie wahrscheinlich schon so viel Geld verloren, dass sie die Nase voll haben von Aktien.

Was ist mit den Profis? Etwa 80 Prozent der professionellen Geldverwalter schneiden schlechter ab als der S&P 500.[14] Das ist der Grund, warum so viele Menschen schlechte Erfahrungen mit Investitionen machen. Wahrscheinlich haben auch Sie schon Geld mit Investitionen verloren. Und ich weiß aus eigener Erfahrung, dass man, wenn man am Markt schmerzliche Verluste erlitten hat, lieber die Finger davon lässt. Aber man merkt auch, dass man sich leicht verdientes Geld entgehen lässt. Denn darauf läuft es im Grunde hinaus, wenn man in Aktien investiert: Man steckt sein Geld in den Markt und wartet, bis man reich wird.

Warum der Umgang mit den eigenen Emotionen der Schlüssel zum Anlageerfolg ist

Ich habe immer geglaubt, dass Investieren ein intellektuelles Rätsel sei. Ich dachte: »Wenn ich doch nur die richtige Formel hätte«, als ob das Investieren gewissermaßen eine mathematische Gleichung wäre, die man lösen könnte. Damit war ich beileibe nicht der Einzige. Allein im Jahr 2021 wurden mehr als 80 Millionen Bücher in der Warengruppe Wirtschaft verkauft.[15] Viele dieser Bücher behandeln die rationalen Aspekte des Investierens. Sie lehren eine Methodik für Investitionen. Deshalb denken viele von uns, dass es beim Investieren nur darum gehe, zu lernen, wie man es vom praktischen Standpunkt aus angeht. In Wahrheit wissen die Profis, dass es beim Investieren nicht in erster Linie um Theorie oder Wissen geht, sondern darum, seine Emotionen im Griff zu haben.

Benjamin Graham, der in den 1930er-Jahren den ersten systematischen Ansatz für das Investieren entwickelte, sagte einmal: »Menschen, die ihre Emotionen nicht beherrschen können, sind schlecht dazu geeignet, vom Anlageprozess zu profitieren.«[16]

Dies steht in krassem Gegensatz zur landläufigen Meinung. Der Film *Pi*, der 1998 in die Kinos kam, fasst die Vorstellung, die Millionen von uns vom Investieren haben, sehr gut zusammen. Der Film handelt vom Weltklasse-Mathematiker Max Cohen, der versucht, numerische Muster hinter dem Aktienmarkt zu entdecken, um dessen Richtung zu prognostizieren. Doch so sehr er sich auch anstrengt, er findet keinen Weg, den Markt vorherzusagen, was ihn in den Wahnsinn treibt. Schließlich vernichtet Max seine gesamte Arbeit und gibt auf. Max' Streben ist etwas, das viele von uns schon in weniger dramatischer Weise erlebt haben. Wir fangen an zu investieren, indem wir auf Ratschläge in den Nachrichten oder den sozialen Medien hören, verlieren Geld, reagieren emotional und sagen, dass Trading mit Aktien nur etwas für Wall-Street-Profis sei. Ich habe diese Erfahrung während des Börsencrashs 2008 gemacht, der in Amerika 10 Billionen Dollar an Vermögen vernichtete.[17]

Ich dachte, dass mehr Wissen über Investitionen und Finanzen mir helfen würde, Verluste zu vermeiden. Zusätzlich zu meinen Abschlüssen studierte ich die Strategien erfolgreicher Investoren. Ich befasste mich mit Value-Investoren wie Warren Buffett, Charlie Munger, Peter Lynch, Bill Ackman, Geraldine Weiss, Joel Greenblatt und anderen. Diese Investoren verfolgen eine langfristige Strategie, die sich hauptsächlich darauf konzentriert, qualitativ hochwertige Unternehmen auszuwählen. Um mein Wissen über den Aktienmarkt zu vertiefen, habe ich mich auch mit Tradern wie Jesse Livermore, Martin S. Schwartz, Martin Zweig, Paul Tudor Jones und vielen anderen beschäftigt. Diese Seite des Finanzwesens unterscheidet sich vom Investieren. Trader sind eher darauf bedacht, einen kurzfristigen Gewinn zu erzielen, indem sie von Preisunterschieden profitieren. Sie kaufen einen Vermögenswert und beabsichtigen, ihn zu einem höheren Preis wieder zu verkaufen. Der zugrunde liegende Wert des Vermögensgegenstands interessiert sie nicht immer, Hauptsache, der Kurs steigt.

Aber erst 2017 habe ich endlich den *wahren* Schlüssel zum Anlageerfolg herausgefunden, zehn Jahre nachdem ich meine ersten Aktien gekauft hatte. Nach all den Bemühungen, mich weiterzubilden und die Grundsätze des Investierens zu beherrschen, hatte ich immer noch zu viel Angst, mein eigenes Geld auf dem Markt zu riskieren. Alle paar Jahre investierte ich in einige Aktien, aber ich fand nie einen Weg, beständig zu sein. Ich fühlte mich wie Max Cohen in *Pi*. Ich war nahe daran, aufzugeben. Denn wie viel Wissen ich mir auch aneignete, ich hatte immer noch nichts vorzuweisen. Ich würde Ihnen gerne erzählen, dass ich mich aus reiner Neugier der Philosophie zugewandt habe, aber es war eine Notwendigkeit. Mein Streben nach Reichtum führte zu nichts, und ich hatte das Gefühl, dass ich meine geistige Gesundheit schützen musste. Als ich eines Tages auf Seneca stieß, einen der bekanntesten Stoiker, verstand ich endlich, warum ich aufgehört hatte zu investieren und auch nie wieder damit angefangen hatte. Seneca schrieb:

> *»Am Anfang ist jede Leidenschaft schwach. Dann entfacht sie sich selbst und gewinnt mit dem Fortschreiten an Kraft. Sie lässt sich leichter ausschließen als austreiben. Wer wollte leugnen, dass jede Leidenschaft von einem gleichsam naturgemäßen Ursprung ausgeht? Die Sorge für uns selbst hat uns die Natur aufgetragen, aber wenn Du ihr zu sehr nachgegeben hast, dann ist sie ein Laster.«*[18]

Im Laufe der Jahre hatte ich meine Gefühle immer stärker werden lassen. Schließlich war die Angst, auf dem Markt Geld zu verlieren, so groß geworden, dass sie mich lähmte. Und ich suchte nach dem falschen Heilmittel. Ich dachte, dass mehr Wissen mir helfen könnte, Geld zu verdienen, aber was ich wirklich brauchte, war die Sorge um mich selbst, wie Seneca es ausdrückte. Ich musste aufhören, mich meinen Gefühlen hinzugeben. Alles drehte sich. Mir schien es, als hätte ich plötzlich eine ganz andere Sicht auf ein altes Thema gewonnen. Es war, als würde ich ein Problem aus einem völlig neuen Blickwinkel betrachten. Jahrelang steckte ich in den Schützengräben fest. Jetzt saß ich in einem Hubschrauber und sah von oben das ganze Bild. Mir wurde klar:

1. Um an der Börse dauerhaften Wohlstand aufzubauen, muss ich meine Gefühle in den Griff bekommen.
2. Um meine Emotionen zu beherrschen, kann ich den Stoizismus heranziehen.

3. Dann kann ich den Stoizismus auf meine Anlagestrategie anwenden, sodass ich meine Emotionen an der Börse unter Kontrolle bekomme.
4. Wenn ich das schaffe, erlange ich Beständigkeit und kann mein Geld im Laufe der Zeit vermehren.

Nach meinem Heureka-Moment war ich begierig, mehr zu erfahren. Sicherlich hatte jemand bereits darüber geschrieben, wie man den Stoizismus nutzen kann, um ein besserer Anleger zu werden. Aber anscheinend gab es dazu noch nichts – also begann ich, meine eigene Reise als stoischer Investor zu dokumentieren.

Im Juli 2015 begann ich mit der Veröffentlichung eines Newsletters und von Artikeln über Philosophie, Karriere, persönliche Finanzen und Wirtschaft auf meiner Website dariusforoux.com. Ich habe mittlerweile über 500 Artikel veröffentlicht, die von mehr als 30 Millionen Menschen gelesen wurden, von Führungskräften in Fortune-500-Unternehmen bis hin zu Profisportlern. Meine Arbeit wurde zum Beispiel von *Forbes, Entrepreneur, Business Insider* und *The Economist* veröffentlicht. Im Jahr 2020 beauftragte mich die Publikationsplattform Medium, eine wöchentliche Kolumne über Stoizismus zu schreiben, die inzwischen mehr als 275 000 Follower hat.

Ich hatte mehrere Jahre lang den Stoizismus wie auch das Investieren an der Börse separat erforscht und darüber geschrieben, aber erst im Februar 2021 habe ich beide Themen in meinen Veröffentlichungen zusammen behandelt. Ich hatte meine stoische Anlagestrategie schon seit Jahren im Stillen getestet. Als ich anfing, nach stoischen Prinzipien zu investieren, sah ich sofort die Vorteile in Form von mentaler Stärke und positiven Renditen für mein Aktienportfolio. Meine große Bewährungsprobe kam im März 2020, als der S&P 500 innerhalb eines Monats um 34 Prozent fiel.[19] Mein altes Ich hätte sich zu Tode erschreckt und am Tiefpunkt verkauft. Mein stoisches Ich hat dagegen einfach ruhig weiter investiert. Ich war mir sicher, dass diese Strategie funktionierte, und ich wusste, dass es an der Zeit war, das Gelernte weiterzugeben. Zu diesem Zeitpunkt begann ich mit der Arbeit an einem Artikel, der den Titel des Buches trägt, das Sie gerade lesen. In diesem Artikel stellte ich kurz die Idee des stoischen Weges zum Reichtum vor. Ich wurde sofort von E-Mails und Nachrichten von Lesern überschwemmt, die mehr über dieses Thema erfahren wollten. Da wurde mir klar, dass ich das Buch schreiben musste, nach dem ich gesucht hatte.

· 2 ·

Wohlstand aufbauen durch die Anwendung uralter Weisheit

Der Stoizismus ist eine philosophische Denkschule, die im 3. Jahrhundert v. Chr. von Zenon von Kition in Athen gegründet wurde.[20] Zenon stammte aus einer wohlhabenden Kaufmannsfamilie in Kition, einer phönizischen Stadt auf dem heutigen Zypern; er trat in die Fußstapfen seines Vaters und wurde ebenfalls Kaufmann. Auf einer scheinbar normalen Verkaufsfahrt erlitt er vor der Küste Athens Schiffbruch und büßte seine gesamte Ladung ein. Zenon verlor an diesem Tag ein Vermögen.

Er entschloss sich, nach Athen zu gehen, wo ihm ein Buch in die Hände fiel, das Sokrates und sein Leben darstellte. Zenon fragte den Buchhändler: »Wo finde ich einen solchen Mann?« In diesem Augenblick ging zufällig ein athenischer Philosoph namens Krates von Theben an dem Laden vorbei, der der philosophischen Richtung der Kyniker angehörte. Der Buchhändler zeigte auf ihn – *das ist dein Mann.* So wurde der Stoizismus geboren. Zenon erlitt einen Verlust, suchte in einer Buchhandlung nach Antworten, stieß dabei auf die Philosophie und wollte daraufhin mehr über dieses Thema erfahren. Entdecken wir nicht alle die Philosophie auf diese Weise? Denn darum geht es doch: um das Streben, den eigenen Schmerz zu bewältigen, um inneren Frieden zu finden.

Der Stoizismus verbreitete sich von einem Lehrer zum anderen und wurde allmählich überall in Griechenland und in Rom populär. Es war eine nützliche Philosophie, um sich inmitten all der politischen Unruhen, Konflikte und Bürgerkriege zurechtzufinden, die es zu dieser Zeit zuhauf gab. Unsere Welt unterscheidet sich zwar stark vom alten Rom, aber diese philosophischen Lehren sind heute noch genauso relevant. Die Einfachheit und Nützlichkeit des Stoizismus ist der Grund dafür, dass er auch nach Zenon über die Jahrhunderte hinweg lebendig geblieben ist.

Die Grundlage des Stoizismus beruht auf der Erkenntnis, dass man sich im Klaren sein muss darüber, was man selbst beeinflussen kann und was nicht. Die Wahrheit ist, dass wir nur unsere Handlungen, Überzeugungen und Urteile kontrollieren oder verändern können. Wir haben keine Macht über externe Ereignisse wie die Meinung anderer Menschen, die Wirtschaft, das Altern, Unfälle, ja, nicht einmal über die Ergebnisse unserer Entscheidungen. Gleichwohl beharren wir darauf, uns mit diesen Ereignissen, die sich unserer Kontrolle entziehen, zu beschäftigen und uns Sorgen zu machen, was der Grund dafür ist, dass so viele von uns in geistiger und auch in finanzieller Hinsicht mit Schwierigkeiten zu kämpfen haben.

Indem wir unsere Energie schlicht auf das konzentrieren, was wir kontrollieren können, und uns nicht über Dinge sorgen, auf die wir keinen Einfluss haben, können wir innere Ruhe erlangen. Ein stoischer Mensch ist in volatilen Situationen stets im Vorteil. Wenn andere die Beherrschung verlieren oder beim kleinsten Rückschlag von ihren Emotionen mitgerissen werden, bleibt der Stoiker stets ruhig und gelassen und blickt auf die Tatsachen. Doch im Stoizismus geht es nicht darum, zu kontrollieren, was einem widerfährt; es geht darum, wie man auf das Geschehen *reagiert*. Das Ziel ist es, immer im gegenwärtigen Augenblick zu leben, frei von Sorgen über die Dinge, die sich dem eigenen Einfluss entziehen.

Die vier bekanntesten Stoiker

Ich werde Ihnen hier die Ideen der Stoiker unter einem auf Geld und Finanzen bezogenen Blickwinkel vorstellen, und zwar auf eine Weise, die gleichermaßen für erfahrene Stoiker wie für Neulinge erhellend ist. In diesem Buch verwende ich Zitate und Aussprüche der bekanntesten stoischen Philosophen. Ich möchte Ihnen diese Philosophen kurz vorstellen, damit Sie ein besseres Verständnis dafür bekommen, wer sie waren.

Vorstellung der Stoiker

Name	Lebensdaten	Schwerpunkte
Lucius Annaeus Seneca	ca. 4 v. Chr. bis 65 n. Chr.	Wahre Freiheit erlangt man, indem man sich darin übt, sich nicht an seinen Reichtum zu binden.
Gaius Musonius Rufus	ca. 30 bis ca. 101 n. Chr.	Die Bedeutung eines einfachen und genügsamen Lebens als Mittel zur Stärkung des Charakters.
Epiktet	50 bis ca. 135 n. Chr.	Radikales Akzeptieren von Dingen, die man nicht kontrollieren kann, und Konzentration auf die Selbstverbesserung.
Mark Aurel	121 bis 180 n. Chr.	Die Bedeutung von Fairness und Ehrlichkeit im Umgang mit anderen.

Lucius Annaeus Seneca war ein römischer Staatsmann und Philosoph, der um das Jahr 4 v. Chr. geboren wurde. Er stammte aus wohlhabenden Verhältnissen und machte eine erfolgreiche Karriere in der Politik. In seinen Fünfzigern zog er sich aus dem öffentlichen Leben zurück, um philosophische Werke zu schreiben. Später wurde er in eine Verschwörung gegen Kaiser Nero verwickelt und im Jahr 65 n. Chr. gezwungen, Selbstmord zu begehen.

Gaius Musonius Rufus, geboren um 30 n. Chr., war ein stoischer Philosoph, der aus einer gut situierten Familie kam. Er verbrachte sein Leben damit, Philosophie zu lehren, anstatt wie sein Vater eine Karriere in der Politik anzustreben. Er legte großen Wert auf philosophische Übungen und einen genügsamen Lebensstil, um sich selbst zu verbessern. Musonius wurde von den frühen Stoikern inspiriert, und die Schule, in der er Philosophie lehrte, war hoch angesehen.

Epiktet, der um 50 n. Chr. im antiken Griechenland als Sohn einer Sklavin geboren wurde, besuchte den Unterricht des Musonius, bevor er aus der Sklaverei entlassen wurde und in Rom den Stoizismus zu lehren begann. Später gründete er seine eigene Schule in Nikopolis in Griechenland. Er betonte, wie wichtig es ist, alles zu akzeptieren, was uns widerfährt, ohne sich von äußeren Faktoren bestimmen zu lassen. Sein Schüler Arrian zeichnete Epiktets Lehrgespräche auf veröffentlichte sie unter dem Titel *Dissertationes;* daneben verfasste er einen Auszug aus diesen Lehrgesprächen, *Encheiridion*, das *Handbüchlein der Moral* (oder auch *Anleitung zum glücklichen Leben*), das sehr populär wurde.

Mark Aurel wurde 121 n. Chr. geboren und wurde mit 19 Jahren Mitkaiser von Rom. Er dehnte die römische Herrschaft bis nach Germanien und Rätien aus. Diese Gebiete umfassten die heutigen Länder Deutschland, Österreich, Schweiz und Teile der Niederlande, Belgiens und Frankreichs, was bedeutet, dass Mark

Aurel fast ganz Europa beherrschte. Aurel lernte den Stoizismus durch Epiktet kennen, dessen Lehren er in seinem einzigen veröffentlichten Werk, den *Selbstbetrachtungen,* zitierte. Das Werk besteht aus persönlichen Reflexionen und philosophischen Einsichten, die Mark Aurel während seiner anstrengendsten Zeit als Kaiser niederschrieb. Es handelt sich dabei nicht um eine formale Abhandlung über den Stoizismus, sondern um einen intimen Einblick in die Gedanken und Ideen eines Mannes, der danach strebte, sich selbst und die Welt um sich herum zu verstehen und ein tugendhaftes Leben zu führen.

Stoizismus und Investieren verbinden

In seinem Kern ist der Stoizismus eine Überlebensstrategie. Er ist nicht nur eine philosophische Lehre, sondern auch eine Methode zum Schutz des eigenen Geistes. Aber Sie können den Stoizismus auch anwenden, um Ihr Geld zu schützen. Die meisten Menschen gehen jedoch davon aus, dass die Stoiker eine Abneigung gegen Geld hatten. Schließlich ist das Verdienen und Verlieren von Geld etwas, das wir nicht vollständig im Griff haben. Nach dem traditionellen Stoizismus sind die einzigen Dinge, über die wir gebieten, unsere Handlungen und unsere Urteile.

Folgt man dieser Logik, könnte man sagen, dass Geld schlecht ist, weil es sich unserer Kontrolle entzieht. Doch Epiktet, einer der strengsten Stoiker, sagte Folgendes über Geld: »›Verschaff dir Geld‹, sagt ein Freund. ... Wenn ich es mir verschaffen kann, ohne dabei meine Selbstachtung, meine Verlässlichkeit und mein hochgesinntes Wesen zu verlieren, dann zeige mir den Weg, und ich werde es mir verschaffen.«[21] Mir gefällt diese Einstellung, weil sie Menschen, die nach Geld streben, nicht verurteilt.

Wollen Sie reich werden? Dann tun Sie es. Und wenn Sie nicht reich werden? Auch kein Problem. Konzentrieren Sie sich einfach darauf, das Richtige zu tun, und vergessen Sie, was dabei herauskommt.

Der Grundgedanke ist, dass gutes Verhalten zu einem guten Leben führt, einem Leben, das von Beiträgen zur Gemeinschaft, liebevollen Beziehungen und Seelenfrieden bestimmt ist. Die Stoiker waren Investoren. Sie verzichteten auf sofortige Befriedigung und mieden schlechte Gewohnheiten, um ihre Chancen auf ein friedvolles Leben zu erhöhen. Genau das ist der Schlüssel: Um finanzielle Erfüllung zu finden, muss man in sich selbst investieren. Sie trennen sich heute von einem Teil Ihres Geldes, damit es sich vermehrt und Sie in Zukunft mehr davon haben.

Die Herausforderungen, mit denen wir konfrontiert sind, wenn es um Volatilität, Beständigkeit und frühere Verluste geht, rühren daher, dass wir nicht in der Lage sind, einen klaren Kopf zu bewahren. Denn wer möchte sein Geld nicht vermehren? Das Problem besteht darin, dass wir unseren Emotionen die Kontrolle über unsere Entscheidungen überlassen. Wir reden uns ein, dass wir nicht investieren sollen, und treffen finanzielle Entscheidungen, die nicht in unserem besten Interesse sind.

Wenn Sie sich bei Ihren Anlageentscheidungen von den Ideen des Stoizismus leiten lassen, werden Sie Herr über Ihre Gefühle und damit auch über Ihre Finanzen werden. Sie werden sich einen Vorteil verschaffen, der die Saat für dauerhaften Wohlstand über die Börse ausbringt.

· 3 ·

Sich in drei Schritten einen Stoischen Vorsprung verschaffen

Jeder Anleger, der an der Börse erfolgreich war, hatte eine Art Vorteil: einen *Vorsprung*. Einen Vorsprung zu haben bedeutet, dass Sie über etwas verfügen, seien es Informationen, Fähigkeiten oder Strategien, die Ihnen einen Vorteil gegenüber anderen Anlegern auf der Welt verschaffen. Bevor ich Ihnen in diesem Buch einen soliden und bewährten Vorteil vorstelle, lassen Sie uns kurz einen Blick auf vier gängige Arten von Vorteilen werfen, die erfolgreiche Investoren ausgezeichnet haben:

1. **Der Informationsvorsprung:** Wenn Sie ein Unternehmen und eine Branche gründlich recherchieren, können Sie sich ein gutes Bild von der Wettbewerbsposition dieses Unternehmens auf dem Markt machen. Je mehr Informationen Sie über ein bestimmtes Unternehmen sammeln und nutzen können, desto bessere Investitionsentscheidungen können Sie treffen. Und Sie müssen sich nicht nur auf die Investitionsanalysen anderer verlassen. Wenn Sie beispielsweise erwägen, in ein Speiseeisunternehmen zu investieren, können Sie eigene Umfragen und Untersuchungen zu den Produkten des Unternehmens durchführen. Sich einen Informationsvorsprung zu verschaffen ist schwieriger, als die meisten Menschen annehmen. Sie müssen aus den öffent-

lich zugänglichen Informationen neue Schlüsse ziehen, was stundenlange Analysen erfordern kann und ein umfassendes Verständnis der Investitionstheorien voraussetzt. Positiv ist, dass die Informationen frei verfügbar sind, sodass der Informationsvorsprung theoretisch erreichbar ist.

2. **Der quantitative Vorsprung:** In den späten 1960er-Jahren gründete der ehemalige Mathematikprofessor Edward Thorp einen Hedgefonds, der sich von allen anderen vergleichbaren Fonds unterschied. Thorp setzte quantitative Analysen ein, was es ihm ermöglichte, den Markt in fast jedem Jahr des Bestehens seines Fonds zu schlagen. Die Fonds, die diese Strategien anwenden, werden heute auch als »Quants« bezeichnet und bedienen sich komplexer mathematischer Verfahren zur Entwicklung von Handelssystemen. Diese Fonds beschäftigen Akademiker aus allen Wissenschaftsbereichen mit einem einzigen Ziel vor Augen: die Mathematik zu nutzen, um sich einen Vorteil auf dem Markt zu verschaffen. Die mathematischen Fähigkeiten, die erforderlich sind, um sich einen quantitativen Vorsprung zu verschaffen, sind immens, was diesen zum am schwierigsten erreichbaren Vorteil macht.
3. **Der Größenvorteil:** Für die Außenwelt ist Warren Buffett als der erfolgreichste Investor der Geschichte bekannt. Für Insider und Menschen, die sein Leben studiert haben, ist er ein Versicherungsmann, der die Prämien seiner Kunden investierte. Buffett baute seinen Reichtum über ein Investmentvehikel namens Berkshire Hathaway auf, ein ehemaliges Textilunternehmen, das auch als Holdinggesellschaft fungiert. Zu ihren wichtigsten Beteiligungen gehören Versicherungsgesellschaften wie GEICO, Gen Re, MedPro Group und elf weitere.[22] Warren Buffett und Berkshire trafen außergewöhnlich kluge Entscheidungen mit all den Prämien, die die Menschen an ihre Versicherungsgesellschaften zahlten. Da sie Zugang zu so viel zusätzlichem Kapital hatten, konnten sie

mit dem ihnen zur Verfügung stehenden Geld viele Unternehmen direkt aufkaufen. Das ist nur möglich, wenn man ein großer Finanzakteur ist. Die Idee eines Größenvorteils ist sehr einfach, ein solcher Vorteil ist aber schwer zu erreichen, weil nur sehr wenige Menschen Zugang zu derart enormen Geldsummen haben.

4. **Der Stoische Vorsprung:** Persönliche Investitionen werden von Menschen getätigt. Selbst wenn wir uns entscheiden, künstliche Intelligenz oder einen Robo-Advisor für die Entwicklung einer Anlagestrategie heranzuziehen, treffen wir selbst die endgültigen Entscheidungen. Und die menschliche Entscheidungsfindung ist oft fehlerbehaftet, weil Emotionen im Spiel sind. Ein Anleger, der seine Emotionen im Griff hat und keine typischen Fehler macht, ist automatisch im Vorteil gegenüber Anlegern, die nicht über diese Fähigkeit verfügen. Ich nenne dies den »Stoischen Vorsprung«, und alle erfolgreichen Anleger, die ich untersucht habe, verfügen über diesen Vorteil. Schließlich ist es unmöglich, wohlhabend zu bleiben, wenn man zu viele Fehler macht und Geld verliert. Anders als der Informationsvorsprung, der quantitative Vorsprung und der Größenvorteil ist der Stoische Vorsprung für jeden Anleger erreichbar und leicht zu erlangen.

Diese Vorteile schließen sich nicht gegenseitig aus. Ein Anleger wie Warren Buffett verfügt über mehrere Vorteile. Er hat einen Informationsvorsprung, weil er im Durchschnitt fünf Stunden am Tag damit verbringt, alles zu lesen, von Zeitungen bis hin zu Jahresberichten der Unternehmen, die ihn interessieren.[23] Bei dieser Lektüre nimmt er Unternehmen unter die Lupe, die die meisten Anleger übersehen. Außerdem ist Buffett der größte Investor der Welt und verfügt häufig über mehr als 100 Milliarden Dollar in bar.[24] Aber er besitzt nicht nur einen Größen- und einen Informationsvorteil, sondern auch den höchst bewundernswerten Stoischen Vorsprung in der Welt des Investierens. Dutzende von Büchern sind der Analyse von Warren Buffetts Anlagestrategie und -verhalten gewidmet. Das Ziel dieser Bücher ist es, herauszufinden, was ihn erfolgreich macht, damit wir dieses Verhalten nachahmen können. Diese Bücher übersehen jedoch, dass der durchschnittliche Anleger nicht über all die Vorteile verfügt, die Buffett hat. Es ist schon schwierig, sich einen Vorteil auf dem Markt zu verschaffen, geschweige denn drei. Das ist der Grund, warum die meisten Menschen, die Bücher über erfolgreiche Investoren lesen, nicht reich werden, wenn sie selbst über keinen Vorteil verfügen.

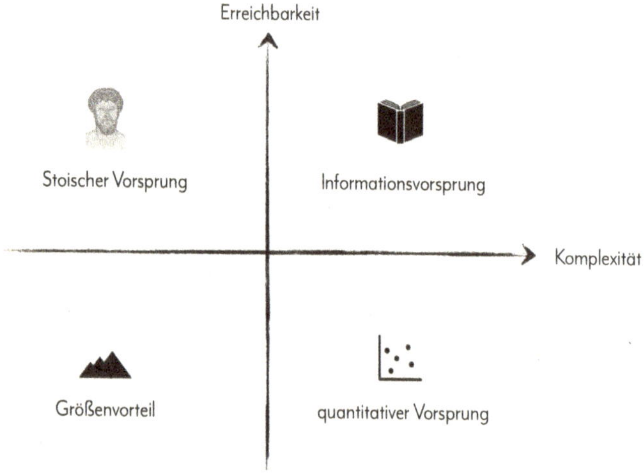

Abbildung 2: Der Stoische Vorsprung ist gut erreichbar und relativ wenig komplex. Dadurch wird er zum idealen Vorteil für alle Arten von Anlegern.

Drei Schritte zur Erlangung eines Stoischen Vorsprungs

Der Trumpf eines Stoikers besteht darin, sich seine Gleichgültigkeit gegenüber allem, was sich seiner Macht entzieht, zu bewahren. Wenn Sie sich alltägliche Situationen genauer ansehen, werden Sie feststellen, dass wir eine Menge emotionaler Energie damit verschwenden, dass wir auf Dinge reagieren, die wir doch nicht beeinflussen können. Sich über einen Stau zu ärgern ist eine reine Verschwendung von Energie. Während eines Börsencrashs auf das eigene Portfolio zu schauen ist ebenso nutzlos. Entscheidend ist nicht, was uns passiert, sondern wie wir darauf *reagieren*.

Mein Vorschlag: Um an der Börse dauerhaften Wohlstand aufzubauen, müssen Sie Ihr ganzes Leben lang investieren, egal was passiert. Um so konsequent zu sein, dass Sie trotz Gefühlen wie Angst und Gier weiter investieren, müssen Sie den einzigen Vorteil kultivieren, der für alle Anleger erreichbar ist: den Stoischen Vorsprung. Wenn Sie über diesen Vorteil verfügen, werden Sie auch die mentale Stärke aufbringen, an Ihrer Anlagestrategie festzuhalten, was Sie im Laufe der Zeit wohlhabender machen wird.

Unabhängig davon, welche Art von Anlagestrategie Sie derzeit verfolgen, werden Sie davon profitieren, wenn Sie sich den Stoischen Vorsprung zu eigen machen. Wenn Sie ein Value- oder Growth-Investor sind, hilft Ihnen der Stoische Vorsprung, Ihre Aktien nicht zu verkaufen in einer Situation, in der Sie konsequent bei der Sache bleiben sollten. Wenn Sie ein Momentum-Trader sind, hilft Ihnen der in diesem Buch vorgestellte Ansatz, das kleinste Zögern oder den kleinsten Konflikt aus Ihren Trades zu eliminieren.

Was ist, wenn Sie keine Anlagestrategie haben? Da sind Sie nicht allein. Eine Umfrage in Amerika hat ergeben, dass die

Hälfte der Leute, die in Aktien investieren wollen, nicht wissen, wie sie es anfangen sollen.[25] Ausgehend von den Forschungen und Erfahrungen der klügsten Anleger der Geschichte gibt es eine Strategie, die immer wieder empfohlen wird. Es ist eine Strategie, die gute Renditen liefert und sich seit den 1920er-Jahren bewährt hat, nämlich passives Investieren in einen ETF, der den S&P 500 abbildet.

Ein ETF ermöglicht Ihnen ein Engagement in einen Korb von Aktien oder anderen Wertpapieren, ohne dass Sie diese einzeln kaufen müssen. ETFs werden von Investmentgesellschaften wie BlackRock, Vanguard und Fidelity aufgelegt, die dann die einzelnen Aktien in diesem Korb tatsächlich kaufen. Die ETFs werden an einer öffentlichen Börse gehandelt und können über einen Broker erworben werden. Der Vanguard S&P 500 ETF beispielsweise ist sehr beliebt und kann über jede Aktienhandels-App mit dem Tickersymbol VOO gefunden werden (es gibt für jeden Fonds ein eindeutiges Symbol, damit Sie den Vermögenswert an der Börse identifizieren können).

Wenn Sie Geld in einem S&P 500 ETF anlegen, investieren Sie in die 500 größten Unternehmen aus elf Sektoren (Gesundheitswesen, Technologie, Immobilien, Finanzwerte usw.) in den Vereinigten Staaten. Warum die Vereinigten Staaten? Auch wenn Sie in einem anderen Land der Welt leben und sich dort wohlfühlen, spricht einiges dafür, Ihr Geld in der größten Volkswirtschaft der Welt anzulegen. Aus diesem Grund investiere ich persönlich in den S&P 500 und empfehle diese Strategie auch meinen Familienmitgliedern. Das Schöne an dieser Strategie ist, dass sie fast keine Zeit in Anspruch nimmt und eine nachweisliche Erfolgsbilanz aufweist. Die historische Rendite des S&P 500 von durchschnittlich 11,44 Prozent pro Jahr (seit 1980) bedeutet, dass sich Ihr Geld etwa alle sechs Jahre verdoppelt.[26] In Anbetracht der Tatsache, dass es praktisch keine Zeit braucht, um in den S&P 500 zu investieren, erscheint mir das nicht als ein schlechtes Geschäft. Aber um sicherzustellen, dass Sie diese Strategie Ihr ganzes Leben lang beibehalten, brauchen Sie einen Stoischen Vorsprung.

In diesem Buch habe ich die wichtigsten Lehren aus dem Stoizismus zusammengestellt, sie auf den Vermögensaufbau angewandt und sie dann auf drei einfache Schritte reduziert, die man sich leicht merken kann. Wenn Sie diesem Weg folgen, werden Sie einen Stoischen Vorsprung erlangen, der Ihnen helfen wird, an der Börse Vermögen aufzubauen.

Das Konzept dieses Buches beruht also auf drei Schritten, die sich auf die stoische Philosophie stützen, nämlich 1. in sich selbst zu investieren, 2. Verluste zu akzeptieren und 3. die Ergebnisse im Laufe der Zeit wachsen zu lassen. Ich glaube, dass dies den grundsätzlichen Rahmen für den Aufbau eines Stoischen Vorsprungs als Anleger bildet. Jeder Schritt ist mit dem wichtigsten Aspekt des Investierens und des Stoizismus ver-

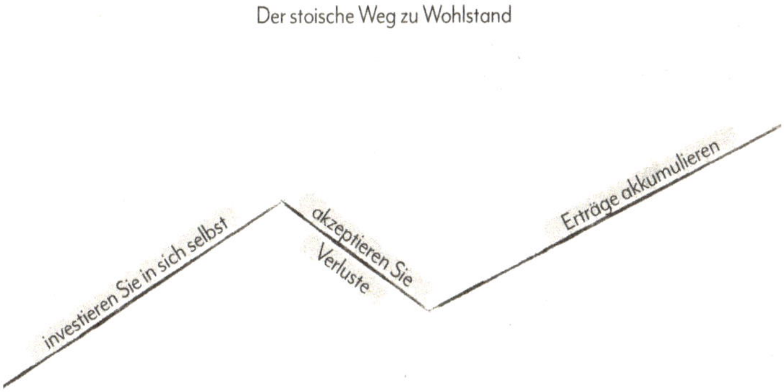

Abbildung 3: Der stoische Weg zu Wohlstand beginnt mit dem Investieren in die eigenen Fähigkeiten und dem Geldverdienen. Wenn wir eine gewisse Distanz zu unserem Geld schaffen können und den Gedanken akzeptieren, dass auch Verluste möglich sind, können wir zulassen, dass sich unser Geld vermehrt.

bunden: dem Umgang mit den eigenen Emotionen. Auf diesem Weg wird man nicht über Nacht zum Millionär. Aber er funktioniert.

Wie dieses Buch Ihnen hilft, Wohlstand aufzubauen

Während Ihnen Investmentphilosophien helfen, die beste Rendite für Ihr Geld zu erzielen, hilft Ihnen der Stoizismus, die beste Rendite für Ihre *Zeit* zu erzielen. Der stoische Weg zu Wohlstand vereint beides. Er hilft Ihnen, an der Börse Vermögen aufzubauen und gleichzeitig Ihre Zeit und Ihre geistige Gesundheit zu schützen. Sie finden hier eine Kombination aus uralten Weisheiten und praktischen Ratschlägen erfolgreicher Anleger von heute. Ich werde Ihnen eine Synthese der nützlichsten Ideen vorlegen, die weise Philosophen und Investoren entdeckt haben.

Jedes Kapitel beginnt mit dem Profil eines Investors. Ein Buch über Vermögensaufbau, das keine Geschichten über erfolgreiche Investoren wie Warren Buffett, Peter Lynch, John Bogle und Stanley Druckenmiller enthält, würde einen großen Teil der Finanzgeschichte auslassen. Auch wenn Sie diese Investoren vielleicht schon kennen, werden Sie in diesem Buch neue Erkenntnisse über ihr Leben aus dem Blickwinkel des Stoizismus entdecken.

Zusätzlich zu diesen bekannten Investoren erzähle ich die Geschichten von phänomenal erfolgreichen, aber weniger bekannten Menschen wie Geraldine Weiss, Cathie Wood, Jesse Livermore, Edward Thorp und Mohnish Pabrai. Geraldine Weiss zum Beispiel war die erste erfolgreiche weibliche Investorin an der Wall Street und ebnete damit den Weg für Frauen an der Börse. Cathie Wood veränderte die Art und Weise, wie wir disruptive Unternehmen und kurzfristige finanzielle Verluste betrachten. Jesse Livermore war der erste berühmte Spekulant an der Wall Street, der mit dem Handeln von Aktien eine steile Karriere hinlegte – und junge Trader bewundern noch immer seine Ratschläge von vor mehr als hundert Jahren. Edward Thorp führte als Erster die Mathematik in die Geldanlage ein. Und Mohnish Pabrai ist das beste Beispiel für einen Einwanderer, der in den USA ein Vermögen aufgebaut hat, indem er solide Anlageempfehlungen befolgte, anstatt zu versuchen, das Rad neu zu erfinden.

Ich habe die Lehren, die man aus dem Leben dieser Investoren ziehen kann, zusammengefasst und in die Begriffe der stoischen Philosophie gekleidet. Jedes Kapitel hat folgende Struktur: Zuerst erfahren Sie etwas über die prägende Zeit in der Karriere des Investors, und dann zeige ich Ihnen, wie Sie diese Erkenntnisse auf stoische Weise auf Ihrem eigenen Weg zum Vermögensaufbau anwenden können. Jedes Kapitel enthält auch einen kleinen Abschnitt mit der Überschrift »Denken Sie darüber nach ...«. Dabei handelt es sich um stoische Gedankenübungen, mit denen Sie Ihre Fähigkeit trainieren können, Ihre Emotionen besser in den Griff zu bekommen.

Am Ende des Buches schließlich finden Sie einen Abschnitt mit der Überschrift »Stoische Anlagetechniken«. Dieser Abschnitt beantwortet alle Ihre Fragen bezüglich der besten Vorgehensweise. Wenn Sie Lust haben, einzelne Aktien auszuwählen oder kurzfristig mit Optionen, Futures oder Kryptowährungen zu handeln, stelle ich Ihnen auch eine Methode vor, die Sie in Verbindung mit Ihrer anderen, langfristigen Anlagestrategie verwenden können. Obgleich ich ein langfristiger Anleger bin, der in den S&P 500 investiert, handle ich auch kurzfristig mit Aktien und Futures. Aber ich wähle meine Geschäfte sorgfältig aus, begrenze meine Verluste und stelle vor allem sicher, dass mein Handel profitabel ist.

Beim Vermögensaufbau geht es nicht darum, wie viel man weiß, sondern darum, wie gut man seine Emotionen im Griff hat. Je besser Sie Ihre Emotionen kontrollieren können, desto beständiger werden Sie sein. Je beständiger Sie vorgehen, desto besser können Sie Ihre Anlagestrategie umsetzen, und das ist es, was Sie wohlhabend macht. Dieser mentale Aspekt des Investierens ist bei Weitem der wichtigste Teil. Am Ende dieses Buches werden Sie über diesen Stoischen Vorsprung verfügen.

DENKEN SIE DARÜBER NACH …

Die Außendinge selbst berühren die Seele auf keinerlei Weise. Sie haben keinen Eingang zu ihr und können die Seele weder umstimmen noch irgendwie bewegen. Sie erteilt sich vielmehr selber allein Stimmung und Bewegung, und nach Maßgabe der Urteile, welche sie über ihren eigenen Wert fällt, gestaltet sie auch die ihr vorliegenden Dinge.

Mark Aurel[27]

Die stoische Dichotomie der Kontrolle besagt, dass wir unsere Handlungen kontrollieren können, nicht aber die Ergebnisse unserer Handlungen. Ein Mensch, der sich immer gesund ernährt und Sport treibt, kann trotzdem an einer Herzkrankheit sterben.

Was haben wir unter Kontrolle, wenn es um Geldanlagen geht? Unsere Strategie und ob wir sie dauerhaft umsetzen. Machen

Sie es sich zur Gewohnheit, auf Ihre Handlungen zu achten, wenn Sie über Investitionen sprechen. Was wollen Sie tun? Und wie wollen Sie es tun?

Vermeiden Sie es, über Ergebnisse nachzudenken. Wie viel werden Sie tatsächlich mit Ihren Anlagen verdienen? Wann werden Sie sich Ihr Geld auszahlen lassen? Diese Ergebnisse liegen nicht in unserer Hand, daher wäre es Energieverschwendung, sich zum gegenwärtigen Augenblick darauf zu konzentrieren.

· ERSTER GRUNDSATZ ·

Investieren Sie in sich selbst

Denke nicht, wenn etwas dir schwer ankommt, dass es nicht menschenmöglich sei! Vielmehr, wenn etwas für einen Menschen möglich und angemessen ist, so glaube, es sei auch für dich erreichbar!

Mark Aurel[28]

· 4 ·

Nützliche Fähigkeiten sind wichtiger als Geld

Der erste Schritt beim Aufbau von Wohlstand besteht nicht darin, in den Markt zu investieren, sondern in sich selbst. Die Entwicklung von nützlichen Fähigkeiten ist von entscheidender Bedeutung, um finanziellen Erfolg und Stabilität zu erreichen. Eine gute Ausbildung hilft Ihnen, sich einen wirtschaftlichen Wert zu schaffen, der Sie in die Lage versetzt, auch unter widrigen Umständen weiter Ihren Weg zu gehen. Ihre Fähigkeiten werden zu einem zuverlässigen Mittel, um unabhängig von Marktschwankungen Geld zu verdienen. Es ist zwar möglich, dass Sie hin und wieder Geld verlieren, aber die Fähigkeiten, die Sie erworben haben, bleiben Ihnen immer erhalten und können zur Einkommenserzielung eingesetzt werden.

Vom Schulabbrecher zum 100-Millionen-Dollar-Mann

Ein Ort, an dem man nur selten eine Geschichte findet, die vom Aufstieg eines Menschen vom Tellerwäscher zum Millionär handelt, ist die Wall Street. Viele professionelle Händler oder Investmentbanker dort stammen aus privilegierten Verhältnissen, haben Abschlüsse von Elite-Universitäten und sich im akademischen Bereich hervorgetan. Doch einer der ersten erfolgreichen Wall-Street-Händler, Jesse Livermore, hatte nicht einmal die Highschool abgeschlossen. Heute gilt Livermore als der beste Aktientrader aller Zeiten.[29]

Livermore wurde 1877 geboren und wuchs auf einer Farm in Acton in Massachusetts auf. Als er vierzehn Jahre alt war, zwang ihn sein Vater, die Schule abzubrechen und auf dem Hof der Familie zu arbeiten. Aber der junge Livermore hatte eine Leidenschaft für Lesen und Mathematik. Er hasste die Vorstellung, in die Fußstapfen seines Vaters zu treten; er träumte davon, Aktienhändler zu werden, weil er schon als Junge immer den Finanzteil der Zeitung las.[30] Mit der Hilfe seiner Mutter riss er von zu Hause aus und floh nach Boston. Als er 1891 dort ankam, ging er unverzüglich in das Börsenmaklerbüro von Paine Webber.[31] Dort stellte sich Livermore dem Filialleiter vor und sagte, er wolle einen Job – irgendeinen Job. Er hatte Glück. Die Maklerfirma suchte zufällig gerade einen »Boardboy«, und dieser Job wurde Livermore angeboten. In den nächsten zweieinhalb Jahren arbeitete Livermore bei Paine Webber an der Börse. Er schrieb einfach die Aktienkurse auf eine Tafel, was für die Anleger die wichtigste Möglichkeit war, sich über die aktuellen Kurse zu informieren.[32]

Es gab keinen besseren Ort, um zu lernen, wie man mit Aktien handelt, als bei einem erstklassigen Börsenmakler, und Livermore saugte alles auf wie ein Schwamm. Er hatte Zugang zu erfahrenen Brokern, wohlhabenden Kunden und den neuesten Aktienkursen. In den Pausen und beim Mittagessen fesselten ihn die erfahrenen Makler mit ihren Handelstheorien.

Auch wenn er nach Hause kam, ließ ihn der Markt nicht mehr los. Er führte ein Tagebuch mit den Bewegungen der Aktienkurse und begann allmählich, Trends zu erkennen. Er prägte sich die Bewegungen einer Aktie ein und traf auf der Grundlage ihres Kursverhaltens Vorhersagen darüber, wie sich diese Aktie als Nächstes entwickeln würde.

Zu seiner Überraschung stellte Livermore fest, dass seine Vorhersagen in 70 Prozent der Fälle zutrafen, was ihm genug Selbstvertrauen gab, eine Karriere als Aktienhändler zu wagen.[33] Seine Strategie, Trends zu folgen, legte schließlich den Grundstein für eine Handelsmethode, die wir heute »Technische Analyse« nennen. Sie beruht auf der Entschlüsselung historischer Muster von Handelsdaten, um die zukünftige Entwicklung einer Aktie zu prognostizieren.

Livermore hatte fast 200 Dollar für den Handel mit Aktien gespart. Damals mussten die Anleger jedoch zusätzlich zu den Transaktionskosten hohe Provisionen an die Makler zahlen. Da die Makler mehr Provisionen an wohlhabenden Kunden verdienten, waren sie nicht an Kleinanlegern wie Livermore interessiert. Infolgedessen konnte er mit seinen 200 Dollar kein Brokerkonto eröffnen, obwohl das für einen knapp sechzehnjährigen Jungen im 19. Jahrhundert eine Menge Geld war.

Livermore war jedoch fest entschlossen, in den Aktienmarkt einzusteigen, und so entschied er sich für die erstbeste Lösung: die sogenannten Bucket Shops (»Winkelmakler«), illegale Wertpapierbörsen oder nicht zugelassene Broker. Der Handel in einem Bucket Shop glich eher einer Wette auf ein Pferderennen. In den Geschäften wurden die aktuellen Aktienkurse angezeigt, und die Leute wetteten darauf, welche Aktie steigen oder fallen würde. Nichts von dem eingesetzten Geld floss in den Kauf der eigentlichen Aktie.

Dies war der einzige Ort, an dem Livermore seine Fähigkeiten zum Tragen bringen konnte. Und er war sofort erfolgreich und verdiente über 50 Dollar pro Woche. Livermore gewann immer wieder, was ihm genug Selbstvertrauen gab, seinen Job bei Paine Webber zu kündigen, als er siebzehn Jahre alt war, damit er sich ganz dem Aktienhandel widmen konnte.

Aber die Bucket Shops machten wie Casinos nur dann Geld, wenn die meisten ihrer Kunden verloren. Doch im Gegensatz zu anderen Kunden gewann Livermore immer wieder, was die Betreiber dieser Läden beunruhigte. Sein Glück verließ ihn schließlich, als er in einem einzigen Shop immer wieder Gewinne einfuhr, die sich im Laufe vieler Geschäfte auf insgesamt 10 000 Dollar summierten. Der Laden, der von einer Familie mit Verbindungen zur Mafia betrieben wurde, hatte genug von Livermore und schloss ihn aus.

Mittlerweile hatten auch die anderen Besitzer von Bucket Shops in Boston von Livermores Erfolgsbilanz gehört und wollten nicht, dass er einen Fuß in ihre Niederlassungen setzte. Livermore, der entschlossen war, weiterhin mit Aktien zu handeln, entschloss sich, von Boston nach New York zu ziehen.[34] Doch als er im September 1900 mit einer Tasche voller Geld und voller Zuversicht dort ankam, musste er feststellen, dass die New Yorker Bucket Shops geschlossen wurden.

Die Popularität der Bucket Shops bedrohte das Geschäft der Wall Street, das auf Kosten und Provisionen beruhte. Zu einem bestimmten Zeitpunkt übertraf der Umfang des in den Bucket Shops getätigten Handels den an der New Yorker Börse, was bedeutete, dass den seriösen Unternehmen Gewinne entgingen.[35] Weil die Bucket Shops auch zur Geldwäsche genutzt wurden, gerieten sie ins Visier der Behörden, die sie nach und nach dichtmachten.[36]

Der Niedergang der Bucket Shops änderte für Livermore nichts, weil er davon ausging, dass das System, das er für den Handel in Bucket Shops verwendete, auch bei den Börsenmaklern funktionieren würde. Zu diesem Zeitpunkt hatte der 23-jährige Livermore bereits sechs Jahre Erfahrung im Vollzeithandel gesammelt und verfügte über genügend Geld, um ein Maklerkonto zu eröffnen.

Als Livermore in New York mit dem Handel anfing, hatte gerade ein neuer »Bullenmarkt« begonnen. In einem Bullenmarkt (oder auch Hausse) steigen die Kurse schnell an, angeheizt durch die Begeisterung einer großen Zahl von Anlegern. Es gab Wochen, in denen Livermore bei jedem Handel Tausende von Dollar einstrich. Bei einem seiner denkwürdigsten frühen Geschäfte machte er aus 10 000 Dollar in weniger als einer Woche 50 000 Dollar.[37]

Livermore erlebte zum ersten Mal einen Bullenmarkt, und er genoss seinen Reichtum, indem er seinen ersten richtigen Urlaub in Europa verbrachte. Aber er blieb immer ein skeptischer Mensch. Er hatte eine schwere Kindheit hinter sich und war auf einer Farm auf dem kargen Boden von Massachusetts aufgewachsen. Livermore wusste, dass Bullenmärkte ebenso wie Jahreszeiten einmal zu Ende gehen.

Im Jahr 1907 begann er mit Leerverkäufen von Union Pacific und Reading Railroad und anderen großen Aktiengesellschaften.[38] Ein Leerverkauf bedeutet, dass man gegen eine Aktie wettet, indem man sich Aktien leiht und sie dann verkauft, in der Hoffnung, sie später für weniger Geld zurückzukaufen und die Differenz einzustreichen.

Kurz nachdem Livermore diese Papiere leerverkauft hatte, brach die Börsenpanik von 1907 aus, die durch exzessive Aktienspekulationen infolge der lockeren Geldpolitik ausgelöst worden war. Es handelte sich um eine schwere Finanzkrise, die die USA erschütterte. Mitte Oktober stürzte die New Yorker Börse von ihrem Höchststand im Vorjahr um fast 50 Prozent ab.[39]

Livermore verdiente in dieser Panik 1 Million Dollar. Doch sein Erfolg hielt nicht lange an. Knapp ein Jahr später verlor er sein gesamtes Vermögen bei einem Geschäft, bei dem er auf den Baumwollpreis gewettet hatte. Es geschah genau das Gegenteil von dem, was er erwartet hatte. Er verlor sein gesamtes Vermögen mit einem einzigen Handel und meldete noch im selben Jahr Konkurs an.[40] Danach widmete er sich erneut seinen Tagebüchern, die voll waren mit den Strategien, die ihm so viel Erfolg beschert hatten, diesmal aber, um über seine Fehler nachzudenken. Nach seinem Bankrott vollzog er ein grundsätzliches Umdenken. Er sagte: »Ich muss nicht die Wall Street besiegen. Ich muss mich selbst besiegen, meine Emotionen.«[41]

Obwohl er das Gefühl hatte, dass er als Investor besser geworden sei, sollte es nicht das letzte Mal sein, dass er Geld an der Börse verlor. Im Jahr 1915 ging er erneut bankrott. Doch wie viel er auch verlor, er glaubte unverbrüchlich an seine Fähigkeit, mit Aktien Geld verdienen zu können. Während seiner Zeit an der Wall Street hatte er ein umfangreiches Netzwerk von Leuten in Banken und Maklerfirmen aufgebaut, die ebenfalls daran glaubten, dass er imstande sei, Geld für sie zu verdienen. Schließlich profitierten diese Firmen jedes Mal, wenn Livermore handelte.

Trotz Livermores zunehmender Schulden, die zu seinen beiden Konkursen führten, drängten die Maklerfirmen ihn nicht zur Rückzahlung. Sie wussten, dass Livermores Vermögen nicht auf Glück beruhte. Wenn jemand sein Geld verliert, es aber wieder zurückgewinnt – und das mehrfach –, dann zeugt das von seinem Können.

Sein guter Ruf sicherte ihm den Zugang zu Kapital, was das Wichtigste ist, was ein professioneller Trader braucht. Ende 1916 war sein Nettovermögen wieder auf unglaubliche 3 Millionen Dollar angewachsen, nachdem er bei mehreren Geschäften große Gewinne erzielt hatte. Von diesem Zeitpunkt an stiegen sein Vermögen und sein Ansehen an der Wall Street Jahr für Jahr. Sein Ruf wurde gefestigt, als der Aktienmarkt 1929 zusammenbrach und die meisten Anleger ihr gesamtes Vermögen verloren; Livermore hingegen ging als Gewinner daraus hervor.

Der 28. Oktober 1929 ist heute als »Schwarzer Montag« bekannt. Die Kurse an der New Yorker Börse fielen an einem einzigen Tag um fast 13 Prozent, was beispiellos war. Noch schlimmer war der darauffolgende »Schwarze Dienstag«, an dem der Markt um weitere 12 Prozent einbrach. In zwei Tagen gingen

Milliarden von Dollar verloren, und Tausende von Anlegern wurden ruiniert.[42]

Als Livermore an diesem Tag nach Hause kam, eilten seine Frau und seine Kinder mit Tränen in den Augen zu ihm. Seine damalige Frau, Dorothy Livermore, hatte den ganzen Tag vor dem Radio gesessen und die Berichte über hochfliegende Investoren verfolgt, die nun plötzlich pleite waren. Sie bereitete die Kinder darauf vor, den Schock zu verdauen, dass sie bald aus ihrer Villa ausziehen, all ihre Wertsachen verkaufen und in einer bescheidenen Wohnung in einem günstigeren Teil der Stadt würden leben müssten.

Doch stattdessen begrüßte Livermore sie mit einem Lächeln. Er war bei diesem Crash auf der richtigen Seite gestanden. Die meiste Zeit des Jahres 1929 hatte er Leerverkäufe getätigt, und als der Markt an jenem schicksalhaften Montag einbrach, hatte er Grund zu feiern. Livermore kassierte innerhalb weniger Tage 100 Millionen Dollar (1,5 Milliarden Dollar nach heutigem Wert). Während seiner gesamten Karriere war Livermore ungeachtet aller Gewinne und Verluste stets bestrebt, seine Fähigkeiten zu verbessern und weiterzuentwickeln. Als sich die bedeutendste Gelegenheit seines Lebens in Form eines Börsencrashs ergab, war er gut darauf vorbereitet, die Chance zu nutzen und Kapital daraus zu schlagen.

Schneller lernen mit dem »Sprungbrett der Fähigkeiten«

Zenon von Kition glaubte, dass das »Ziel des Lebens darin besteht, im Einklang mit der Natur zu leben«.[43] Das bedeutet, dass diejenigen, die sich an die Welt anpassen, glücklich sind, diejenigen, die das nicht tun, dagegen nicht. Dies ist auch der Schlüssel zu beruflichem Erfolg. Wenn wir die Antworten im

Inneren suchen, werden wir in der äußeren Welt erfolgreich sein. Wenn wir uns fragen: »Wie kann ich der Gesellschaft einen Nutzen bringen?« und dann die entsprechenden Fähigkeiten erwerben, werden wir immer Arbeit haben. Diese Fähigkeit, sich anzupassen, ist gewissermaßen eine Gelddruckmaschine.

Jesse Livermore ist in völlig anderen Verhältnissen groß geworden als Zenon. Und doch hatten sie die gleiche Einstellung zum Leben. Sie passten sich beide der Welt an und verlangten nicht, dass die Welt sich ihnen anpassen solle. Ist Letzteres nicht die Formel für die Erzeugung von Frustration? Wenn wir erwarten, dass wir einen sicheren Job bekommen, nur weil wir einen Hochschulabschluss haben, werden wir bald eine Lektion in Demut lernen. Wir leben in einer transaktionalen Wirtschaft. Man schafft Werte und wird im Gegenzug finanziell belohnt.

Die Grundlage für den Aufbau von Wohlstand aus dem Nichts ist der Erwerb von Fähigkeiten, die den eigenen Wert in der Gesellschaft erhöhen. Jede Fähigkeit, die es Ihnen ermöglicht, ein Einkommen zu erzielen, ist wertvoll. Denken Sie an Schreiben, Programmieren, öffentliches Reden, Designen oder Führen. Betrachten Sie das Konzept der nützlichen Fähigkeiten als etwas Fließendes. Zu wissen, wie man einen Telegrafen umrüstet, um Aktienkurse zu übermitteln, mag im 19. Jahrhundert eine nützliche Fähigkeit gewesen sein, aber mit der Einführung des Telefons und später des Faxgeräts war sie veraltet. Wenn Sie ein Mensch sein wollen, der sich der Welt anpassen kann, müssen Sie lernen, wie man lernt. Wenn man in der Lage ist, sich jede beliebige Fähigkeit anzueignen, kann man sich an das anpassen, was die Welt braucht. Robert Greene, der Autor von *Mastery* (deutscher Titel: *Perfekt*), einem Buch über die Bedeutung der Entwicklung von Fähigkeiten im Leben eines Menschen, hat es sehr schön ausgedrückt: »Die Zukunft gehört denjenigen, die sich zusätzliche Fähigkeiten aneignen und sie auf kreative Weise zu kombinieren verstehen.«[44]

Die Stoiker waren stolz auf ihre Fähigkeit, sich anzupassen. Sie konnten immer inneren Frieden finden, ganz gleich, was das Leben für sie bereithielt. Diese fließende Denkweise ist in der heutigen Welt unerlässlich, in der neue Technologien schneller als jemals zuvor auftauchen und sich verändern.

Wir müssen uns daher selbst zu lernenden Maschinen machen, die sich schnell an jede Situation anpassen können. Epiktet sagte: »Was heißt nun Bildung? Es heißt lernen, wie man sich anpasst.«

Die Stoiker und die erfolgreichsten Investoren verfolgen in der Tat einen einzigartigen Ansatz zum Lernen. Ich nenne dieses Konzept das »Sprungbrett der Fähigkeiten«.

1. **Arbeiten Sie mit Ihren natürlichen Fähigkeiten:** Jeder Mensch hat angeborene Stärken. Sie werden mehr leisten können, wenn Sie sich auf das konzentrieren, was Sie bereits gut können.
2. **Lernen Sie von den Besten:** Wenn Sie sich entscheiden, etwas zu lernen, lernen Sie nur von den Besten. Die Größten zu studieren macht es wahrscheinlicher, dass Sie neue Höhen erreichen.
3. **Lösen Sie sich von Ihren Mentoren:** Irgendwann werden Sie anfangen, alles, was Sie gelernt haben, auf einzigartige Weise miteinander zu verbinden, um Ihre Fähigkeiten zum Tragen zu bringen.
4. **Geben Sie Ihr Bestes, aber übernehmen Sie sich nicht:** Sie müssen Ihre geistige Gesundheit schützen und sich ausreichend erholen. Wenn Sie sich zu sehr unter Erfolgsdruck setzen, laufen Sie Gefahr, auszubrennen.

Dieser Ansatz kann Ihnen helfen, Ihre Karriere in Gang zu bringen oder weiter anzukurbeln. Im Folgenden werden die einzelnen Elemente näher beschrieben.

1. ARBEITEN SIE MIT IHREN NATÜRLICHEN FÄHIGKEITEN

Nichts kann Ihr Vorankommen im Leben mehr bremsen, als wenn Sie gegen Ihre eigene Natur handeln. Anstatt eine Karriere auf der Grundlage der uns gegebenen Talente, unserer Stärken oder Interessen aufzubauen, schlagen wir oft aus den falschen Gründen einen bestimmten Weg ein. Vielleicht wollten Ihre Eltern, dass Sie Anwalt werden, und Sie haben sich für ein Jurastudium entschieden, um dann festzustellen, dass dies nicht Ihren natürlichen Fähigkeiten oder Neigungen entspricht. Oder vielleicht lassen Sie sich von den Geschichten von jungen Start-up-Gründern beeindrucken, die im Silicon Valley ein Vermögen gemacht haben, was Sie dazu motiviert, ebenfalls ein Unternehmen zu gründen, nur um dann festzustellen, dass es Ihnen nicht liegt, auf eigene Rechnung zu arbeiten.

Wie Jesse Livermore schon früh in seinem Leben lernte, sind wir besser dran, wenn wir die Dinge verfolgen, für die wir eine Leidenschaft entwickeln und die wir gut können. Der junge Livermore stand unter dem Druck, in die Fußstapfen seines Vaters als Landwirt treten zu müssen, aber er beschäftigte sich lieber mit Finanzen. Darüber hinaus war er auch gut in Mathematik.

Um in einer Fertigkeit exzellent zu werden, brauchen wir beides: Leidenschaft und natürliche Begabung. Es muss eine Art von Talent oder natürlicher Veranlagung vorhanden sein, die es einem relativ leicht macht, sich eine bestimmte Fertigkeit zu erschließen.

Wenn wir versuchen, uns eine Fähigkeit anzueignen, nur weil sie uns ermöglicht, mehr Geld zu verdienen, oder weil sie beliebt ist, obwohl wir kein natürliches Talent dafür haben, lernen wir schnell, dass dies ein vergebliches Bemühen ist. Wichtig ist, dass wir uns auf uns selbst konzentrieren und es vermeiden, Möglichkeiten zu verfolgen, die nicht unseren Interessen und Fähigkeiten entsprechen. Für Livermore war es aufgrund seiner Leidenschaft, seiner mathematischen Fähigkeiten und seines hervorragenden Gedächtnisses, das sich mit zunehmendem Alter immer weiter verbesserte, sinnvoll, eine Karriere als Börsenmakler ins Auge zu fassen.

Die Verbesserung von Fähigkeiten an der Schnittstelle von Interesse und Können erfordert auch ein gewisses Maß an Selbstreflexion, was ein wichtiger Aspekt des Stoizismus ist. Seneca, der recht wohlhabend war, schrieb oft darüber, dass wir uns selbst prüfen müssen. In seinen späten Fünfzigern zog sich Seneca aus dem öffentlichen Leben zurück, widmete sich nur noch dem Schreiben und verfasste in dieser Zeit einige seiner bemerkenswertesten philosophischen Werke, darunter die 124 Briefe an seinen Freund Lucilius. Seneca forderte seinen Freund auf: »Prüfe Dich, erforsche Dich auf mannigfache Art und beobachte Dich.«[45]

Erwarten Sie nicht, sich selbst kennenzulernen, ohne sich zu bemühen. Führen Sie, wie Livermore, ein Tagebuch. Bringen Sie Ihre Gedanken zu Papier. Lesen Sie sich Ihre Grübeleien und Überlegungen durch und analysieren Sie sie. Suchen Sie nach Hinweisen darauf, worin Sie gut sind. Oftmals sind das jene Dinge, über die Sie am meisten oder am häufigsten schreiben.

2. LERNEN SIE VON DEN BESTEN

»Beim Lesen und Schreiben wirst du nicht vorher Meister sein, bevor du Lehrling warst. Dies noch viel mehr im Leben«, sagte der Philosophenkaiser Mark Aurel. Als er dies schrieb, war er als Herrscher von Rom wohl die mächtigste Person des Abendlandes. Dennoch war er bescheiden geblieben; er fühlte sich nicht über andere Menschen erhaben und hatte den Wunsch, von den Besten zu lernen.

Als Jesse Livermore seine Arbeit bei Paine Webber aufnahm, tauchte er bei einem der besten Broker Amerikas in die Finanzwelt ein. Er lernte bei fast jeder Interaktion am Arbeitsplatz etwas Neues, selbst in der Mittagspause. Dies ist ein unterschätzter Aspekt der Entwicklung von Fähigkeiten. Ich habe 2010 zusammen mit meinem Vater ein Unternehmen gegründet, aber nach dreieinhalb Jahren hatte ich das Gefühl, dass ich in meiner Entwicklung festgefahren war. Also nahm ich einen Job bei Gartner an, einem Fortune-500-Unternehmen und der führenden Firma im Bereich der IT-Forschung. Ich wollte für eines der besten Unternehmen der Welt arbeiten, um zu sehen, wie man dort die Dinge angeht.

In meiner Zeit bei Gartner lernte ich mehr, wenn ich außerhalb der Arbeitszeit mit meinen leistungsstärksten Kollegen in Bars und Restaurants verkehrte, als während eines formellen zweimonatigen Schulungsprogramms, das ich zu Beginn meiner Tätigkeit absolvierte. Je mehr Zeit man mit Menschen verbringt, die in dem, was sie tun, großartig sind, desto mehr nimmt man auf, was sie großartig macht.

Wenn Sie sich neue Fähigkeiten aneignen wollen, sollten Sie sich vornehmen, nur von den Besten zu lernen. Nehmen Sie keine Ratschläge von Leuten an, die in ihrem Fach nicht herausragend sind. Livermore ging nicht ohne Grund zum besten Börsenmakler. Er wollte der Beste sein. Wie Epiktet sagte: »Halte dich also von nun an für würdig, wie ein vollkommener Mann zu leben, der sittliche Fortschritte macht, und mach es dir zu einem unverbrüchlichen Gesetz, jedes Mal das zu tun, was sich als das Beste zu erkennen gibt. Tritt etwas Mühsames oder Angenehmes, etwas Ruhmvolles oder Ruhmloses an dich heran, so denke, dass jetzt die Zeit ist zu kämpfen.«[46]

3. LÖSEN SIE SICH VON IHREN MENTOREN

Wenn Sie die besten Leute in jedem Bereich studieren, werden Sie feststellen, dass jeder seine eigene Art hat, Dinge zu tun. Schauen Sie sich erfolgreiche Investoren an, und Sie werden sehen, dass jeder eine etwas andere Strategie bei der Aktienauswahl verfolgt. Diese Menschen werden zu Ihren Mentoren und Lehrern. Ohne sie wären Sie nicht da, wo Sie jetzt sind.

Aber irgendwann müssen Sie sich aus der Rolle des Schülers lösen. Dann ist es an der Zeit, alles, was Sie gelernt haben, zusammenzufassen und Ihre eigenen Ideen, Ihren eigenen Stil, Ihre eigene Strategie, Ihren eigenen Kodex, Ihre eigene Technik oder Ihre eigene Handschrift zu entwickeln.

Als Jesse Livermore seinen Job bei Paine Webber kündigte, war er überzeugt, dass er erfolgreich Aktien auswählen konnte. Er hatte alles gelernt, was er von seinen Mentoren, Kunden und Kollegen lernen konnte, und er nutzte es, um seine eigene Methode für den Aktienhandel zu entwickeln.

Epiktet sprach auch darüber, wie wichtig es ist, sich von seinen Mentoren zu lösen: »Du aber, auch wenn du noch kein Sokrates bist, solltest so leben, als ob du einer sein wolltest.«[47] Auch wenn Sie vielleicht noch nicht an der Spitze Ihres Fachgebiets stehen, sollten Sie sich immer als jemand darstellen, der das *Bestreben* hat, einzigartig zu sein.

Diese Entwicklung habe ich auch als Autor erlebt. Ein weitverbreiteter Ratschlag für angehende Schriftsteller lautet, man solle zunächst seine Lieblingsautoren kopieren. Der berühmte Journalist, Schriftsteller und Lehrer William Zinsser schrieb einmal einen Aufsatz mit dem Titel »Looking for a Model«, in dem er feststellte: »Schreiben lernt man durch Nachahmung; wir alle brauchen Vorbilder.«[48] Als ich mit dem Schreiben anfing, waren meine Vorbilder Hemingway, Palahniuk und Zinsser. Die Nachahmung meiner Lieblingsautoren hat mir den Einstieg erleichtert. Sie werden feststellen, dass viele Schriftsteller auf diese Weise anfangen. Aber ebenfalls viele Schriftsteller sind sich nicht bewusst, dass man sich – worauf Zinsser hingewiesen hat – *zu Beginn* ein Vorbild suchen muss. Das betonte Zinssers auch in seinem Bestseller *On Writing Well* (deutscher Titel: *Schreiben wie ein Schriftsteller*) aus dem Jahr 1976. Als Schriftsteller muss man im Laufe der Zeit seinen eigenen, einzigartigen Stil entwickeln, denn wer will schon den x-ten Möchtegern-Hemingway lesen?

Irgendwann haben Sie genug gelernt. Hören Sie auf, anderen zu folgen. Fangen Sie an, die Dinge auf Ihre Weise anzupacken.

4. GEBEN SIE IHR BESTES, ABER ÜBERNEHMEN SIE SICH NICHT

Um großartig zu sein, müssen Sie ständig lernen und üben, und das erfordert viel Energie. Auch wenn es verlockend sein mag, immer weiterzumachen, ist es wichtig, zu erkennen, wann wir an unsere Grenzen stoßen. Es ist unmöglich, stoisch zu bleiben, ohne sorgfältig auf unsere persönliche Energie zu achten. Wenn wir übermüdet und ausgebrannt sind, zeigt sich das in allen Bereichen unseres Lebens, sei es bei der Arbeit, zu Hause oder bei unseren Investitionsentscheidungen.

Um gute Leistungen zu erbringen, müssen wir wissen, wann wir einen Schritt zurücktreten müssen. Die eigenen Grenzen zu kennen war etwas, das Jesse Livermore leider nicht gelebt hat. Zwischen 1900 und 1934 ging er dreimal in Konkurs. Seine Pleiten folgten jedes Mal dem gleichen Muster. Er ging zu viele Risiken ein und kämpfte verbissen darum, möglichst viel Geld zu verdienen. Er strebte immer danach, einen Homerun zu erzielen. Er war besessen vom Trading und brach sogar seinen Urlaub ab, um wieder an die Arbeit zu gehen.

Da er auf seine Fähigkeiten und Erfahrungen zurückgreifen konnte, gewann er nach jedem Konkurs wieder Millionen zurück – mit Ausnahme seiner letzten Pleite im Jahr 1934. Livermore war erschöpft von den Höhen und Tiefen. Er fühlte sich wie ein Fremder an der Wall Street, die nun stärker reguliert wurde als vor der Großen Depression. Seine Investments waren nicht mehr erfolgreich, was ihn dazu veranlasste, Bücher über das Anlegen zu schreiben. Doch nach mehreren Jahren schriftstellerischer Tätigkeit und der Veröffentlichung von zwei Büchern fiel er in eine Depression, aus der er nicht mehr herauskam. Tragischerweise nahm er sich 1940 im Alter von 63 Jahren das Leben.

Depressionen sind ein ernstes Problem, das professionelle Hilfe durch Fachleute für psychische Gesundheit erfordert; wir müssen das Bewusstsein für psychische Erkrankungen schärfen und Verständnis für die Betroffenen aufbringen. Eine Möglichkeit, unsere eigene psychische Gesundheit zu verbessern, besteht darin, dass wir es vermeiden, uns zu überanstrengen. Das ist schwierig, weil so viele von uns dazu neigen, sich selbst zu sehr unter Druck zu setzen, um im Beruf erfolgreich zu sein. Wir wollen, dass alles schnell geht.

Die stoische Philosophie erinnert uns daran, diesen Druck loszulassen, einen Schritt zurückzutreten und uns auf die Dinge zu konzentrieren, die wir kontrollieren können. Wenn es um unsere Karriere geht, können wir nur kontrollieren, wie gut wir sind und was wir der Welt bieten können. Wir haben

Abbildung 4: Betrachten Sie Ihre persönliche Energie als einen Tachometer. Sie können im »roten Bereich« unterwegs sein, wenn Sie wollen. Doch sich zu überfordern kann langfristig schädlich sein, denn es zu kann zu einem Burn-out führen. Um dauerhaft Leistung zu erbringen und sein Bestes zu geben, braucht man ausreichend Ruhe und muss sich Zeit nehmen für geistige Erholung.

keine Macht über die finanziellen Belohnungen, die wir erhalten. Deshalb beginnt die Grundlage des Vermögensaufbaus mit der Entwicklung unserer Fähigkeiten. Das ist jene Sache, die vollkommen in unserer Macht steht.

DENKEN SIE DARÜBER NACH …

Nur die Gebildeten sind frei.

Epiktet[49]

Was ist Ihr Standpunkt in Bezug auf Bildung? Die Mehrheit der Bevölkerung betrachtet Bildung als den ersten Teil des Lebens eines Menschen. Wenn man aus der Schule kommt, ist man mit der Bildung fertig.

Aber sind wir wirklich jemals fertig mit der Bildung? Sehen Sie es doch einmal so: Solange Sie sich (weiter-)bilden, werden Sie frei sein.

Wenn die Stoiker von Freiheit sprachen, meinten sie nicht nur die finanzielle Freiheit. Freiheit im stoischen Sinne bedeutet die Befreiung von Unwissenheit. Es bedeutet die Freiheit, sein Leben in Frieden zu leben. Sich nicht an Ideen und Überzeugungen zu klammern. Sich nicht von äußeren Ereignissen beeinflussen zu lassen. Und zu jeder Zeit Gelassenheit zu üben.

All diese Dinge können wir erlangen, indem wir unseren Geist kontinuierlich schärfen.

KAPITELZUSAMMENFASSUNG

- Konzentrieren Sie sich zu Beginn Ihrer Reise zum Aufbau von Wohlstand auf Ihre Fähigkeiten. Wenn Sie wissen, wie Sie sich Fähigkeiten aneignen können, werden Sie in der Lage sein, sich dem Leben und der Wirtschaft anzupassen. Wenn Sie über nützliche Fähigkeiten verfügen, werden Sie nicht lange ohne Arbeit sein.
- Leben Sie im Einklang mit den Gesetzen der menschlichen Natur. Gut zu leben bedeutet, in Übereinstimmung mit den Tatsachen des Lebens zu leben. Das bedeutet, dass wir versuchen, uns anzupassen und uns nicht gegen Dinge zu wehren, die wir nicht ändern können.
- Nutzen Sie das Sprungbrett der Fähigkeiten, um schneller zu lernen. Konzentrieren Sie sich auf die Fähigkeiten, in denen Sie von Natur aus gut sind, und streben Sie danach, großartig zu werden. Lernen Sie von den Besten. Entwickeln Sie Ihre eigene, einzigartige Art, Dinge zu tun. Und geben Sie jeden Tag Ihr Bestes.
- Schützen Sie Ihre geistige Gesundheit. Handeln Sie langfristig, indem Sie sicherstellen, dass Sie produktiv und beständig bleiben können. Sie machen mehr Fortschritte, wenn Sie über einen langen Zeitraum hinweg Ihr Bestes geben, als wenn Sie sich nur kurz anstrengen und dann gleich wieder entspannen.

· 5 ·

Die verborgenen Prinzipien des Marktes

Die Vorstellung einer Abkürzung zu dauerhaftem Wohlstand macht uns alle hellhörig. Überall im Internet finden Sie Ratschläge und Pläne, um schnell reich zu werden. Aber keiner der prominenten Investoren, über die Sie in diesem Buch lesen, hat Abkürzungen genommen. Sie haben alle ganz unten auf der Leiter angefangen und sind dann aufgestiegen. Sie haben die Grundlagen des Investierens gelernt, bevor sie begannen, ihr Vermögen zu vermehren. Nach der Lektüre dieses Kapitels verfügen Sie über ein grundsätzliches Verständnis der Faktoren, die den Aktienmarkt antreiben, ein Gespür für die Investmentbranche und das Know-how, um Ihr Geld klug anzulegen. Dieses Wissen beseitigt alle Unsicherheiten und Zweifel über das Investieren. Sie werden wissen, was Sie tun.

Alles über das Geschäft des Investierens lernen

Im Frühjahr 1950 hatte der neunzehnjährige Warren Buffett die Idee, sich an der Harvard Business School zu bewerben.[50] Er stand kurz vor dem Abschluss seines Studiums an der University of Nebraska in seiner Heimatstadt Omaha und wollte seine Ausbildung in Harvard fortsetzen.

Er glaubte, für sein berufliches Fortkommen wäre es von Vorteil, wenn er das Prestige und das Netzwerk einer Spitzenuniversität nutzen könnte. Als er zum Vorstellungsgespräch erschien, wurde ihm schnell klar, dass das nichts werden würde: »Ich sah aus wie sechzehn und war gefühlsmäßig etwa neun. Ich verbrachte zehn Minuten mit dem Harvard-Absolventen, der das Gespräch führte; er schätzte meine Fähigkeiten ein und lehnte mich ab.«[51]

Doch die Ablehnung von Harvard veränderte seine Karriere zum Besseren. Stattdessen wurde Buffett an der Columbia University angenommen, wo er seinen späteren Mentor Benjamin Graham kennenlernte, der zusammen mit seinem Kollegen David Dodd das bahnbrechende Buch *Security Analysis* verfasst hatte. Bis zu den 1930er-Jahren war langfristiges Investieren an der Wall Street nicht üblich. Vielmehr waren Aktien seit der Entstehung des Aktienmarktes im 18. Jahrhundert bis in die späten 1920er-Jahre in erster Linie etwas für Spekulanten.[52] Die Händler kauften Aktien nicht, um langfristigen Wohlstand aufzubauen, sondern um kurzfristige Gewinne zu erzielen. Diese Strategie des schnellen Kaufens und Verkaufens verbreitete sich in den Goldenen Zwanzigern noch weiter.[53] Zu dieser Zeit war es fast unmöglich, mit Aktien längerfristig Geld zu verlieren. Man kaufte Aktien zu hohen Preisen und verkaufte sie zu noch höheren Preisen weiter.[54]

Einer der Ersten, der Aktien als Mittel für langfristige Investitionen ins Auge fasste, war Edgar Lawrence Smith, Autor des 1924 erschienenen Buches *Common Stocks as Long Term Investments.* In seinem Buch stellte Smith die gängige Meinung infrage, dass Aktien lediglich ein Mittel zur Spekulation seien. Er war der Erste, der statistische Analysen über die Anlagerenditen von Aktien durchführte. Smith stellte fest, dass Aktien in den ersten beiden Jahrzehnten des 20. Jahrhunderts besser abschnitten als Anleihen. In der weiteren Rückschau stellte er fest, dass die Wahrscheinlichkeit, dass ein Anleger an der Börse in einem Zeitraum von fünfzehn Jahren einen Verlust erlitt, bei nur 1 Prozent lag, wenn er eine breit gestreute Auswahl an Aktien hielt (ähnlich wie der Dow Jones Industrial Average, auch Dow-Jones-Index genannt). Diese Daten sind auch heute noch gültig.[55]

Graham und Dodd bauten auf dieser Arbeit auf und betrachteten Aktien aus einem anderen Blickwinkel. Tatsächlich wurde *Security Analysis* zum wichtigsten Buch für die Geldanlage in Aktien in den 1930er-Jahren und für einen Großteil des 20. Jahrhunderts. Warren Buffett verschlang dieses Buch ebenso wie Grahams Nachfolgewerk *The Intelligent Investor* (deutscher Titel: *Intelligent investieren*), das 1949 veröffentlicht wurde. Beide Bücher haben die bis dahin gültigen Konventionen der Wall Street völlig über den Haufen geworfen. Buffett wollte unbedingt mit Graham zusammenarbeiten, dem Mann, der eine Revolution an der Wall Street ausgelöst und einen langfristigen und systematischen Ansatz für Investitionen entwickelt hatte.

Als Buffett 1949 sein Studium der Wirtschaftswissenschaften an der Columbia University begann, hoffte er, einen Job bei Grahams Fondsgesellschaft Graham-Newman Corp. zu bekommen. Er war ein Einser-Student und baute eine Beziehung zu Graham auf. Er bot Graham sogar an, kostenlos für ihn zu arbeiten. Doch Graham lehnte ihn ab, weil er nur Juden einstellte. Zu dieser Zeit waren die Investmentbanken meist antisemitisch eingestellt, und Graham-Newman wollte dies ändern. Also kehrte Buffett nach Nebraska zurück und arbeitete als Börsenmakler in der Firma seines Vaters, Buffett-Falk & Co.

Sein erster Job bei Buffett-Falk, bei dem er Aktien an Kunden verkaufen musste, gefiel ihm nicht. Er kaufte gerne Aktien für sich selbst, aber er mochte es nicht, andere zum Kauf zu überreden. Vor allem missfiel es ihm, wenn seine Aktienempfehlungen für seine Kunden mit Verlusten endeten.

Heute können wir Investmentfonds oder Indexfonds kaufen, die im Wesentlichen aus Aktienkörben bestehen. Damals mussten die Anleger einzelne Aktien auswählen. Wer in Wertpapiere investieren wollte, musste zu seinem Börsenmakler gehen, um sich beraten zu lassen, was er kaufen sollte, und um den Kauf durchzuführen.

Buffett war zwar kein Neuling auf dem Gebiet des Investierens, aber er war neu *im Geschäft* des Investierens. Er lernte, dass es einen Unterschied gab zwischen dem Investieren im Sinne der Fähigkeit zum eigenständigen Investieren in Wertpapiere und dem Investieren im Sinne des Geschäfts mit dem Investieren.

Das Investmentgeschäft ist eine eigene Branche, die darauf ausgerichtet ist, mit Aktien und anderen Wertpapieren Einnahmen zu erzielen. So wurde Buffett als Börsenmakler auf der Grundlage seines Umsatzes und nicht seiner Leistung bezahlt. Ob seine Kunden Gewinne erzielten oder Verluste verzeichneten, Buffett bekam sein Gehalt. Damit fühlte er sich nicht sonderlich glücklich.

Buffett tätigte bekanntermaßen 1941 im Alter von elf Jahren für 114 Dollar seine erste Investition.[56] Zehn Jahre später war sein persönliches Aktienportfolio 19 738 Dollar wert, aber bei seiner Arbeit konnte er keinen einzigen Verkauf tätigen. »Ich war einundzwanzig. Ich ging zu all diesen Leuten, um ihnen Aktien zu verkaufen, und wenn ich fertig war, fragten sie mich: ›Was sagt Ihr Vater dazu?‹ Das bekam ich ständig zu hören«, erinnerte er sich.

Als er herausfand, dass sich einige Kunden von ihm beraten ließen, dann aber seine Ideen nutzten, um die Aktien über andere Makler zu kaufen, fühlte er sich hintergangen. Allmählich lernte er die Grundsätze des Anlagegeschäfts kennen, und diese gefielen ihm überhaupt nicht. Er wollte das Geld der Leute verwalten und in Ruhe arbeiten können.

Wie jeder Mensch, der in seinem Beruf keine Erfüllung findet, begann auch Buffett, sich nach anderen Möglichkeiten umzusehen. Er wollte sich von dem Job lösen, der ihm immer weniger zusagte. Wenn er mehr finanzielle Sicherheit hätte, könnte er in Vollzeit das tun, was er liebte: in Aktien investieren. Aus einer Laune heraus beschloss er, mit einem seiner Freunde eine örtliche Tankstelle zu kaufen, in der Hoffnung, damit etwas Geld nebenbei zu verdienen. Buffett war nun Besitzer eines kleinen Unternehmens. Aber es lief nicht so, wie er erwartet hatte.

»Meine Tankstelle war das Dümmste, was ich jemals gemacht habe – ich habe 2000 Dollar verloren, und das war damals eine Menge Geld für mich. Ich hatte noch nie einen echten Verlust erlitten. Es war schmerzhaft.«[57] Am Ende büßte er 20 Prozent seines Kapitals ein. Die Tankstelle erwirtschaftete nie einen Gewinn, vor allem weil es nebenan eine Texaco-Tankstelle gab, die mehr Kunden anzog.

Seit Buffett nach Omaha zurückgekehrt war, hatte sich nichts mehr so entwickelt, wie er es erwartet hatte. Er war zu unerfahren und konnte sich nicht zurechtfinden. Aber er achtete darauf, mit seinem Mentor Benjamin Graham in Kontakt zu bleiben. Er hatte gelernt, dass er lieber mit dem Geld anderer Leute Aktien kaufen wollte, statt ein Börsenmakler zu sein, der von den Provisionen lebte. Da er aber in Omaha keine Gelegenheit hatte, ein professioneller Investor zu werden, schlug er Graham immer wieder Aktienideen vor. Seine Strategie bestand darin, sich für Graham weiterhin nützlich zu machen. Buffetts Aktientipps erwiesen sich in der Tat als erfolgreich.

Nach zwei Jahren schrieb ihm Graham und lud ihn ein: »Kommen Sie zurück.« Buffetts Hartnäckigkeit hatte sich ausgezahlt. Graham-Newman war ein kleines Unternehmen mit nur acht Mitarbeitern, darunter die beiden Partner. Als Buffett dazukam, saß er an einem Schreibtisch in einem fensterlosen Raum und recherchierte akribisch Informationen über Unternehmen. Er schaute sich die Finanzdaten, die Aktienkurse und das Managementteam an und besuchte die Unternehmen manchmal sogar, wenn er konnte. Er legte Wert darauf, mehr zu recherchieren als jeder andere.

Andere professionelle Anleger saßen in ihrem Büro und lasen einfach Berichte, die von Aktienanalysten verfasst worden waren. Aktienanalysten haben die Aufgabe, Finanzdaten, Markttrends und die Entwicklung von Unternehmen zu recherchieren und zu bewerten, um daraus Anlageempfehlungen und Prognosen ableiten zu können.

Buffett wollte sich jedoch nicht auf die Vorurteile und Meinungen anderer verlassen. Er ging direkt zur Quelle, um seine Daten zu erhalten, sei es bei den Unternehmen selbst oder bei der Securities and Exchange Commission (SEC), der US-amerikanischen Börsenaufsichtsbehörde. Buffett erinnerte sich: »Ich war der Einzige, der jemals bei diesen Stellen auftauchte. Sie fragten nicht einmal, ob ich ein Kunde sei. Ich bekam diese Akten, die vierzig oder fünfzig Jahre alt waren. Sie hatten keine Kopiergeräte, also saß ich da und kritzelte all diese kleinen Notizen, diese Zahl und jene Zahl auf ein Blatt Papier.«

Grahams Strategie bestand darin, »Zigarrenstummel«-Unternehmen zu finden, das heißt, billige und ausrangierte Aktien, deren Vermögenswerte mehr wert waren als ihre Börsenkapitalisierung. Auf diese Weise konnten Graham und seine Leute Unternehmen mit einem Abschlag kaufen, den sie als »Sicherheitsmarge« bezeichneten. Buffetts Strategie hat sich seither zwar geändert, aber er hält sich immer noch an das Konzept der Sicherheitsmarge. Wenn man für einen Vermögensgegenstand weniger zahlt, als er wert ist, ist es schwierig, Geld zu verlieren.

Zwei Jahre lang lernte Buffett die Grundsätze des soliden Investierens in einem Job, der ihm wirklich gefiel. Und wenn er im Büro war, hatte er stets ein offenes Ohr dafür, wie das Anlagegeschäft funktionierte. Buffett erkannte, dass er mit seinen

Fähigkeiten und seinem Wissen kleine Geldbeträge in große Summen verwandeln konnte. Und dazu musste er keine Aktien an Fremde verkaufen.

Doch die berufliche Beziehung zwischen Buffett und Graham sollte nicht von langer Dauer sein. Buffett stand am Anfang seiner Karriere, Graham war 62 Jahre alt und schickte sich an, sich zur Ruhe zu setzen. Im Jahr 1956 beschloss Graham, den Fonds zu schließen und nach Los Angeles zu ziehen, um an der University of California (UCLA) einen Lehrauftrag zu übernehmen.

Zu diesem Zeitpunkt hatte Buffett sein persönliches Kapital durch seine Anlageaktivitäten auf 140 000 Dollar gesteigert. Als Graham-Newman geschlossen wurde, kehrte Buffett abermals in seine Heimat zurück. Diesmal war er entschlossen, zu bleiben und seinen eigenen Fonds nach dem Vorbild seines Mentors zu gründen. Buffett verfügte nicht nur über Erfahrung, Wissen und positive Anlagerenditen, er hatte sich zudem einen Ruf als zuverlässiger Investor erworben.

Als Graham-Newman den Fonds schloss, fragten die Anleger Ben Graham, wem sie nun ihr Geld anvertrauen sollten, worauf er antwortete: »Warren Buffett.«

Die drei Grundprinzipien des Aktienmarktes

Ein Aktienmarkt ist schlicht ein Ort, an dem sich Käufer und Verkäufer von Aktien treffen. Traditionelle Marktplätze gibt es zwar schon seit rund 5000 Jahren (die ersten Aufzeichnungen über Märkte und Basare stammen aus dem Jahr 3000 v. Chr.), aber richtig in Schwung kamen Aktienmärkte erst im frühen 17. Jahrhundert.[58] Im Jahr 1602 gab die Niederländische Ostindien-Kompanie Aktien aus, die an der Amsterdamer Börse öffentlich gehandelt werden konnten. Theoretisch konnte jede Person durch den Kauf eines Aktienzertifikats Miteigentümer eines Unternehmens werden. In der Praxis war der Kauf von Aktien jedoch nur Leuten vorbehalten, die von Geburt an reich waren.

In gewisser Weise hielt sich dieser Trend bis ins 20. Jahrhundert. Auch wenn es in den 1950er-Jahren für den Einzelnen einfacher war, Aktien zu kaufen, als noch in den 1920er-Jahren, war jeder Kauf immer noch mit hohen Transaktionskosten verbunden, insbesondere wenn man Aktien für relativ kleine Beträge kaufte. Für Transaktionen zwischen 100 und 400 Dollar wurde beispielsweise eine Provision von 3 Dollar zuzüglich 2 Prozent des gehandelten Betrags (mit einem Minimum von 6 Dollar) erhoben.[59] Wer also beispielsweise Aktien im Wert von 100 Dollar kaufte, büßte sofort 6 Prozent seiner Rendite ein.

Zudem gab es bis zur zweiten Hälfte des 20. Jahrhunderts keine wirkliche Logik an den Aktienmärkten. Man kaufte einfach Aktien, wenn sie stiegen, und verkaufte Aktien, wenn sie fielen. Wer wusste schon, wie hoch der tatsächliche Wert einer Aktie war? Das änderte sich mit der Erfindung des modernen Finanzwesens. Menschen wie Edgar Lawrence Smith, Benjamin Graham und Warren Buffett führten die Idee des systematischen Investierens ein. Im Laufe der Jahre wuchs der Aktienmarkt über seine Marktplatzphase hinaus und entwickelte sich zu einem System. Ich habe drei grundlegende Prinzipien herausgearbeitet, auf denen dieses System beruht. Sie können diese Prinzipien gewissermaßen als Spielregeln betrachten. Im Laufe der Jahrhunderte, in denen überall auf der Welt Aktienmärkte entstanden, haben sich diese Grundsätze bei der Anlegergemeinschaft allgemein durchgesetzt.

Wenn Sie die zugrunde liegenden Prinzipien des Aktienmarktes verstehen, können Sie mit einer rationalen, ruhigen und informierten Denkweise an das Investieren herangehen. Dieses Wissen hilft, zu verhindern, dass emotionale Reaktionen wie Angst oder Besorgnis Ihre Anlageentscheidungen be-

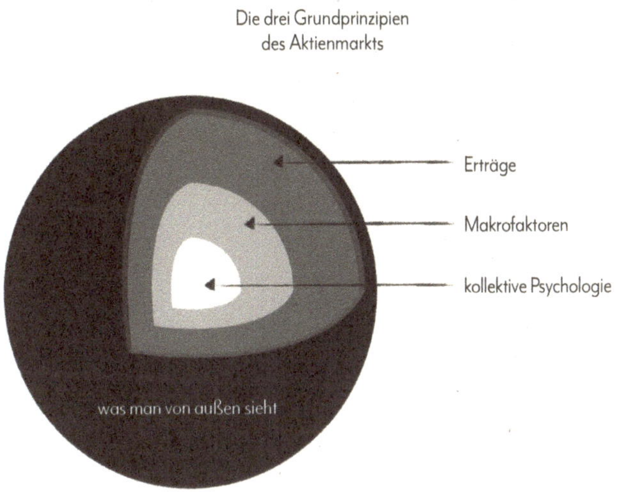

Abbildung 5: Von außen erscheint der Aktienmarkt geheimnisvoll. Märkte verhalten sich scheinbar irrational. Doch wenn wir einen Blick ins Innere werfen, erkennen wir, dass es gewisse Prinzipien gibt, die den Markt bestimmen. Wenn man diese Prinzipien kennt, erscheint der Aktienmarkt keineswegs mehr als ein Mysterium.

einflussen. Während andere sich von Meinungsmachern beeinflussen lassen und davon ausgehen, dass der Markt gewissermaßen ein Mysterium ist, haben Sie ein solides Verständnis der grundlegenden Mechanismen, die den Markt bestimmen. Dadurch können Sie Marktschwankungen mit Zuversicht meistern und fundiertere Entscheidungen treffen, die auf den folgenden Grundprinzipien beruhen.

1. ERTRÄGE

Die immer wieder genannte Binsenweisheit bei Anlagen in Immobilien lautet: »Lage, Lage, Lage.« Diese Feststellung mag zwar banal erscheinen, ist aber sehr zutreffend. Eine gute Immobilie an einem guten Standort ist besser als eine gute Immobilie an einem schlechten Standort. Und weil wir nicht mehr Bauland erzeugen können, werden erstklassige Lagen immer gefragt bleiben. Auf dem Aktienmarkt gibt es eine ähnliche Redewendung: »Erträge, Erträge, Erträge.« Die Erträge beziehen sich auf die Einnahmen oder Gewinne eines Unternehmens in einem bestimmten Quartal oder Geschäftsjahr.

Als ich mit dem Investieren begann, hatte ich keine Ahnung, was eine Aktie bewegt. Ich verglich sie mit Immobilien. Ich nahm an, dass beliebte Aktien wie Immobilien in guter Lage seien. Das Problem bei Aktien ist jedoch, dass in der Geschichte kein Unternehmen über mehrere Jahrzehnte hinweg an der Börse beliebt geblieben ist. Wohnungen in der Nähe des Central Park in New York City oder Häuser in Strandnähe an der Côte d'Azur waren schon vor hundert Jahren beliebt und sind es auch heute noch. Man kann davon ausgehen, dass diese Immobilien in hundert Jahren noch genauso gefragt sein werden wie heute.

Das kann man von Aktien nicht behaupten. In den 1920er-Jahren gingen die Anleger davon aus, dass Unternehmen wie General Electric (das 1896 an die Börse ging) immer gefragt bleiben würden.[60] Denn wer konnte sich schon eine Zukunft vorstellen, in der GE nicht zu den größten Unternehmen der Welt gehören würde? In den 1950er-Jahren sagte man dasselbe über Stahlunternehmen. Aber kein Unternehmen bleibt für immer an der Spitze. Das liegt daran, dass Aktien von den Gewinnen der Unternehmen abhängig sind. Wenn ein Unternehmen wächst und mehr verdient, steigt der Aktienkurs. Ein Unternehmen muss nicht unbedingt tatsächlich einen Gewinn ausweisen, damit seine Aktien steigen. Wenn die Anleger die *Aussicht* auf künftige Gewinne sehen, sind sie bereit, eine Aktie heute in Erwartung künftiger Gewinnsteigerungen zu kaufen.

Die gesamte Investmentbranche basiert auf dem Konzept der Erträge. Institutionelle Anleger wie Investmentfonds, Hedgefonds, Pensionsfonds und Versicherungsgesellschaften verwenden Anlagemodelle, die in erster Linie auf die Erträge abstellen. Wie in jeder Branche gibt es auch hier Trends. Wenn die Wall Street Aktien identifiziert, die ein großes Aufwärtspotenzial haben, beginnen alle Profis, diese Aktien zu kaufen, was deren Preis in die Höhe treibt. Wenn Aktien Aufmerksamkeit erregen, schließen sich die Aktienanalysten (die Kauf-, Halte- oder Verkaufsempfehlungen abgeben) der Party an. Sobald es für eine Aktie mehr Nachfrage und professionelle Berichterstattung durch Wall-Street-Insider gibt, steigen auch die Medien ein. Im Wirtschaftsfernsehen, in Börsenzeitschriften oder in den sozialen Medien hört man dann von den außergewöhnlichen Renditechancen einer bestimmten Aktie. Das ist der Zeitpunkt, an dem die Öffentlichkeit beginnt, sich für die betreffende Aktie zu interessieren. Die Öffentlichkeit weiß jedoch in der Regel nicht, dass die Wachstumsstory der meisten Unternehmen nicht allzu lange anhält. Ein solches Szenario kann vielleicht zwei Jahre dauern. Und die ganze Zeit haben die Profis diese Aktie nach oben getrieben. Sie wissen alles über die Unternehmen, in die sie investieren, und sie wissen wie kein anderer, dass nur Erträge zählen.

Bei der ersten Andeutung einer Verlangsamung des Gewinnwachstums kann die Wall Street eine Aktie innerhalb weniger Tage abstoßen. Das ist der Grund für den Absturz mancher hochfliegenden Aktien. Die Gewinne eines erfolgreichen Unternehmens sind vielleicht um 30 Prozent oder mehr gestiegen, und die Anleger sind auf den Zug aufgesprungen in der Erwartung ungewöhnlicher Wachstumszahlen auch in den kommenden Jahren, aber sobald es Anzeichen für die Rückkehr zu einem normalen Wachstum gibt (unterhalb von 10 Prozent), wird die Aktie fallen gelassen. Wenn diese Unternehmen nicht wieder zweistellige Wachstumsraten vorlegen, werden ihre Aktien so bald nicht wieder steigen.

Dies ist einer der Gründe, warum der S&P 500 in den letzten Jahrzehnten immer weiter nach oben geklettert ist: Er enthält nur die 500 börsennotierten Unternehmen in den Vereinigten Staaten, die die solideste und beständigste Gewinnentwicklung aufweisen. Die Unternehmen, die in diesem Korb enthalten sind, werden von einem Ausschuss nach strengen Kriterien ausgewählt. Wenn der Ausschuss der Meinung ist, dass ein Unternehmen nicht mehr würdig ist, im S&P 500 zu verbleiben, wird es entfernt und durch ein anderes Unternehmen ersetzt, das besser performt. Investoren sind unbarmherzig, wenn es um Firmen geht, die nicht mehr wachsen. Wenn die Erträge eines Unternehmens stetig zurückgehen, kann die Aktie auch gegen null fallen.

2. MAKROFAKTOREN

Während die Richtung von Aktien im Wesentlichen durch das Wachstum der Unternehmen bestimmt wird, hängt das Tempo dieses Wachstums von verschiedenen Makrofaktoren ab. Die wichtigsten Faktoren sind (in keiner bestimmten Reihenfolge): Rezessionen, die Geopolitik, Kriege, Naturkatastrophen, die Zinssätze und systemische Probleme im Finanzsystem (wie die Finanzkrise von 2008). Diese Elemente halten die Wall Street am Laufen. Professionelle Anleger bilden sich eine Vorstellung davon, wie sich der Aktienmarkt in der nächsten Zeit entwickeln wird, und diese Vorstellung beruht weitgehend auf Makrofaktoren. Folgendes sind die beliebtesten Erzählungen, die man dazu in den Medien hört.

»Eine Rezession ist im Anmarsch: Bringt euch in Sicherheit!«
Es gibt immer Leute, die vor einer bevorstehenden Rezession warnen. Sie lassen es so klingen, als ob der nächste Crash schlimmer sein werde als jener von 1929. Häufig wird behauptet, dass sich das weltweite Wachstum verlangsamt, dass die Regierungen zu viele Schulden aufgehäuft haben und dass der US-Dollar an Stärke verliert.

»Die Fed wird die Zinsen anheben!« Das Ziel der Federal Reserve, der US-amerikanischen Notenbank, ist es, eine gesunde Wirtschaft in den USA zu unterstützen. Dies geschieht in erster Linie durch die Festlegung des Leitzinses, der bestimmt, zu welchem Zinssatz Banken untereinander Kredite aufnehmen können. Und dies wiederum beeinflusst die Marktzinsen, zum Beispiel die Zinsen für Ihre Hypothek, Ihren Autokredit oder Ihre Kreditkartenzahlungen. Weil die Wirtschaft dynamisch ist, muss die Fed den Zinssatz bei Bedarf senken oder erhöhen. Wenn die Wirtschaft überhitzt ist, erhöht sie die Zinsen. Schwächelt die Wirtschaft, senkt sie die Zinsen.
»Geopolitische Ereignisse werden die Weltwirtschaft zum Entgleisen bringen!« Jedes Jahr gibt es irgendwo irgendeine Bedrohung für die freie Welt. Dennoch ist der Aktienmarkt trotz Kriegen, Pandemien, Handelskonflikten, Naturkatastrophen, unterschiedlichster Präsidenten und dergleichen immer weiter gestiegen.

Der Medienzyklus basiert auf Hype und Katastrophenprognosen, was kurzfristige Schwankungen beeinflusst, aber das langfristige Wachstum des Aktienmarktes nicht aufhält. Als stoischer Anleger verstehen Sie diese Narrative und reagieren nicht auf sie.

3. KOLLEKTIVE PSYCHOLOGIE

Anleger reagieren sehr empfindlich auf die Psychologie und die Stimmung der anderen Marktteilnehmer. In guten Zeiten sind Anleger gierig. Sie treiben die Preise immer weiter in die Höhe, gehen davon aus, dass alles möglich ist, und vergessen die Finanzgeschichte. Das liegt in der menschlichen Natur. Niemand denkt im Sommer gerne an den Winter. Und während des Winters scheint es, als würde der Sommer nie kommen.

Während sich der Aktienmarkt auf lange Sicht rational verhält und von dem zugrunde liegenden Prinzip der Gewinnentwicklung angetrieben wird, agiert er auf kurze Sicht höchst irrational, angetrieben von der kollektiven Psychologie der Anleger.

Der Investor Howard Marks, der seit 1990 einen populären Investmentbrief herausgibt, vergleicht das kurz- und mittelfristige Börsenverhalten, das von der kollektiven Psychologie gesteuert wird, mit der Bewegung eines Pendels.[61]

In seinem Buch *Mastering the Market Cycle* (deutscher Titel: *Marktzyklen meistern*) schreibt Marks: »In Geschäfts-, Finanz- und Marktzyklen sind die meisten Exzesse auf der Aufwärtsseite – und die unvermeidlichen Reaktionen auf der Abwärtsseite, die ebenfalls dazu neigen, über das Ziel hinauszuschießen – das Ergebnis übertriebener Ausschläge des psychologischen Pendels.« Die Märkte sind fast nie im Gleichgewicht. Es gibt nie einen Zeitpunkt, an dem alle Anleger eine ausgewogene Mei-

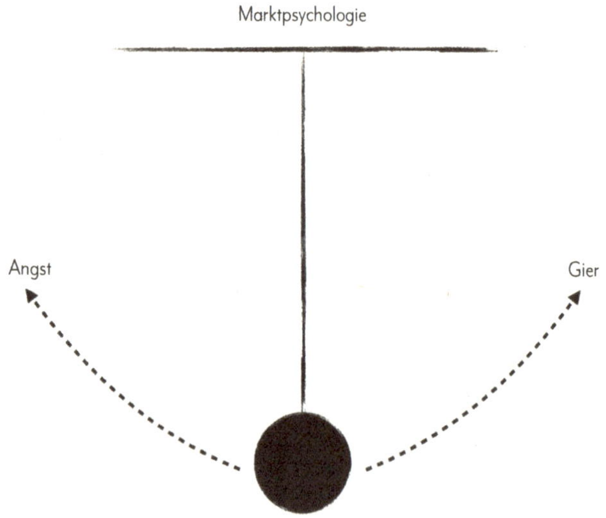

Abbildung 6: Das Pendel der Marktpsychologie. Es repräsentiert die Schwankungen der Marktteilnehmer zwischen Gier und Angst. Das Pendel ist immer in Bewegung und liegt niemals ruhig in der Mitte.

nung haben. Die Märkte bewegen sich zwischen den Extremen von Angst und Gier.

Hinzu kommt, dass diese Schwankungen der Aktienkurse oft stark von den Erwartungen der meisten Marktteilnehmer abweichen. So kann beispielsweise der Kurs einer Aktie im Vorfeld des Tages, an dem das Unternehmen seine aktuelle Gewinnmitteilung herausgibt, ansteigen. Der Kurs wird in Erwartung guter Nachrichten nach oben getrieben. Wenn die tatsächlichen Ergebnisse veröffentlicht werden, kann der Aktienkurs sinken, selbst wenn die Ergebnisse großartig sind. Warum? Weil die Wall Street mit zwei kurzfristigen Indikatoren arbeitet: mit der Erwartungshaltung und mit unerwarteten Nachrichten.

Wenn Fachleute etwas Bestimmtes erwarten, werden sie so handeln, als wäre es bereits geschehen. Wenn es dann geschieht, lassen sie die Aktie fallen und gehen zum nächsten Trade über. Auf diese Weise entstehen viele kurzfristige Schwankungen. Der andere Faktor, der die Aktienkurse kurzfristig bewegt, sind unerwartete Nachrichten. Nehmen wir an, die Anleger erwarten, dass die Federal Reserve die Zinsen um 0,25 Prozent anhebt, doch die Fed erhöht sie unerwartet um 0,75 Prozent. Dann wird es wahrscheinlich zu einer massiven Abwärtsbewegung kommen. Immer wenn der Markt wirklich überrascht ist, wird man starke Reaktionen sehen: nach oben oder nach unten. Die Richtung wird von Angst und Gier bestimmt. Wird etwas Beängstigendes erwartet? Dann wird es abwärts gehen. Erwarten wir etwas, das uns gierig macht? Dann geht es nach oben.

Die meisten Anleger sind nicht in der Lage, die Psychologie des Aktienmarktes zu verstehen und zu begreifen, wie es zu seinen Bewegungen kommt. Sie fallen auf das Herdenverhalten herein. Sie verkaufen, wenn alle anderen verkaufen, und kaufen, wenn alle anderen kaufen. Das Ergebnis ist eine »Buy High, Sell Low«-Strategie, ein sicherer Weg zur Vernichtung des eigenen Vermögens.

Ignorieren Sie die Geschichten – konzentrieren Sie sich auf das Grundsätzliche

In keiner Branche gibt es mehr Lügner und Scharlatane als im Finanzwesen. Diese falschen Propheten missbrauchen das mangelnde Wissen der gewöhnlichen Anleger. Die meisten Menschen beginnen mit der Geldanlage in Aktien, ohne richtig zu wissen, wie der Aktienmarkt eigentlich funktioniert. Das ist nicht verwunderlich. In den meisten Bereichen ist es nicht wichtig, die grundlegenden Prinzipien der Branche zu kennen. Jemand kann ein großartiger Arzt sein, ohne zu wissen, wie das Geschäft im Gesundheitswesen funktioniert. Als Schriftsteller muss ich nicht viel über die Geschichte der Buchverlagsbranche wissen. Für Investitionen in den Aktienmarkt gilt dies nicht. Investitionen in gute Unternehmen führen nicht immer zu guten Ergebnissen, denn es gibt viele andere Faktoren, die den Erfolg bestimmen. Man kann ein großartiges börsennotiertes Unternehmen aufspüren, seinen Wert einschätzen, die Aktie für weniger kaufen, als sie wert ist, und trotzdem bei den ersten Anzeichen eines Absturzes aus Angst verkaufen.

Aus diesem Grund müssen Privatanleger und professionelle Händler immer die verborgenen Prinzipien des Aktienmarktes beachten: Langfristig zählen die Erträge, Makrofaktoren bestimmen die Schwankungen, und die kollektive Psychologie bewegt sich zwischen Angst und Gier.

Die Stoiker hatten diese Einstellung zum Leben im Allgemeinen. Sie arbeiteten stets mit den bestehenden Regeln, Mustern und Prinzipien der Gesellschaft. Ihr Ziel war es nicht, die Art und Weise, wie das Leben funktioniert, zu verändern, sondern ihr eigenes Verhalten so zu ändern, dass ihr Geist keinen Schaden nahm. Ganz gleich, mit welchem Hindernis sie konfrontiert waren, sie suchten immer in sich selbst nach der Lösung. Sie stellten sich die Frage: »Was kann ich an meinem Verhalten oder meiner Einstellung ändern, um ein Problem zu lösen?« Wie Mark Aurel sagte: »Solltest du je einmal durch die Gewalt der Umstände in eine Art von Gemütsunruhe versetzt werden, so ziehe dich doch rasch auf dich selbst zurück! Lass dich nicht über Gebühr aus dem Takt bringen. Denn wofern du stets wieder zu einer harmonischen Stimmung der Seele zurückkehrst, wirst du ihrer immer mächtiger werden.«[62]

Warren Buffett ist ein Meister dieser Denkweise. Er ist berüchtigt für seinen mönchischen Lebensstil. Er wohnt in der Nähe seines Büros, verbringt täglich Stunden mit Lesen und Nachdenken über Investitionen, hat nur wenige Mitarbeiter und verlässt sich vor allem auf sein Wissen über den Aktienmarkt. Dadurch ist er in der Lage, kurzfristige Übertreibungen – und Panik – auszublenden. Als der Aktienmarkt während der Finanzkrise 2008 zusammenbrach, blieb Buffett in den vielen Interviews, die er gab, stoisch. Er verfasste sogar einen Meinungsartikel für die *New York Times* mit dem Titel »Buy American. I am.«[63] Darin schrieb er: »Eine einfache Regel bestimmt mein Kaufverhalten: Sei ängstlich, wenn andere gierig sind, und sei gierig, wenn andere ängstlich sind.« Seine Botschaft an alle Anleger lautete: Investieren Sie weiter, und bleiben Sie ruhig.

Unabhängig davon, mit welchem Problem Sie als Anleger konfrontiert sind, die Lösung besteht nicht darin, wegzulaufen. Kehren Sie zurück zu den Grundprinzipien. Treffen Sie Ihre Entscheidungen aufgrund der Regeln, die sich nie ändern, und lassen Sie sich nicht von Emotionen leiten.

DENKEN SIE DARÜBER NACH …

Schreite voran und sorge vor allem dafür, Dir treu zu bleiben! Sooft Du herausfinden willst, ob etwas gelungen ist, achte darauf, ob Du heute dasselbe willst wie gestern: Eine Willensänderung zeigt an, dass der Geist sich treiben lässt, dass er bald hier, bald dort erscheint, wie gerade der Wind weht. Nicht irrt umher, was festgemacht und gut verankert ist.

Seneca[64]

Denken Sie an eine Zeit, in der Sie begonnen haben, auf ein Ziel hinzuarbeiten, ohne zu recherchieren. Vielleicht haben Sie versucht, Schwimmen zu lernen, nachdem Sie ein YouTube-Video gesehen hatten. Vielleicht haben Sie versucht, ein Unternehmen zu gründen, ohne Kurse zu besuchen oder Bücher über Unternehmertum zu lesen.

Wenn Sie auf diese Weise beginnen, haben Sie keine Ahnung, was auf Sie zukommt, und das wird alle Ihre Erfolgschancen zunichtemachen. Schlimmer noch: Wenn Sie nicht wissen, was Sie tun, lassen Sie sich leicht von böswilligen Menschen täuschen.

Immer wenn Sie sich etwas vornehmen, verpflichten Sie sich, herauszufinden, welches die wichtigsten grundlegenden Dinge sind, die es hier zu beachten gilt. Beginnen Sie Ihre Unternehmung mit Wissen. Recherchieren Sie so viel wie möglich. Wenn Sie wissen, wohin Sie gehen, stehen die Chancen gut, dass Sie Ihr Ziel auch erreichen.

KAPITELZUSAMMENFASSUNG

- Von außen betrachtet, erscheint das Investieren in Aktien komplex und geheimnisvoll. Aber der Aktienmarkt ist kein irrationales Gebilde. Er sieht nur auf den ersten Blick und von außen betrachtet irrational aus.
- Der Aktienmarkt beruht auf drei Grundprinzipien: Erträge, Makrofaktoren und kollektive Psychologie bestimmen, was der Aktienmarkt tut. Kurzfristig ist er schwankend, langfristig hat er sich als sehr beständig erwiesen.
- Behalten Sie stets die Grundprinzipien des Investierens im Auge. Es ist leicht, sich von den täglichen Börsennachrichten ablenken zu lassen. Infolgedessen vergessen wir, was Aktien tatsächlich bewegt. Wenn wir die Grundprinzipien des Aktienmarktes im Blick behalten, werden wir durch plötzliche Kursschwankungen nicht in Panik geraten. Wir werden Kurs halten.

· 6 ·

Beständigkeit zahlt sich aus: Investieren als Gewohnheit

Investieren ist nichts, was man gelegentlich tut. Es ist eine Lebenseinstellung. Wenn Sie sich als Anleger betrachten, ist es Ihr Ziel, Ihr Kapital zu steigern. Es kommt nicht darauf an, wie viel Ihr Vermögen jeden Tag wächst; wichtig ist, dass Sie jeden Tag die Maßnahmen ergreifen, die zu Wachstum führen. Wenn Sie konsequent in sich selbst investieren, wird sich dies in jedem Bereich Ihres Lebens auszahlen. Zuerst werden Sie erleben, wie sich Ihr Privatleben und Ihre Karriere verbessern. Dann wird Ihr Vermögen folgen.

Die First Lady der Wall Street

Am 1. April 1966 startete ein mysteriöser Investor namens »G. Weiss« einen Anlage-Newsletter mit dem Namen *Investment Quality Trends*. Der Newsletter, der auch heute noch unter dem Namen *IQ Trends* existiert, bot der professionellen Investorengemeinschaft Einblicke in die Welt der Investitionen und Anlagestrategien. Mehr als ein Jahrzehnt nach dem Start, im Jahr 1977, wurde der prominente Finanzjournalist Louis Rukeyser auf den Newsletter aufmerksam, weil die Abonnenten von *Investment Quality Trends* durchweg hervorragende Renditen erzielten.[65]

Louis Rukeyser war Moderator der Fernsehsendung *Wall Street Week with Louis Rukeyser* und eine bekannte Persönlichkeit im Investmentbereich. In *Wall Street Week* vorgestellt zu werden war für Investoren eine große Sache. Zu dieser Zeit waren die einzigen großen Medien für die Finanzwelt das *Wall Street Journal, Barron's* und diese Sendung. In *Wall Street Week* wurden Personen und Unternehmen vorgestellt, die auf dem Markt sehr erfolgreich waren. Aber selbst unter diesen herausragenden Investoren stach G. Weiss hervor. Als Weiss in *Wall Street Week* auftrat, erfuhren die Zuschauer, dass »G. Weiss« das Pseudonym von Geraldine Weiss war, einer fünfzigjährigen Investorin und Mutter von vier Kindern. Sie war die erste berühmte weibliche Investorin in den USA und wurde auch bekannt als die »First Lady der Wall Street«.

In den 1960er-Jahren, als Frauenfeindlichkeit noch weitverbreitet war, beschloss Weiss, ein Pseudonym zu verwenden.[66] Banken konnten sich immer noch weigern, Frauen Kreditkarten auszuhändigen, es sei denn, ihr Ehemann unterschrieb mit, eine Schwangerschaft führte oft zur Kündigung des Arbeitsplatzes, und selbst die meisten Eliteuniversitäten nahmen nur Männer auf. (Yale und Princeton bis 1969, Harvard begann erst 1977 mit der Aufnahme von Frauen.)[67] Aber für Weiss war es nicht mehr so schlimm wie in ihren frühen Jahren.

Die 1926 in einer jüdischen Familie in San Francisco geborene Weiss lebte als junge Frau in der ständigen Bedrohung durch Krieg und Antisemitismus. Als sie älter wurde, nahm der Antisemitismus allmählich zu, bis 1939 der Zweite Weltkrieg ausbrach, in dem es geradezu gefährlich wurde, Jüdin zu sein. Ihr Vater erlebte so viel Diskriminierung, dass er beschloss, den Familiennamen von *Schmulowitz* in *Small* zu ändern, als sie an der Highschool war.

Weiss erinnerte sich daran, dass sie einmal unter dem Namen Schmulowitz erfolglos für ein Schulamt kandidierte. Aber nach der Namensänderung durch ihren Vater versuchte sie es im folgenden Jahr erneut. Und gewann. Es war eine harte Lektion darüber, wie man von anderen wahrgenommen wird, die sie ihr ganzes Leben lang nicht vergaß.[68]

Weiss entschloss sich, an der University of California in Berkeley einen Abschluss in Wirtschaft und Finanzen zu machen. In ihrer Freizeit besuchte sie häufig die öffentliche Bibliothek und verschlang alle Bücher über das Investieren, die sie in die Hände bekam. Sie hatte ihre Berufung fürs Leben gefunden.

»Von all meiner Lektüre«, sagte Weiss später, »waren es Benjamin Graham und seine Werke *Security Analysis* und *The Intelligent Investor* (deutscher Titel: *Intelligent investieren*), die mich mehr als alles andere beeinflusst haben. Ich erkannte, dass es der Wert ist, der auf lange Sicht den Preis mehr als alles andere bestimmt.«[69] Sie machte 1945 ihren Abschluss und lernte während ihrer Studienzeit auch ihren zukünftigen Ehemann kennen. Anstatt jedoch sogleich ihre berufliche Karriere zu beginnen, konzentrierte sie sich zunächst auf die Gründung einer Familie mit ihrem Ehemann, einem jungen Marineoffizier.

Zwar gefiel ihr die Idee, im Finanzwesen zu arbeiten und ihren Lebensunterhalt selbst zu verdienen, sie spürte jedoch den Druck, Hausfrau zu werden. Weiss erinnerte sich: »Das Ziel für Frauen [zu dieser Zeit] war es, zu heiraten.«[70]

Im Jahr 1962, im Alter von 36 Jahren, fühlte sich Weiss endlich bereit, eine Karriere im Finanzwesen zu starten. Aber sie hatte zu kämpfen. Sie erinnerte sich, dass sie sich mit ihrem Mann darüber beriet, einen Teil ihres Geldes für den Kauf von Aktien zu verwenden. Sie zögerte, weil sie damals noch nicht viel finanziellen Spielraum hatten. Ein weiterer Grund, der sie zurückhielt, war die Undurchsichtigkeit der Finanzwelt.

Weiss hatte keine Erfahrung mit Investitionen, aber sie musste irgendwie anfangen. Die Wall Street von außen zu betrachten ist eine Sache; zu verstehen, was unter der Oberfläche geschieht, ist etwas anderes. Es handelte sich um einen von weißen Männern dominierten Berufsstand, der Außenstehenden keinen Zugang gewähren wollte. Was wusste eine Mutter mittleren Alters über Investments, wenn der Rest der Gesellschaft noch nicht einmal der Meinung war, dass Frauen sich überhaupt mit finanziellen Angelegenheiten befassen sollten?

»Wir lebten von der Hand in den Mund«, erinnerte sich Weiss. »Ich hatte solche Angst davor, in diesen Beruf einzusteigen, weil ich das Geld der Familie nicht aufs Spiel setzen wollte.«[71] Aber ihr Mann unterstützte sie. Als im Oktober 1962 die Kubakrise ausbrach und der Aktienmarkt kollabierte, sah Weiss ihre Chance gekommen. Um sie herum gerieten die Anleger in Panik und zogen ihr Geld aus dem Markt ab. Aber Weiss stieg beherzt ein. Nach dem Ende der Krise erholte sich der Markt, und Weiss erzielte in kurzer Zeit eine gute Rendite.

»Es gibt keinen besseren Zeitpunkt, um eine Aktie zu kaufen, als wenn ein grundsätzlich gesundes Unternehmen, aus welchen Gründen auch immer, vorübergehend in der Gunst der Anlegergemeinschaft sinkt«, sagte Weiss später. »Wenn guten Unternehmen etwas Schlimmes widerfährt, muss man dies als Kaufgelegenheit und nicht als Rettungsaktion betrachten.«[72]

Obwohl sich ihr persönliches Portfolio erfolgreich entwickelte, kämpfte Weiss vier Jahre lang um einen Job als professionelle Anlegerin. Sie bewarb sich bei Maklerfirmen und anderen Wall-Street-Unternehmen, doch überall wurde sie ausgelacht, oder man bot ihr stattdessen eine Stelle als Sekretärin an, die sie jedoch nicht annahm.

Nach Jahren ständiger Ablehnung wurde Weiss klar, dass sie auf traditionellem Weg niemals in der Finanzbranche würde Fuß fassen können. Sie weigerte sich, »fürs Erste« als Sekretärin in einer Handelsfirma anzufangen, weil sie wusste, dass ihre Meinungen und Erkenntnisse über Geldanlagen dort nicht respektiert werden würden.

Im Jahr 1966, im Alter von vierzig Jahren, war Weiss Mitbegründerin der *Investment Quality Trends.* Passives Investieren mittels ETFs oder Indexfonds gab es damals noch nicht. Wenn man in Aktien investieren wollte, musste man die Wertpapiere einzelner Unternehmen kaufen, was den Aufbau eines langfristigen Vermögens erschwerte. Woher wusste man, welche Aktien man wählen sollte? Da es auch noch kein Internet gab, entschieden viele Anleger anhand von Tipps von Freunden und Verwandten und Zeitungen wie dem *Wall Street Journal* und *Barron's,* welche Aktien sie kaufen beziehungsweise verkaufen wollten. In den 1960er-Jahren wurden die per Post verschickten Investment-Newsletter populär, weil die Anleger stets auf der Suche nach Aktientipps waren.

Investment Quality Trends kam diesem Bedürfnis entgegen. Weiss war die erste Frau, die in den USA einen erfolgreichen Anlageberatungsdienst gründete. Weil die Welt immer noch von Männern dominiert wurde, arbeitete Weiss zunächst mit ihrem Broker zusammen, um den Newsletter auf die Beine zu stellen. Als sie ihre erste Ausgabe verschickten, unterzeichneten Weiss und ihr Mitgründer Fred Whitmore jeweils die Hälfte der verschickten Exemplare. Der Inhalt der Briefe war identisch. Aber nur die mit »Fred Whitmore« signierten Exemplare erhielten Rückmeldungen von den Abonnenten, ein Maß für die Kundentreue. Die mit »Geraldine Weiss« gezeichneten Exemplare erzielten nicht annähernd die gleiche Resonanz. In der Jubiläumsausgabe zum vierzigjährigen Bestehen von *IQ Trends,* die 2006 herauskam, erinnerte sich Weiss: »Ich werde nie die erste Reaktion auf einen Werbebrief vergessen, der mit meinem Namen gezeichnet war. Sie lautete: ›Ich kann mir nicht vorstellen, dass ich jemals eine Anlageempfehlung von einer Frau entgegennehmen würde. Sofern Sie nicht Ihre Empfehlung von einem Mann übernommen haben.‹ (Dieses Schreiben hing viele Jahre in meinem Büro an der Wand.)«[73]

Dies zeigte Weiss, dass auch gewöhnliche Anleger Vorurteile gegenüber Anlageratschlägen von Frauen hatten. In dieser Situation erinnerte sie sich an eine alte Lektion aus der Highschool: Auf die Wahrnehmung kommt es an. Sie nahm eine subtile, aber bedeutende Änderung vor. Aus »Geraldine Weiss« wurde »G. Weiss«. Von nun an wurde sie überhäuft mit positiven Leserreaktionen.

Innerhalb eines Jahres zahlte Weiss Whitmore aus und übernahm allein die Leitung des Newsletters. Sie studierte weiterhin den Markt und lieferte qualitativ hochwertige Investmenteinblicke, die ihre Abonnenten begeisterten. *IQ Trends* hat über Jahrzehnte hinweg jedes Jahr positive Ergebnisse erzielt. Zwischen 1986 und 2022 brachten die Empfehlungen von *IQ Trends* eine jährliche Rendite von 11 Prozent.[74] Ein Anleger, der 1986 1000 Dollar investierte und ihren Empfehlungen bis 2022 folgte, verfügte am Ende über 55 450,43 Dollar.

Nach dem ersten Jahrzehnt mit durchgehend positiven Ergebnissen gab sich die geheimnisvolle G. Weiss schließlich 1977 in Louis Rukeysers *Wall Street Week* zu erkennen. Viele von Weiss' Abonnenten waren verblüfft. Sie hatten nicht gewusst, dass sie all diese wertvollen Empfehlungen von einer Frau erhalten hatten. Aber nachdem sie so lange Zeit so gut gefahren waren mit dem Anlagebrief, war es vielen Beziehern des *IQ Trends*-Newsletters egal, welches Geschlecht die Person hatte, die ihnen zu Geld verhalf. Die Ergebnisse sprachen für sich.

Machen Sie sich das Investieren zur Gewohnheit, indem Sie es leicht machen

Man bildet eine Gewohnheit, indem man etwas wiederholt tut. Wie Epiktet sagte: »Jede Haltung und jede Fähigkeit wird durch die ihr entsprechende Tätigkeit erhalten und gefördert: die Fähigkeit im Gehen, wenn man geht, die Fähigkeit im Laufen, wenn man läuft. … Überhaupt, willst du die Fähigkeit in irgendeiner Sache erlangen, so tue dieselbe.«[75]

Nehmen wir an, Sie wollen es sich zur Gewohnheit machen, täglich spazieren zu gehen. Das bedeutet, dass Sie jeden Tag spazieren gehen, egal wie das Wetter ist oder wie beschäftigt Sie sind. Wenn es regnet, könnten Sie auf einem Laufband laufen, sofern Sie eines haben, oder ins Fitnessstudio gehen. Auf diese Weise bilden wir Gewohnheiten, indem wir die Handlung konsequent durchführen. Aber die meisten Anleger haben keine Gewohnheiten in Bezug auf die Geldanlage. Sie wollen nur investieren, wenn die Bedingungen perfekt sind. Zufälligerweise gibt es alle paar Jahre scheinbar perfekte Bedingungen auch für Investments: Die Aktienkurse steigen, die Zinssätze sind niedrig, und es droht auch keine Rezession.

Wenn Sie nur während dieser perfekten Bedingungen investieren wollen, ist das dasselbe, als wenn Sie sagen würden: »Ich werde nur spazieren gehen, wenn es 25 Grad warm ist, keine Wolke am Himmel ist und kein Wind weht.« Wenn Sie zum Beispiel an der amerikanischen Ostküste leben, würden Sie dann wahrscheinlich nur einmal im Jahr einen Spaziergang unternehmen.

Das Problem besteht darin, dass die meisten Anleger nicht konsequent sind. Sie haben vielleicht eine tolle Strategie und kaufen die besten Aktien der Welt, aber wenn sie nur einmal investieren, werden sie keine nennenswerten Ergebnisse erzielen. Aus diesem Grund wird Ihnen die Entwicklung einer Investitionsgewohnheit helfen, mehr Vermögen aufzubauen.

Wie formt man am besten eine Gewohnheit? Indem man die Handlung so einfach gestaltet, dass es fast unmöglich ist, sie nicht zu tun. Wenden wir uns Gaius Musonius Rufus zu, um uns über die Bildung von Gewohnheiten zu informieren. Von allen stoischen Philosophen war er derjenige, der am strengsten mit seinen Gewohnheiten umging. Das ist bemerkenswert, denn Musonius' Vater, Capito, war ein reicher *eques Romanus* (traditionell als »Ritter« übersetzt). In der Klassengesellschaft des antiken Roms kamen die Mitglieder des Reiterordens in der Rangfolge gleich hinter den Senatoren, dem höchsten Rang unterhalb des Kaisers.

Doch anstatt eine Karriere in der Politik anzustreben (was im alten Rom ein sicherer Weg war, um großen Reichtum und Macht zu erlangen), verbrachte Musonius den größten Teil seines Lebens damit, Philosophie zu lehren.

Musonius betonte die Bedeutung der Wiederholung, die das Wichtigste bei der Bildung von Gewohnheiten ist. Er schrieb: »Wie kann es wertvoller sein, in jeder Sache die Theorie zu kennen, als sich daran zu gewöhnen, gemäß der Theorie zu handeln, wenn die Anwendung einen zum Handeln befähigt, während das Verständnis der Theorie einem lediglich erlaubt, darüber sprechen zu können?«[76]

Das Gleiche gilt für den Aufbau von Wohlstand. Die Theorie ist wichtig, aber es ist die Tat, oder besser gesagt, die Gewohnheit des Handelns, die dafür sorgt, dass Sie Vermögen aufbauen können. Ich habe zwei stoische Gesetze der Beständigkeit herausgearbeitet, die Ihnen helfen werden, eine Investitionsgewohnheit zu entwickeln.

GESETZ 1: KLEIN ANFANGEN

Als Geraldine Weiss mit dem Investieren anfing, ging sie nicht auf Fundraising-Tour. Sie hat nicht jeden, den sie kannte, um Geld gebeten. Sie begann mit einer kleinen Summe aus ihrem Familienvermögen. Die meisten Menschen gehen davon aus, dass man nur reich werden kann, wenn man große Geldbeträge investiert. »Man braucht Geld, um Geld zu verdienen«, sagt der Volksmund. Aber die Leute interpretieren dies dahingehend, dass »man *sehr viel* Geld braucht, um Geld zu verdienen«. Das ist aber nicht wahr. Der Sinn des Investierens besteht darin, aus einem bisschen Geld viel Geld zu machen. Investieren ist kein Ziel, keine Tätigkeit oder Aufgabe, sondern eine Gewohnheit. Es ist etwas, das Sie regelmäßig tun, so wie Sie trainieren, meditieren, lesen oder etwas anderes tun, das Zeit braucht, um Ergebnisse hervorzubringen.

Wenn Sie gerade erst anfangen, können Sie ein Gefühl für das Investieren bekommen, indem Sie monatlich zum Beispiel 50 Dollar oder Euro in einen S&P 500 Indexfonds einzahlen. Bei den meisten Brokern müssen Sie keinen ganzen Fondsanteil kaufen, sondern können auch einen Bruchteil davon erwerben, entsprechend dem Geldbetrag, den Sie anlegen wollen. Auch wenn Sie viel Geld verdienen und sparsam leben, ist es klug, mit kleinen Beträgen anzufangen, um sich an die Schwankungen des Aktienmarkts zu gewöhnen.

Wenn Sie ein erfahrener Börsianer oder Händler sind, können Sie mit kleinen Beträgen wieder einsteigen, wenn Sie sich einmal eine Auszeit genommen oder keine guten Ergebnisse erzielt haben. Wenn Sie an die Börse zurückkehren, investieren Sie zunächst kleinere Beträge. Gehen Sie kleinere Positionen ein und erzielen Sie ein paar kleine Gewinne.

Das ist derselbe Ansatz, den Epiktet seinen neuen Schülern vorschlug. Er war nicht der Meinung, man solle gleich vom ersten Tag an wie ein Stoiker leben, sondern »mit den unscheinbarsten Dingen anfangen«. Er nannte auch ein Beispiel dafür, wie man das Konzept der stoischen Gleichmütigkeit praktizieren kann: »Wenn du einen Krug liebst, so sage dir: ›Es ist ein Krug, den ich liebe.‹ Dann wirst du nämlich nicht deine Fassung verlieren, wenn er zerbricht. Dann versuche es mit etwas, das dir ein bisschen wertvoller erscheint. Und schließlich weitest du diesen Ansatz auf alles aus.«[77]

Als ich anfing, mich mit dem Stoizismus zu beschäftigen, wandte ich diesen Ansatz zunächst auf kleine, relativ unwichtige Dinge an und dehnte ihn dann allmählich auf die größeren und wichtigeren Dinge des Lebens aus. Wann immer mich etwas störte oder ärgerte, erinnerte ich mich: »Na und? Es ist doch nur ein [füllen Sie die Leerstelle aus].«

Als zum Beispiel einmal mein Lieblingshemd zerschliss, sagte ich mir: »Es ist doch nur ein Hemd.« Als mein neuer Esstisch zwei Wochen nach dem Kauf beschädigt wurde, sagte ich mir: »Es ist doch nur ein Tisch.« Als ich einen Unfall mit Blechschaden hatte, sagte ich mir: »Es ist doch nur ein Auto.« Und als ich mich am Fuß verletzte, dachte ich: »Es ist nur mein Fuß.«

Selbst bei bedeutsameren Ereignissen, wie zum Beispiel, als ich auf einer Reise nach Barcelona krank wurde, sagte ich mir: »Es ist nur eine Reise.« Als der S&P 500 im vierten Quartal 2018 aufgrund der Angst vor einer strafferen Geldpolitik, einer schwächelnden Wirtschaft und einem sich verschärfenden Handelskrieg zwischen den USA und China um 15 Prozent fiel, erinnerte ich mich: »Es ist nur ein vorübergehender Rückgang.«

Den letzten Satz hätte ich nie sagen (und diese Meinung vertreten können), wenn ich nicht mit dem ersten angefangen hätte. Es ist immer die beste langfristige Strategie, klein anzufangen, weil es Zeit braucht, um eine Gewohnheit zu etablieren oder sich an eine neue Perspektive zu gewöhnen. Dass ich 2008 aufgehört habe zu investieren, hatte maßgeblich damit zu tun, dass ich nicht klein angefangen hatte. Im Jahr zuvor hatte ich fast meine gesamten Ersparnisse in Aktien gesteckt. Sosehr Sie von einer Anlagestrategie überzeugt sein mögen (auch von jener, die ich in diesem Buch vorschlage), wenn Sie von Anfang an aufs Ganze gehen, werden Sie sich nur selbst zum Scheitern verurteilen. Besser ist es, mit kleinen Beträgen zu beginnen, zu beobachten, wie Sie reagieren, wenn Ihr Portfolio größeren Schwankungen ausgesetzt ist, und sich Geduld anzueignen. Vergrößern Sie Ihr Portfolio langsam, aber stetig, während Sie Ihr gewohntes Alltagsleben weiterführen.

GESETZ 2: AUTOMATISIEREN

Indem Sie manuelle Entscheidungen aus Ihrem Leben entfernen, stellen Sie sicher, dass bestimmte Handlungen auch ausgeführt werden. Als Geraldine Weiss beschloss, ihren Investment-Newsletter *Investment Quality Trends* ins Leben zu rufen, verpflichtete sie sich, ihn zweimal pro Monat zu veröffentlichen. Der Anlagebrief erscheint auch heute noch nach diesem zeitlichen Schema. Es ist die Art von Entscheidung, die tausend andere Entscheidungen überflüssig macht. Indem sie sich zur Veröffentlichung von zwei Newslettern pro Monat verpflichtete, eliminierte sie mögliche Einflüsse durch menschliche Entscheidungen. Unabhängig davon, was auf dem Markt oder in ihrem Privatleben passierte, Weiss veröffentlichte regelmäßig neue Ausgaben von *Investment Quality Trends.*

Wie viele Projekte haben Sie schon mit Leidenschaft und Begeisterung begonnen, um sie dann nach kurzer Zeit wieder aufzugeben? Inkonsequenz führt fast immer zum Scheitern. Es ist leicht, inkonsequent zu sein. Wir haben Verpflichtungen, einen Job, Menschen, um die wir uns kümmern müssen, und vieles mehr. Es gibt immer etwas, das der Erreichung Ihrer Ziele im Wege steht. Also bleiben Sie konsequent. Als ich 2015 meinen wöchentlichen Newsletter startete, habe ich mir vorgenommen, so lange wie möglich zwei Ausgaben pro Woche zu veröffentlichen. Diesen Turnus habe ich fast drei Jahre lang beibehalten. In dieser Zeit wuchs mein Newsletter von null auf mehr als 50 000 Abonnenten. Inzwischen habe ich meinen Veröffentlichungsrhythmus geändert, aber ich halte mich immer noch an die Verpflichtung, jede Woche einen Brief herauszubringen. Wenn ich mich nicht an einen festen Zeitplan halten würde, gäbe es keinen Grund, jede Woche zu schreiben. Aber indem ich mich öffentlich auf ein bestimmtes Veröffentlichungsschema verpflichtet habe, habe ich mein Schreiben automatisiert. Egal wie müde oder beschäftigt ich war, der Newsletter musste erscheinen.

Wenn Sie in den Aktienmarkt investieren wollen, sind Ihre eigenen Gefühle und Einschätzungen oft Ihr größter Feind. Wenn die Kurse steigen und die Zinsen niedrig sind, gehen Sie wahrscheinlich mehr Risiken ein, als Sie verkraften können. Wenn die Lage schlecht ist, meiden Sie wahrscheinlich jedes Risiko. Durch die Automatisierung Ihrer Finanzanlagen werden Ihre Emotionen als mögliche Einflussfaktoren entfernt. Das kann so einfach sein wie das Aufstellen von Regeln für sich selbst:

- Ich lege automatisch 500 Dollar pro Monat in meinem S&P 500 Indexfonds an. (Sie können das auch in jedem anderen Altersvorsorgeplan einrichten.)
- Ich werde sechs Monate lang keine neue Kleidung, Werkzeuge oder andere erstrebenswerte Dinge kaufen.

Das Wichtigste ist, dass Sie sich immer an diese Regeln halten – nicht nur in guten Zeiten. Wenn Sie beschließen, jeden Monat einen bestimmten Betrag anzulegen, vermeiden Sie es, diesen Betrag zu ändern, wenn der Aktienmarkt steigt oder fällt. Sie können Änderungen aufgrund Ihrer sich verändernden Umstände vornehmen; wenn Sie mehr verdienen, investieren Sie auch mehr. Vermeiden Sie es jedoch, Änderungen aufgrund der Entwicklung des Marktes vorzunehmen. Betrachten Sie Ihre eigene Situation und entscheiden Sie, wie viel Geld Sie investieren können. Mein Motto lautet: Investieren Sie jeden Monat so viel, wie Sie momentan erübrigen können. Vermeiden Sie es, einen Betrag zu wählen, der es Ihnen unmöglich macht, Ihre Lebenshaltungskosten zu bestreiten. Die Details, wie viel Sie investieren und wie Sie dieses Geld praktisch anlegen sollten, behandle ich im Abschnitt »Stoische Investitionstechniken«.

Viele Menschen meinen, dass die Automatisierung der eigenen Geldanlagen bedeute, dass man Budgetierungs-Apps verwenden, jeden ein- und ausgehenden Cent erfassen und das Geld jeden Tag im Auge behalten müsse. Aber das ist kein stoischer Ansatz. Die Idee hinter dem Stoizismus ist, dass man alles, was man tut, aus einem einzigen Grund tut: um das eigene Leben mit Ruhe und Zufriedenheit zu erfüllen.

Musonius hat es schön ausgedrückt: »Denn das Streben nach Tugend hat kein anderes Ziel, als glücklich zu sein und ein bis zum Ende seliges Leben zu führen.«[78] Ebenso gibt es keinen anderen Grund zum Sparen und Investieren, als glücklich und frei zu sein. Wenn Sie feststellen, dass eine Ihrer persönlichen Verhaltensweisen im finanziellen Bereich dem wahren Glück im Wege steht, ist es an der Zeit, diese Aktivität zu überdenken. Sie möchten, dass Sparen und Investieren gewissermaßen automatisch ablaufen. Aber nur einfache Dinge können automatisch sein.

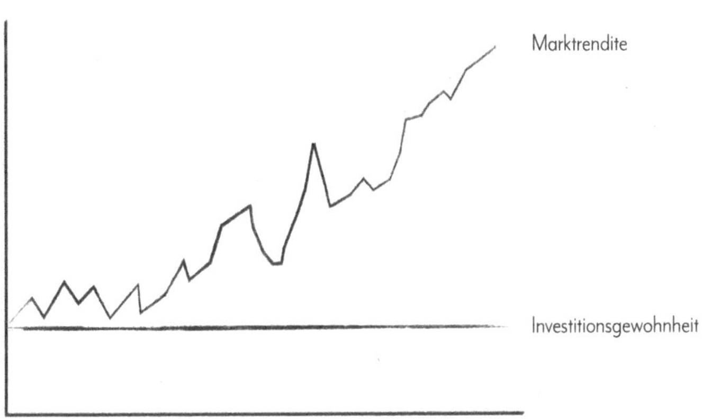

Abbildung 7: Eine Gewohnheit ist etwas Beständiges, der Markt ist es nicht. Wenn Sie sich darauf konzentrieren, was Sie beherrschen können (Ihr Verhalten), stellen Sie sicher, dass Sie ungeachtet aller Marktereignisse Ihren Anlageplan konsequent umsetzen.

DENKEN SIE DARÜBER NACH …

Es macht nicht viel aus, ob man die Beschäftigung mit der Philosophie abbricht oder unterbricht; sie bleibt nämlich nicht, wo sie unterbrochen worden ist, sondern nach der Art von Elastischem, das unter Spannung abspringt, kehrt sie zu ihren Anfängen zurück, weil sie von der beständigen Fortsetzung abgewichen ist.

Seneca[79]

Wenn man das regelmäßige Sparen und Anlegen einmal aufgegeben hat, ist es schwer, wieder damit anzufangen. Wie Seneca sagt, fallen wir ohne Beständigkeit in unsere alten Routinen zurück.

Deshalb müssen Sie der Beständigkeit Vorrang vor allem anderen einräumen. Wenn Sie mit dem Investieren beginnen, sollten Sie darüber nachdenken, wie Sie sich für langfristigen Erfolg aufstellen müssen. Als Stoiker sollte Ihre erste Frage nicht lauten: »Wie kann ich die höchste Rendite erzielen?« Ihre erste Frage sollte vielmehr lauten: »Wie kann ich sicherstellen, dass ich mit meinen Investitionen beständig bin?«

Sie werden mehr Vermögen aufbauen, wenn Sie konsequent kleine Summen investieren, als wenn Sie hin und wieder große Beträge anlegen.

KAPITELZUSAMMENFASSUNG

- Investieren ist eine Gewohnheit, keine einmalige Aufgabe oder Tätigkeit. Betrachten Sie das Investieren wie jede andere Gewohnheit, die Sie in Ihr Leben eingebaut haben. Wenn Sie das Investieren zu einer wiederkehrenden Tätigkeit machen, können Sie entspannt damit beginnen, echten Wohlstand aufzubauen.
- Wie bei jeder Gewohnheit ist Beständigkeit der Schlüssel. Entscheiden Sie sich, ein konsequenter Anleger zu sein, und wählen Sie eine Strategie, an die Sie sich konsequent halten können.
- Fangen Sie mit kleinen Beträgen an. Wenn Sie mit dem Investieren beginnen, ist es die nachhaltigste Strategie, zunächst nur kleinere Summen anzulegen. Auch wenn Sie einen großen Betrag zur Verfügung haben, sollten Sie klein anfangen und sich zuerst an das Auf und Ab des Marktes gewöhnen.
- Wählen Sie einen Betrag, den Sie jeden Monat investieren können. Als stoischer Anleger sollten Sie sich auf das Wichtigste konzentrieren, das in Ihrer Macht steht, nämlich die Frage, wie viel Sie anlegen wollen. Weil Sie nicht beeinflussen können, was der Markt tut, wäre es Energieverschwendung, diesen Dingen Aufmerksamkeit zu schenken.

· ZWEITER GRUNDSATZ ·

Akzeptieren Sie Verluste

Wenn du Fortschritte machen willst, so ertrage es, dass man dich in Hinsicht auf die äußeren Dinge für unverständig und närrisch hält.

Epiktet[80]

· 7 ·

Finden Sie sich mit kurzfristigen Verlusten ab

Es ist ganz natürlich, Verluste zu fürchten. Der Gedanke, Geld zu verlieren, ist so schmerzhaft, dass die meisten Menschen gar nicht erst anfangen zu investieren. Sowohl Stoiker als auch erfolgreiche Anleger sehen Verluste jedoch anders: Sie betrachten sie als einen vorübergehenden und unvermeidlichen Aspekt des Prozesses. Wenn Sie sich diese Einstellung zu eigen machen und sich mit gelegentlichen kurzfristigen Verlusten abfinden, können Sie Ihren langfristigen Erfolg sicherstellen, indem Sie unbeirrt an Ihrer Anlagestrategie festhalten. Diese veränderte Sichtweise auf das Geld und das Leben wird Ihr Vertrauen in die Zukunft stärken, weil Sie erkennen, dass gewisse Verluste nur vorübergehend und ein unverzichtbarer Bestandteil Ihres Weges zum Vermögensaufbau sind.

Wetten auf eine erfolgreiche Zukunft

Cathie Wood wurde 1955 als Tochter irischer Einwanderer in den Vereinigten Staaten geboren und wuchs in einer Umgebung auf, in der sie und ihre Familie ihr Leben erst einmal vollständig neu aufbauen mussten. »Ich war ein sehr ängstliches Mädchen, als ich aufs College ging«, erinnerte sich Wood später.[81]

»Ich war die Älteste und musste Verantwortung für die Familie übernehmen. Und daher fühlte ich mich häufig verunsichert und überfordert.« Diese Art von Angst ist nicht ungewöhnlich für Einwanderer der ersten Generation, und die schwierige wirtschaftliche Situation in den 1970er-Jahren tat darüberhinaus ein Übriges.

Es war eine Zeit mit hoher Inflation und hoher Arbeitslosigkeit. Woods Familie hatte mit finanziellen Problemen zu kämpfen. Während des Studiums arbeitete Cathie in Supermärkten und Restaurants, um ihre Studiengebühren selbst bezahlen zu können. »Ich wollte eigentlich Geologie, Astronomie oder Ingenieurwesen studieren«, erinnert sie sich, doch ihr Vater drängte sie zu den Wirtschaftswissenschaften. Wood erkannte schließlich, dass ihr ein Wirtschaftsstudium bessere finanzielle Möglichkeiten bieten würde.

Im Studium an der University of Southern California (USC) wurde Woods Interesse an den Wirtschaftswissenschaften durch ihren Wirtschaftsprofessor Art Laffer geweckt, der sie förderte und ermutigte, einen Wirtschaftsabschluss anzustreben. In ihrem ersten Studienjahr, 1977, verhalf ihr Laffer zu einem Praktikum bei der Capital Group, einer Investmentgesellschaft, die für ihre langfristigen Visionen bekannt war. Im Zuge ihrer ersten Aufgabe, bei der sie darüber nachdenken sollte, wie Hongkong in zwanzig Jahren aussehen würde, hatte Wood ein »Aha-Erlebnis«. Ihre Sicht auf die Welt veränderte sich. »Die Konzentration auf einen so langfristigen Zeithorizont war eines der Dinge, die mich wirklich beeindruckt haben. Ich sagte: ›Okay, das ist es, was ich machen will.‹«[82]

Wood stieg bei der Capital Group von der Praktikantin zur Wirtschaftsassistentin auf und arbeitete Vollzeit, während sie gleichzeitig an der USC studierte. Im Jahr 1981 schloss sie ihr Studium mit summa cum laude und einem Bachelor of Science in Finanz- und Wirtschaftswissenschaften ab.

Danach wechselte Wood zur Vermögensverwaltung Jennison Associates in New York. Im Laufe ihrer achtzehnjährigen Tätigkeit bei dem Unternehmen avancierte sie zur Chefvolkswirtin und Geschäftsführerin. Nachdem sie zwei Jahrzehnte lang die Karriereleiter erklommen hatte, entschloss sie sich, ihre eigene Firma aufzumachen. Im Jahr 1998 gründete sie zusammen mit Lulu Wang, einer ehemaligen Kollegin bei Jennison Associates, den Hedgefonds Tupelo Capital. Dies geschah während des Dotcom-Booms der späten Neunzigerjahre, einer Zeit, in der die Aktien von Internet-Unternehmen sprunghaft in die Höhe schossen. Als das World Wide Web verstärkt in das Bewusstsein der Öffentlichkeit rückte, begeisterten sich die Anleger immer mehr für Internet-Aktien. Dies führte schließlich zu einer Spekulationsblase und dem anschließenden Crash im Jahr 2000.

Der Absturz erfasste fast alle Growth-Investoren und Vermögensverwalter, darunter auch Tupelo Capital. Tupelo verfügte im ersten Quartal 2000 nach Angaben der amerikanischen Börsenaufsichtsbehörde SEC über ein verwaltetes Vermögen von rund 1,3 Milliarden Dollar.[83] Bis Anfang 2001 sank das verwaltete Vermögen von Tupelo auf etwa 200 Millionen Dollar.[84] Ein Rückgang um 85 Prozent. Im selben Jahr entschloss sich Wood, ihren eigenen Fonds aufzugeben und zu AllianceBernstein, einem international tätigen Vermögensverwaltungsunternehmen, zu wechseln.

Wood hatte es bei ihrer Verwaltungstätigkeit mit Fonds aus unterschiedlichen Branchen zu tun, aber ihre größte Leidenschaft galt innovativen Technologieunternehmen. Sie erkannte jedoch, dass hier ihre Möglichkeiten, in Projekte mit wirklich langfristigem Horizont zu investieren, begrenzt waren. Große Vermögensverwalter wie AllianceBernstein verfolgen gewöhnlich zwei Zielsetzungen. Sie agieren als Treuhänder gegenüber ihren Kunden, was bedeutet, dass sie rechtlich und ethisch verpflichtet sind, im besten Interesse ihrer Kunden zu handeln.

Zugleich sind Vermögensverwalter aber auch gewinnorientierte Unternehmen, deren Ziel es ist, ihre Einnahmen und Erträge zu steigern. Diese Dynamik schlägt sich in der Regel in einer kurzfristigen Ausrichtung nieder, was nicht mit Woods Philosophie übereinstimmte.

Im Jahr 2012 kam sie auf die Idee, Aktienportfolios mit innovativen Technologieunternehmen als ETFs zu strukturieren, die für eine breite Öffentlichkeit zugänglich sind. Investitionen in disruptive Unternehmen mit bahnbrechenden Technologien sind in der Regel im kurzfristigen Bereich (ein bis zwei Jahre) noch nicht profitabel. Wood schlug vor, in Unternehmen zu investieren, die das Potenzial haben, innerhalb eines Zeitraums von fünf Jahren positive Ergebnisse zu erzielen. Sie stellte ihre Idee den Führungskräften von AllianceBernstein vor, doch erwartungsgemäß lehnten diese ihre Idee ab.[85]

Zwei Jahre später entschloss sich Wood, die von ihr entwickelte Strategie auf eigene Faust umzusetzen. Im Jahr 2014 gründete sie ihre eigene Investment-Management-Firma, ARK Invest. Ihr Unternehmen konzentrierte sich auf Investitionen in Unternehmen in neu aufkommenden Bereichen wie Künstliche Intelligenz, Gentechnik, Robotik und Kryptowährungen. Viele traditionelle Vermögensverwalter meiden Start-ups und neue Branchen, weil hier eine erhöhte Wahrscheinlichkeit besteht, dass diese Firmen scheitern. Laut einer Analyse der Technologiebörse Nasdaq werden 80 Prozent der Jungunternehmen, die an die Börse gehen, nie profitabel.[86]

Nach der Gründung von ARK Invest begann Wood, ihre Transaktionen täglich auf ihrer Internet-Seite und per E-Mail an ihre Abonnenten bekannt zu geben.[87] Diese Transparenz steht in deutlichem Gegensatz zu den großen Hedgefonds, die ihre Bestände jeweils nur am Ende eines jeden Quartals bei der SEC veröffentlichen müssen. Mit dieser Strategie verfolgt Wood dasselbe Ziel wie viele der Unternehmen, in die sie investiert, die ebenfalls die Transparenz in ihren Branchen verbessern möchten.

Hedgefonds scheuen Transparenz, weil sie nicht wollen, dass ihre Konkurrenten die zur Verfügung gestellten Informationen zum eigenen Vorteil nutzen oder einzelne ihrer Positionen »shorten«, also Leerverkäufe darauf tätigen. Das ist etwas, was auch viele andere Anleger tun. Die Hedgefonds fürchten, dass ihre Anlagestrategie nicht mehr funktionieren könnte, wenn viele andere mitziehen. ARK verfolgt den entgegengesetzten Ansatz: Je mehr Menschen über etwas Bescheid wissen, desto besser.

Wie Wood erwartet hatte, ging ihre Strategie nicht sofort auf. Im Jahr 2016, zwei Jahre nach der Gründung von ARK Invest, verzeichnete Wood mit ihrem Hauptfonds (dem Innovation ETF, Tickersymbol: ARKK) eine negative Jahresrendite.[88] Der Fonds lag in diesem Jahr 2 Prozent im Minus. Im Vergleich dazu stieg der S&P 500 im Jahr 2016 um 12 Prozent. Der Unterschied in der Performance betrug also 14 Prozentpunkte, eine durchaus große Spanne.

Aufgrund dieser desolaten Lage wandte sich Wood an verschiedene Unternehmen, um frisches Kapital zu beschaffen, weil ihr offenbar niemand mehr sein Geld anvertraute. Sie unterzeichnete sogar eine Vereinbarung, die ihrem Vertriebspartner die Option einräumte, die Mehrheit der ARK-Anteile zu erwerben – was Wood in eine gefährliche Situation brachte. Wenn die Vertriebsgesellschaft sich entschloss, sie aufzukaufen, riskierte Wood eine feindliche Übernahme des Unternehmens, das sie aufgebaut hatte. Aber sie ging dieses Risiko ein, um das benötigte Kapital zu bekommen.[89] Bis Ende 2016 steckte Wood mehr als 5 Millionen Dollar ihres eigenen Geldes in den Fonds, um das Geschäft am Laufen zu halten.[90] Trotz der bisher unterdurchschnittlichen Performance des ARK-Fonds war Wood überzeugt, dass sie auf dem richtigen Weg war.

Im folgenden Jahr, 2017, stieg der Hauptfonds von ARK um mehr als 87 Prozent.[91] Im Jahr 2018 ging seine Rendite auf 3,5 Prozent zurück, aber im darauffolgenden Jahr gewann der Fonds wieder an Schwung und schloss 2019 mit einem Anstieg von 35 Prozent ab.

Der größte Durchbruch gelang Cathie Wood jedoch im Jahr 2020, als sie einen Rekordzuwachs von über 152 Prozent erzielte. Zum Vergleich: Der S&P 500 verzeichnete im selben Jahr einen relativ »mageren« Anstieg von 18 Prozent. Cathie Wood übertraf den Markt in erheblichem Maß und wurde nun von den Medien bejubelt. Das Fondsvermögen war von ein paar Millionen Dollar im Jahr 2016 auf 3,6 Milliarden Dollar im Jahr 2020 angewachsen. Unterstützt durch eine starke Medienpräsenz, gewann ARK weiter an Größe und Popularität. Anfang 2021 verfügte der ARK ETF Trust über ein verwaltetes Vermögen von 50 Milliarden Dollar.[92] Trotz der anschließenden Baisse, die 2022 begann, als der Markt insgesamt um mehr als 20 Prozent zurückging, musste Wood nicht mehr Klinken putzen, um Geld aufzutreiben. Vielmehr kamen die Anleger wieder von selbst zu ihr.

Doch als die Technologieunternehmen im Jahr 2022 eine Talfahrt erlebten, begannen Woods Kritiker, den Untergang ihres Fonds vorherzusagen. Aber obwohl ihr Hauptfonds in jenem Jahr einen Rückgang von 67 Prozent verzeichnete,[93] hielt Wood weiter an ihrer Strategie fest. In einem Tweet vom Dezember 2022 teilte sie ihren Followern mit, dass ARK »die kurzfristige Rentabilität zugunsten eines exponentiellen und hochprofitablen langfristigen Wachstums opfert«.[94] Seit ihrem College-Praktikum hat Wood eine langfristige Perspektive für Investitionen. Die heftigen Schwankungen des Marktes haben sich nicht auf ihre Strategie ausgewirkt.

Drei Schritte, um besser mit finanziellen Verlusten umzugehen

Während ihrer gesamten Laufbahn hat Cathie Wood eine Vorliebe für innovative Unternehmen gezeigt. Ihre große Wette auf Tesla ist das perfekte Beispiel dafür. Im Jahr 2018 war der Aktienkurs von Tesla am Boden und der Konkurs schien nur noch eine Frage der Zeit zu sein.[95]

Tesla wurde zu rund 22 US-Dollar pro Aktie gehandelt.[96] Aber Wood erklärte kühn, dass die Aktie in fünf Jahren auf ungefähr 260 Dollar steigen würde.[97] Sie prognostizierte ein Aufwärtspotenzial von gewaltigen 1200 Prozent. Ein Jahr später notierte die Tesla-Aktie 41 Prozent im Minus, was viele dazu veranlasste, an Woods Vorhersage zu zweifeln.[98] Doch im Januar 2021, zwei Jahre früher als in Woods Prognose, erreichte die Tesla-Aktie 408 Dollar, was einem Anstieg von 1900 Prozent entspricht.[99]

Jedes Mal, wenn einer von Woods Fonds oder eine ihrer Lieblingsaktien fällt, heben die Medien hervor, wie stark ARK gefallen ist, und stellen ihre Anlagethese infrage. Wood hat jedoch gelernt, sich durch kurzfristige Verluste – oder öffentliche Zweifel – nicht von ihrer langfristigen Strategie abbringen zu lassen.

Wenn wir mit einem Verlust an der Börse konfrontiert sind, neigen die meisten von uns natürlich dazu, vorsichtiger zu werden. »Ich will nicht, dass das noch einmal passiert.« Wir verhalten uns wie ein Kind, das zum ersten Mal mit Feuer in Kontakt kommt und lernt, vorsichtig zu sein, um künftig Schmerzen zu vermeiden. Aber wir müssen unsere natürliche Tendenz zur Vermeidung von Schmerz überwinden, wenn wir langfristig Wohlstand aufbauen wollen.

Sie müssen dabei nicht so extrem vorgehen wie Cathie Wood, aber Sie müssen sich damit vertraut machen, dass es immer wieder Höhen und Tiefen gibt. Jedes Jahr erlebt der Aktienmarkt in der Regel mehrere »Pullbacks« oder »Korrekturen«, die als Rückgang von 5 bis 10 Prozent beziehungsweise 10 bis 20 Prozent definiert sind. Als Stoiker müssen Sie sich mit dieser Art von Verlusten abfinden. Sie sind ganz natürlich. Und wir müssen lernen zu akzeptieren, was natürlich ist. Wir halten diese natürlichen Schwankungen weder für gut noch für schlecht, wir sehen sie einfach als das an, was sie sind – kurzfristige Verluste.

Das Schlimmste, was Sie tun können, wäre, sich von den Verlusten der Vergangenheit in Ihrer Entscheidungsfindung beeinflussen zu lassen. Es ist gut, sein Geld zu schützen und vermeidbare Fehler zu vermeiden. Es ist jedoch nicht in Ihrem Interesse, so viel Angst vor Verlusten zu haben, dass Sie aufhören zu investieren. Dies gilt insbesondere für Investitionen in den breit aufgestellten S&P 500, der langfristig noch nie unterdurchschnittliche Ergebnisse erzielt hat. Ihre Verluste sind erst dann dauerhaft, wenn Sie zu früh verkaufen.

Um das Unbehagen an kurzfristigen Verlusten zu überwinden, ist es wichtig, die Fähigkeit zu entwickeln, vorübergehende Rückschläge in Kauf zu nehmen. Dazu ist es notwendig, sich seiner selbst bewusst zu werden und sich mentale Anhaltspunkte zurechtzulegen, die Ihnen helfen, stoisch ruhig zu bleiben, wenn Sie den Drang verspüren, etwas Irrationales zu tun. Die folgenden drei Schritte können Ihnen dabei helfen, Ihre Widerstandsfähigkeit zu stärken und mit Verlusten gelassener umzugehen.

1. BLEIBEN SIE STETS GLEICHMÜTIG

In seinen *Selbstbetrachtungen* erwähnte Mark Aurel die Lektionen, die er von jenen Menschen lernte, zu denen er im Leben aufschaute. Einer dieser Menschen war sein Adoptivvater Antoninus Pius, der als einer der »Fünf Guten Kaiser« des Römischen Reiches im 2. Jahrhundert n. Chr. gilt. Während seiner annähernd 23 Jahre währenden Herrschaft setzte er nie das Militär ein und wahrte stets den Frieden.

Über seinen Adoptivvater schrieb Mark Aurel Folgendes: »Sei in allem ein Schüler Antonins, so eifrig wie er im Gehorsam gegen die Gebote der Vernunft, so gleichmütig in allen Stücken, so unsträflich und so heiter in seinen Gebärden, so freundlich und frei von eitler Ruhmesbegierde, so eifrig bemüht um die Erkenntnis der Dinge! Wie ließ er doch überall nichts an sich vorübergehen, ohne es zuvor recht genau betrachtet und reiflich erwogen zu haben!«[100] Dies ist zweifellos ein hoher Maßstab, dem aber jeder von uns gerecht werden sollte. Wie Antoninus Pius müssen wir uns bemühen, ruhig und zurückhaltend zu sein, besonders anderen Menschen gegenüber. Wenn wir die Messlatte für unser Verhalten vor anderen hoch ansetzen, neigen wir dazu, ihr eher gerecht zu werden. Dies ist eine besondere Eigenschaft des Menschen. Vor Fremden oder Bekannten verhalten wir uns oft anders, als wenn wir allein oder im Kreis der Familie sind. Während wir in der Öffentlichkeit eher zurückhaltend sind, können wir im Privaten irrational sein. Doch für die Stoiker war dies nicht die richtige Art zu leben. Sie waren der Meinung, dass man in jeder Situation des Lebens derselbe Mensch sein sollte.

Denken Sie einmal darüber nach. Oft wischen wir kleine Unannehmlichkeiten vor anderen beiseite. Wenn wir bei der Arbeit sind, sind wir toleranter gegenüber dem Verhalten anderer. Wenn ein Kollege Kaffee auf dem Tisch verschüttet, sagen wir: »Kein Problem!« Aber wenn der Partner das zu Hause macht, rollen wir vielleicht mit den Augen oder geben einen bissigen Kommentar ab. Die Stoiker strebten ein konsequentes Verhalten an. Wenn Sie Ihrem Arbeitskollegen sagen, dass es nicht schlimm sei, wenn er etwas verschüttet, müssen Sie dasselbe auch Ihrem Partner oder Familienmitglied sagen. Wenn Sie dieses Verhalten verallgemeinern, können Sie damit beginnen, sich in Gleichmut zu üben, indem Sie andere Menschen nie sehen lassen, dass Sie sich über Kleinigkeiten aufregen.

Stellen Sie sich vor, bei der nächsten Baisse würde Sie jemand fragen: »Wie geht es Ihnen in diesem Bärenmarkt? Wie viel Geld haben Sie verloren?« Spielen Sie dieses Gespräch in Gedanken oder in Ihrem Tagebuch durch. Stellen Sie sich vor, Sie sagen etwas wie: »Ich glaube, ich habe ein paar tausend Dollar verloren. Aber das ist nur vorübergehend. Der S&P 500 hat sich bisher immer wieder erholt. Ich bin nicht in riskanten Anlagen investiert. Es gibt nichts, worüber man sich Sorgen machen müsste. Was gibt's sonst noch Neues?«

Schieben Sie dieses Thema beiseite. Behandeln Sie es wie eine Kleinigkeit. Es ist normal, zu denken: »Wenn ich jetzt verkaufe und aussteige, fühle ich mich wenigstens nicht mehr so schlecht.« Aber das ist nicht die Lösung. Denken Sie daran, was Cathie Wood tut.

Wenn Sie sich ein Interview mit ihr während einer Börsenkorrektur anschauen, sehen Sie eine gelassene Anlegerin, die guter Dinge ist und sich um nichts in der Welt Sorgen macht. Aber seien wir ehrlich, innerlich fühlt sie sich wahrscheinlich genauso schlecht wie jeder andere Mensch, der Geld verliert. Es spielt keine Rolle, ob Sie 100 Dollar verloren haben und Cathie Wood 1 Milliarde Dollar. Sie beide spüren den Verlust tief im Inneren. Aber wenn Sie zu Protokoll geben, dass alles in Ordnung ist, fangen Sie an, an Ihre eigene Geschichte zu glauben. Wenn Sie kurzfristige Rückgänge des S&P 500 immer wieder auf diese Weise rationalisieren, werden Sie letztlich mit den Schwankungen in Ihrem Portfolio besser zurechtkommen.

2. TUN SIE NICHTS, WENN DER MARKT ABSTÜRZT

In einem seiner Briefe an seinen Freund Lucilius erzählt Seneca, wie bei seinem Bäcker eines Tages das gesamte Brot ausverkauft war. Seneca kam einfach zu spät. »Kein Brot hat mein

Bäcker, doch der Verwalter hat welches, der Hausmeister und der Pächter auch. ›Schlechtes Brot‹, sagst Du.« Seneca erzählt, dass die Leute, die Brot bekamen, sich schnell beschwerten. Sie wussten ihr Brot nicht zu schätzen, weil sie nicht hungrig waren. »Warte ab, es wird noch gut werden; auch ein solches wird der Hunger in ein weiches Weißbrot verwandeln. Daher soll man nicht eher essen, als er es befiehlt. Ich werde also zuwarten und nicht essen, bevor ich gutes Brot bekomme oder schlechtes nicht länger verschmähe. Unerlässlich ist es, sich an bescheidene Verhältnisse zu gewöhnen. Viele Schwierigkeiten, verursacht durch örtliche Lage, viele durch Zeitumstände, werden sich auch reichen und wohlversorgten Leuten in den Weg stellen.«[101]

In seiner Geschichte hat der S&P 500 an 50 bis 60 Prozent der Handelstage im grünen Bereich geschlossen.[102] Das bedeutet, dass es wahrscheinlicher ist, dass sich Ihr Portfolio nach oben als nach unten bewegt, wenn Sie Ihr Brokerkonto an einem beliebigen Tag eröffnen. Und da der Aktienmarkt an den meisten Tagen des Jahres im Plus liegt, haben wir uns daran gewöhnt, insbesondere in einer Hausse.

Wie Seneca seinem Freund sagte, muss man sich immer auch auf gewisse Schwierigkeiten einstellen. Wenn das Leben leicht und unbeschwert erscheint, neigen wir schnell zur Enttäuschung. Wenn man satt ist, hat man keine Lust auf lausiges Brot. Aber wenn man mehr als einen Tag nichts gegessen hat und hungrig ist, schmeckt dasselbe Brot fantastisch.

Genauso verhält es sich mit Ihren Investitionen. Wenn Sie sehen, wie Ihr Portfolio über einen langen Zeitraum steigt, können Sie es nicht ertragen, wenn es an Wert verliert. Aber was würden Sie tun, wenn Sie gar kein Geld hätten? Sie würden jedes Geld nehmen. So wie Seneca seinen Freund daran erinnert, dass alles im Leben eine Frage der Perspektive ist, können wir uns auch vergegenwärtigen, dass es nicht schlimm ist, mit einer langfristigen Anlagestrategie Geld zu verlieren. Sie sind dann ja nicht pleite. Sie haben immer noch Ihr Einkommen, und Ihr Aktienportfolio ist nicht vernichtet. Gewiss, es ist vielleicht weniger wert als gestern, aber Sie sind auch nicht am Verhungern. Das ist der Schlüssel, um ruhig zu bleiben, wenn der Markt in die Knie geht.

Während Marktpaniken wie 2008 oder dem COVID-Crash von 2020 gibt es Tage, an denen Sie Meldungen erhalten, in denen es heißt: »EILMELDUNG: Dow fällt um 3000 Punkte am schlimmsten Tag seit 1929.« Selbst der gleichmütigste Anleger bekommt Angst, wenn er solche angstauslösenden Schlagzeilen liest. Das Letzte, was Sie jetzt tun sollten, wäre etwas Dummes. Sie könnten den Drang verspüren zu verkaufen, weil gerade eine so große Negativität herrscht. Aber ein stoischer Anleger erkennt, dass dies kein Grund zur Sorge ist.

Es ergibt keinen Sinn, seine Strategie sofort zu ändern, wenn ein Ereignis eintritt, das Ihr Portfolio in Bedrängnis bringt. Solche Ereignisse wird es immer wieder geben. Es ist keine Frage des »Ob«. Sie werden im Laufe Ihres Lebens mehrere große Crashs erleben. Diese Abstürze schmerzen besonders, wenn Sie seit dreißig Jahren investieren und ein beträchtliches Vermögen aufgebaut haben. Was werden Sie tun, wenn Sie an einem einzigen Tag 300 000 Dollar verloren haben? Nichts.

Wie die Stoiker müssen Sie die Dinge immer ins rechte Licht rücken. Wenn Sie das tun, wird Ihre Angst verschwinden. Nichts davon sollte Ihre Strategie beeinflussen. Es ist nicht Ihre Aufgabe, die Entwicklung der Märkte vorherzusagen.

Wenn der nächste Crash kommt, denken Sie an Seneca. Wir sind an Rückschläge nicht gewöhnt. Wir sind daran gewöhnt, dass der Aktienmarkt die meiste Zeit nach oben geht. Sie sind nicht pleite, und Sie sind sicher auch nicht darauf angewiesen, mit Ihren Geldanlagen Ihre Rechnungen zu bezahlen. Sitzen Sie es einfach aus.

3. LEGEN SIE NACH, WENN SIE KÖNNEN

Nehmen wir an, dass der Aktienmarkt drei Monate lang sinkt. Ihr Portfolio ist im Jahresvergleich um 15 Prozent gefallen, aber Sie bleiben ruhig. Gleichzeitig erkennen Sie aber auch, dass der S&P 500 niedriger steht als vor drei Monaten. Wenn Ihre Lieblingszahnpasta im Sonderangebot ist, kaufen Sie mehr davon, um Geld zu sparen. Das Gleiche gilt in Bezug auf den Aktienmarkt, wenn Sie ein langfristiger Anleger sind. Wenn Vermögenswerte im Sonderangebot sind, können Sie zu einem niedrigeren Preis einsteigen.

Aber hier ist der Haken: Kaufen Sie nur, wenn Sie es auch *können*. Sie leihen sich wahrscheinlich kein Geld, um sich Zahnpasta zu kaufen, nur weil diese gerade im Angebot ist. Sie warten dann einfach bis zum nächsten Monat, um sie zum normalen Preis zu kaufen.

Wenn eine Aktie, die Cathie Wood besitzt, ohne ersichtlichen Grund sinkt, was bei Wachstumsaktien häufig der Fall ist, kauft sie nach, sofern sie über freies Kapital verfügt. Anfang 2023 zum Beispiel, als Tesla und Coinbase im Minus lagen, kaufte sie Aktien dieser Firmen für 42 Millionen beziehungsweise 22 Millionen Dollar.[103] Aber diese Aktien waren auch schon im Vorjahr gefallen. Sie hat nicht bei jedem Rückschlag nachgekauft. Nur wenn sie über freie Barmittel verfügte und eine Gelegenheit sah, ihre Lieblingsaktien zu niedrigeren Preisen aufzustocken.

Wenn der S&P 500 um mehr als 10 Prozent fällt, ist das eine Gelegenheit, verfügbare Barmittel einzusetzen, um nachzukaufen, sofern Sie die nötige finanzielle Flexibilität haben. Wenden Sie diese Strategie in einer Baisse an, wenn der Markt um mehr als 20 Prozent nach unten geht, was etwa alle vier Jahre der Fall ist.

Wenn Sie Einzelaktien kaufen, müssen Sie vorsichtiger vorgehen. Sie sollten es vermeiden, in ein »fallendes Messer« zu greifen, das heißt eine Aktie zu kaufen, die schnell abstürzt und bei der es keine klaren Anzeichen für eine Erholung gibt. Es gibt viele Wachstumsaktien (die nicht im S&P 500 enthalten sind), die in eine Abwärtsspirale geraten. Der Kauf von Aktien, die schnell fallen, ist keine gute Strategie.

Wenn Sie risikofreudig sind und Aktien auswählen wollen, sollten Sie zumindest die »90/10-Regel des Spekulierens« beachten. Dies ist eine von mir entwickelte Strategie zur Minimierung von Verlusten. In Kapitel 15 können Sie mehr darüber lesen. Die Idee ist, 90 Prozent Ihres Kapitals in einem breiten Index wie dem S&P 500 anzulegen. Die restlichen 10 Prozent Ihres Kapitals können Sie in spekulativere Anlagen investieren. Auf diese Weise erleiden Sie weniger Verluste, wenn Ihre Aktienauswahl nicht aufgeht.

Ob Sie nun ein passiver Anleger oder ein Stockpicker sind, denken Sie einfach daran, mehr zu investieren, wenn der Markt fällt, sofern Sie die Möglichkeit dazu haben. Wie viel mehr? Wenn Sie Ihren Vermögensaufbau beschleunigen wollen, so viel wie möglich.

Angenommen, Sie investieren normalerweise jeden ersten Tag des Monats, und am 20. des Monats ist der Markt um 16 Prozent gefallen. Sie denken darüber nach, mit dem Geld auf Ihrem Girokonto einen neuen Fernseher zu kaufen, aber Sie sehen, dass der Markt Ihnen die Möglichkeit bietet, Ihr Geld zu vermehren. Wenn Sie die Wahl haben zwischen dem Kauf eines Konsumgutes und der Ausnutzung eines Marktrückgangs, entscheiden Sie sich immer für Letzteres. Das Produkt, das Sie wollen, aber nicht unbedingt brauchen, kann warten. Der Markt kann es nicht.

DENKEN SIE DARÜBER NACH …

Die Seele wird gestärkt, weil sie durch das Aushalten von Strapazen hinsichtlich der Tapferkeit und durch den Verzicht auf Vergnügungen hinsichtlich der Mäßigung geübt wird.

Musonius Rufus[104]

Nehmen wir an, Sie haben einen beträchtlichen Geldbetrag in Aktien investiert. Noch vor vier Tagen war Ihr Portfolio 350 000 Dollar beziehungsweise Euro wert. Seitdem ist der Markt aufgrund einer drohenden Rezession gefallen. Am ersten Tag ist er um 4 Prozent zurückgegangen, am zweiten Tag um 2 Prozent, dann um 1,5 Prozent und schließlich um weitere 5 Prozent.

Einen Rückgang von 12,5 Prozent in weniger als einer Woche hat es in der Geschichte schon gegeben. Ihr Portfolio ist jetzt nur noch 306 250 Dollar wert. Sie haben in vier Handelstagen fast 50 000 Dollar verloren. Stellen Sie sich vor, welches Gefühl sich Ihrer bemächtigt, wenn Sie so viel Geld verlieren. Für viele von uns ist das der Wert eines Jahresgehalts. Denken Sie regelmäßig über diese Art von Verlusten nach – vor allem in Bullenmärkten. Analysieren Sie, wie Sie reagieren würden und wie schlecht Sie sich fühlen könnten; die Vorwegnahme des Schlimmsten nimmt der Sache ihren Stachel. Wenn Sie diese mentalen Übungen durchführen, sind Sie für den Fall eines echten Verlustes besser gewappnet.

KAPITELZUSAMMENFASSUNG

- Die Angst vor Verlust ist normal. Aber auf diese Angst zu hören und *nicht* zu investieren, hält Sie davon ab, Vermögen aufzubauen.
- Wenn Sie sich die Fähigkeit aneignen, mit Verlusten umzugehen, werden Sie reicher. Wenn Sie trotz Verlusten weiter Geld am Aktienmarkt anlegen, stellen Sie sicher, dass Sie investiert bleiben. Einfach dadurch, dass Sie weitermachen, sichern Sie sich Ihren Gewinn aus der langfristigen Aufwärtsbewegung des Marktes.
- Unser Leben und unsere Anlegerkarriere sind lang, und Verluste gehören unvermeidlich dazu. Der Versuch, Verluste zu vermeiden, ist fruchtlos. Es ist besser, sie auszusitzen und weiter zu investieren.
- Wenn Sie vorübergehende Rückschläge erleiden, lassen Sie sich nicht aus der Bahn werfen. Wenn Sie vor anderen Menschen einen kühlen Kopf bewahren, wird dies schließlich zu einem Teil Ihres Charakters werden.
- Geben Sie niemals dem Druck nach, am ersten Tag eines Börsencrashs zu handeln. Beobachten Sie einfach und schauen Sie, was passiert. In den meisten Fällen erholt sich der Markt innerhalb weniger Tage wieder. Wenn das nicht der Fall ist, erwägen Sie, Geld nachzulegen.
- Wenn der Markt um mehr als 10 Prozent gefallen ist, investieren Sie mehr, sofern Sie können. Wenn Sie verfügbares Geld haben, investieren Sie es am Markt, anstatt es auf dem Sparkonto liegen zu lassen.

· 8 ·

Vermeiden Sie es, Ihr ganzes Geld zu verlieren

Wenn Ihr Vermögen zu wachsen beginnt, kann die Versuchung groß sein, mehr Risiken einzugehen, um höhere Erträge zu erzielen. Eine übermäßige Konzentration auf potenzielle Gewinne führt jedoch häufig zu dauerhaften Verlusten und schließlich zu finanziellem Ruin. Um Ihr wachsendes Vermögen zu schützen und ein kontinuierliches Wachstum zu fördern, müssen Sie unbedingt Verluste vermeiden, die so erheblich sind, dass Sie sich nicht mehr von ihnen erholen können. Wenn Sie die häufigsten Ursachen für finanziellen Ruin kennen, können Sie unnötige Risiken besser vermeiden und erkennen, dass die potenziellen Folgen die möglichen Vorteile bei Weitem überwiegen. Der Schlüssel zu nachhaltigem Wachstum liegt in der Vermeidung von nachhaltigen Verlusten.

Der zockende Mathematikprofessor, der nicht verlieren konnte

Wer schon einmal ein Spielcasino besucht hat, weiß, dass das Haus immer gewinnt. Deshalb fahren die meisten Leute auch nicht nach Las Vegas, um Geld zu verdienen, sondern um sich zu amüsieren. Doch der Mathematiker Edward Thorp sah in

Casinos einen Ort, an dem er seinen Lebensunterhalt verdienen konnte.

Der 1932 geborene Thorp promovierte 1958 in Mathematik an der University of California in Los Angeles.[105] Anschließend arbeitete er bis 1961 am Massachusetts Institute of Technology (MIT), wo er mit Claude Shannon zusammenarbeitete, dem »Vater der Informationstheorie«. Shannons mathematische Theorien legten den Grundstein für die elektronischen Kommunikationsnetze, die heute den ganzen Planeten überziehen.

Es ist nicht verwunderlich, dass Thorp alles als mathematische Gleichung betrachtete. Aus seiner Sicht war das Blackjack-Spiel, auch 21 genannt, kein reines Glücksspiel: Es war Mathematik, die man schlagen konnte.

Als er 1961 in einem von Fachleuten begutachteten Zeitschriftenartikel mit dem Titel »A Favorable Strategy For 21« seine Meinung kundtat, griffen die großen amerikanischen Zeitungen die Geschichte schnell auf.[106] Natürlich glaubten ihm die Casinobetreiber und -angestellten nicht. Thorp erinnert sich an den Sprecher eines Casinos, der sein System im Fernsehen lächerlich machte. »Wenn ein Lamm zur Schlachtbank geführt wird, kann es sein, dass das Lamm den Metzger tötet. Aber wir wetten gewöhnlich immer auf den Schlachter«, meinte der Sprecher.

Als ein wohlhabender Spieler von Thorps Behauptung hörte, bot er ihm 10 000 Dollar an, wenn er nach Reno fuhr und die Casinos schlug, in der Hoffnung, dabei selbst den einen oder anderen Trick zu lernen. Nachdem er die 10 000 Dollar zurückgezahlt hatte, blieben Thorp nach dieser Reise 11 000 Dollar, er hatte das Geld, mit dem er begonnen hatte, mehr als verdoppelt.[107]

Er perfektionierte sein System und veröffentlichte 1966 ein Buch mit dem Titel *Beat the Dealer,* in dem er seine Strategie, im Blackjack auf legale Weise zu gewinnen, dokumentierte. Das

Buch wurde ein großer Erfolg und löste in Amerika ein »Blackjack-Fieber« aus. Die Leute waren begeistert davon, dass Thorp seine Theorie in die Praxis umgesetzt und damit tatsächlich Geld verdient hatte. Diese Erfahrung vermittelte Thorp eine wichtige Erkenntnis: Wenn man in einem bestimmten Spiel einen Vorteil hat, kann man gewinnen, wenn man lange genug spielt.

Wenn er eine Hand verlor, verlor er nur kleine Beträge im Verhältnis zu seinen Gewinnen. Er wurde nicht vernichtet wie viele andere Casinospieler, die das Spiel nicht ernst nahmen, getrunken hatten und sich von ihren Emotionen leiten ließen. Wenn die Wahrscheinlichkeiten auf seiner Seite waren, setzte er viel, und wenn nicht, setzte er wenig. Sein Ziel war es, mit Gewinnen im Wert von mehr als einem Jahresgehalt in der Tasche nach Hause zu gehen.

»Dieser Plan, nur so viel zu setzen, wie ich emotional verkraften konnte, und erst zu erhöhen, wenn ich innerlich dazu bereit war, ermöglichte es mir, mein System diszipliniert und präzise umzusetzen«, erklärte Thorp.[108]

Nachdem Thorp *Beat the Dealer* veröffentlicht hatte und immer mehr Menschen sich mit diesem Spiel befassten und das Kartenzählen lernten, änderten die Casinos die Regeln und führten das Multideck Blackjack ein, bei dem mehrere Sätze der Spielkarten verwendet werden. Dadurch wurde Thorps System des Kartenzählens ausgehebelt. Mit der Zeit begannen die Spielcasinos, entschlossen gegen Kartenzähler vorzugehen.

Thorp wusste, dass seine Blackjack-Tage vorbei waren. Er kehrte Las Vegas den Rücken und ging an die Wall Street, die er als »größte Glücksspielarena der Welt« bezeichnete.[109] Er wollte nun bei Aktien dasselbe tun, was er beim Kartenspielen getan hatte. Im Jahr 1969 gab Thorp seine akademische Laufbahn auf und gründete zusammen mit Wertpapierhändlern einen Hedgefonds namens Princeton Newport Partners.[110]

Die erste Aktie, die Thorp kaufte, war ein Unternehmen namens Electric Autolite, das Autobatterien unter anderem für Ford herstellte. Er fand positive Berichte über Electric Autolite in den Nachrichten und entschloss sich daher, einen Teil seiner Blackjack-Gewinne und seiner Erlöse aus Buchverkäufen für den Kauf von Aktien zu verwenden. Er erwarb 100 Aktien der Firma zu einem Preis von 40 Dollar und schaute zu, wie die Aktie innerhalb von zwei Jahren auf 20 Dollar fiel.

Thorp verlor die Hälfte seiner Investition von 4000 Dollar. Wie ein Spieler, der einen Niederschlag erlebt hat, beharrte er darauf, so lange zu spielen, bis er sein Geld zurückerlangt hatte, und hielt an den Aktien fest, bis sie wieder ihren ursprünglichen Preis erreichen würden. Es dauerte vier Jahre, bis die Papiere von Electric Autolite wieder auf den Kaufpreis von Thorp gestiegen waren. In dieser Zeit warf der S&P 500 jedoch bessere Renditen ab, sodass Thorp klar wurde, dass er ganz und gar nicht gewonnen hatte. Thorp holte seinen Einsatz in vier Jahren wieder zurück, während der Index zwischen 1969 und 1973 einen Gewinn von 16 Prozent verzeichnete.[111]

Er fragte seine Frau Vivian: »Welche Fehler habe ich gemacht?«[112] Thorp sprach oft mit seiner Frau über seine Unternehmungen. Vivian erklärte ihm unverblümt, dass er ein Spiel spielte, das er nicht verstand. Sie hatte recht. Thorp war an der Wall Street nicht in seinem Element. Er erinnerte sich an einige der Lektionen, die er während seiner Zeit als Blackjack-Spieler gelernt hatte: 1. Verstehe das Spiel, das du spielst; 2. Bleibe lange genug im Spiel, um höhere Einsätze zu wagen, wenn die Wahrscheinlichkeiten auf deiner Seite sind; und 3. Rechne mit Verlusten. Als er anfing zu investieren, hatte er sich nicht an diese Regeln gehalten. Thorp passte seine Strategie an und begann, strenger nach seinen Regeln zu investieren.

Im Jahr 1975, sechs Jahre nachdem er mit dem Aktienhandel begonnen hatte, war Thorp Millionär.[113] Als Thorps Name in der Finanzwelt bekannt wurde, lernte er immer mehr Leute in der Branche kennen. Er stellte fest, dass es dort Menschen gab, denen es »an einem moralischen Kompass zu fehlen schien«.[114] Er erinnerte sich, dass er Vivian eines Tages eine dieser Personen vorstellte. Nach dem Treffen sagte Vivian, er solle dem Kerl nicht trauen. Thorp fragte, warum. »Man sieht an seinem Fahrstil, dass er den Hals nicht vollkriegen kann«, antwortete Vivian.

Obwohl er einer der ersten »Quants« an der Wall Street war, das heißt einer der Investoren, die sich bei ihren Entscheidungen auf die Mathematik stützen, erkannte Thorp, dass es im Finanzgeschäft nicht nur um Zahlen ging, sondern auch darum, mit wem man es zu tun hatte. Er konnte es vermeiden, Geld zu verlieren, indem er sich von Menschen und Unternehmen fernhielt, denen er nicht vertraute. Im Jahr 1994 gründete ein berühmter Händler namens John Meriwether zusammen mit zwei späteren (1997) Nobelpreisträgern für Wirtschaftswissenschaften einen Hedgefonds namens Long-Term Capital Management (LTCM). Der Fonds hatte sechzehn Komplementäre, die alle angesehene Akademiker und erfahrene Händler waren.[115] Zu ihnen zählte sogar ein ehemaliger stellvertretender Vorsitzender der Federal Reserve. Zu den Anlegern des Fonds gehörten fast alle großen amerikanischen Investmentbanken.[116] Was nicht ungewöhnlich war für einen Hedgefonds. Bei LTCM zählten dazu aber auch die Zentralbanken Italiens, Singapurs, Taiwans und Thailands. Diese Institute investieren normalerweise nicht in Hedgefonds.

Eines Tages traten Mitarbeiter von LTCM an Thorp heran und fragten ihn, ob er Interesse an einer Investition in den Fonds hätte. Zu dieser Zeit war LTCM aufgrund seiner außergewöhnlichen Renditen der beliebteste Fonds an der Wall Street. Der Fonds erzielte im ersten Jahr seines Bestehens eine Rendite (nach Gebühren) von 21 Prozent, im zweiten Jahr 43 Prozent und im dritten Jahr 41 Prozent. Aber Thorp hatte ein wenig recherchiert und glaubte nicht, dass diese Ergebnisse nachhaltig sein würden. Er traute auch dem Charakter von Meriwether, einem der führenden Partner des Fonds, nicht. »Meriwether war in der Vergangenheit sehr risikofreudig«, erklärte Thorp später. »Ich war der Meinung, dass es den Theoretikern des Fondsmanagements an Gewieftheit und praktischer Investitionserfahrung fehlte.« Thorp lehnte ab.

Im Jahr 1998, nur vier Jahre nach der Gründung, stürzte LTCM ab. Das Unternehmen verlor innerhalb weniger Wochen fast 90 Prozent seines Kapitals, was in der Finanzbranche weltweit für große Aufregung sorgte. LTCM war jedoch »zu groß, um den Fonds scheitern zu lassen« (»too big to fail«), und wurde deshalb gerettet – ein Vorläufer der Finanzkrise von 2008.

Die US-Notenbank vermittelte eine Vereinbarung mit anderen Finanzinstituten, sodass der Fonds aufgelöst werden konnte, ohne den globalen Märkten Schaden zuzufügen. Ein Jahr nach der größten Hedgefonds-Pleite der Geschichte gründeten Meriwether und vier weitere ehemalige Partner einen neuen Hedgefonds namens JWM Partners.[117]

Im Jahr 2009, im Gefolge der Finanzkrise, erlitt auch dieser Fonds Schiffbruch. Im Jahr 2010 legte Meriwether abermals einen Hedgefonds auf. Und der Kreislauf setzte sich fort. Diese Praxis verglich Thorp mit einem Münzwurf: »Kopf – wir gewinnen, Zahl – sie verlieren.« Hedgefonds-Manager verdienen in der Regel durch Verwaltungsgebühren Geld, unabhängig davon, ob sie Gewinne erzielen oder nicht. Wenn ein Fonds schlecht abschneidet, kann der Manager den Fonds einfach schließen und einen neuen auflegen. Die Anleger müssen die Verluste schlucken. Doch Thorps gesamte Strategie drehte sich um die Vermeidung von Verlusten.

Thorp berichtete, dass seine persönlichen Investitionen eine durchschnittliche jährliche Rendite von 20 Prozent erzielten, seit er mit dem Investieren begonnen hatte, und dass er noch in keinem Jahr Verluste verzeichnen musste.[118] Thorp und seine Frau Vivian gelangten zu dem Schluss, dass sie genug Geld verdient hatten, um für den Rest ihres Lebens auskömmlich leben zu können.

Thorp meinte: »Erfolg bedeutet an der Wall Street, dass man das meiste Geld verdient. Erfolg bedeutet für uns, dass wir das bestmögliche Leben führen.«[119]

Vermeiden Sie Verluste mit den »Drei stoischen Regeln für fundiertes Investieren«

Wenn Sie riskante Anlagen wie Index-Futures, Aktienoptionen oder Kryptowährungen kaufen und verkaufen, verzeichnen Sie bei einem Handel entweder einen bleibenden Gewinn oder einen bleibenden Verlust. Diese binäre Ergebnismöglichkeit (entweder – oder) ist ein großer Unterschied zum Investieren. Wenn Sie in Vermögenswerte investieren, denen ein Wert zugrunde liegt, wie zum Beispiel Aktien solider Unternehmen, kommt es nur dann zu einem bleibenden Verlust, wenn Sie während eines Crashs vorzeitig verkaufen oder das Unternehmen in Konkurs geht. Während Ersteres häufig vorkommt, weil es vom Verhalten der Anleger abhängt, ist Letzteres bei etablierten und profitablen Unternehmen sehr unwahrscheinlich.

Als LTCM an Edward Thorp herantrat, schaute dieser nicht auf mögliche Erträge. Er schaute auf den potenziellen Verlust, der verheerend hätte sein können. Es sieht so aus, als sei LTCM wegen eines einzigen schweren Fehlers in den Ruin getrieben worden, tatsächlich aber machte der Hedgefonds *eine ganze Reihe* von Fehlern. So, wie man Geld mit guten Renditen positiv akkumulieren kann, kann man auch negative Akkumulierung betreiben. Viele kleine Verluste führen zu einer großen Vermögensvernichtung. Nur wenige Anleger verlieren ihr gesamtes

Vermögen aufgrund einer einzigen Fehlinvestition. Die Mehrheit der Anleger vernichtet ihr Vermögen im Zuge einer Reihe von Fehlentscheidungen.

Der römische Dichter Juvenal, der viele der Überzeugungen der Stoiker vertrat, sagte einmal: »Niemand ist jemals plötzlich verkommen.«[120] Die Menschen zerstören ihr Leben nicht wegen einer einzigen Fehlentscheidung, sondern wegen einer Reihe von Fehlentscheidungen, die über einen längeren Zeitraum weitergeführt werden.

Die Betonung der Fehlervermeidung war auch kennzeichnend für Edward Thorps Karriere als Investor. Alles, was er

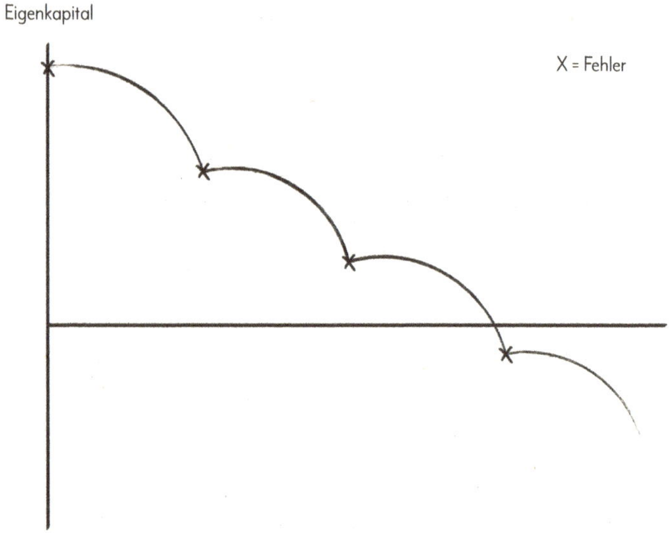

Abbildung 8: Eine Reihe von Fehlern, die dazu führen, dass man Geld verliert, akkumulieren sich im Laufe der Zeit. Mit jedem Verlust sinkt der Wert des Eigenkapitals und kann schlimmstenfalls sogar unter null fallen (negatives Eigenkapital).

tat, war auf eine Sache ausgerichtet: Verluste zu vermeiden. Er erkannte, dass sich kleine Verluste summieren und dass man irgendwann so viel verloren hat, dass man es nicht mehr zurückholen kann. Nachfolgend kommen meine »Drei stoischen Regeln für fundiertes Investieren«, die Ihnen helfen werden, größere finanzielle Rückschläge zu vermeiden.

1. INVESTIEREN SIE IN DAS, WAS SIE KENNEN

Woher weiß man, was der richtige Preis für eine Aktie ist? Das ist eine so komplexe Aufgabe, dass jeder Anlageexperte und Finanzprofessor dazu eine andere Meinung hat. Das ist genau der Grund, warum Investieren mehr Kunst als Wissenschaft ist. Fragen Sie zehn Anleger, was Unternehmen X wert ist, und Sie werden wahrscheinlich zehn unterschiedliche Antworten erhalten. Weil es keine allgemeingültige Methode zur Beurteilung eines Investments gibt, müssen Sie sich für ein Bewertungsmodell entscheiden. Eine der meistbeachteten Kennzahlen ist das Kurs-Gewinn-Verhältnis (KGV) eines Unternehmens. Das KGV errechnet sich aus dem aktuellen Börsenkurs des Unternehmens, dividiert durch den für ein bestimmtes Jahr ausgewiesenen oder von Analysten erwarteten Gewinn pro Aktie. Vereinfacht ausgedrückt, kann ein hohes KGV darauf hinweisen, dass ein Unternehmen überbewertet ist, während ein niedriges KGV darauf schließen lässt, dass das Unternehmen unterbewertet ist. Allerdings sind die Aktien mit den höchsten KGV in der Regel auch diejenigen, die am schnellsten steigen, weshalb solche Bewertungsmodelle in der Regel nichts über die kurzfristige Entwicklung einer Aktie aussagen.

Investoren wie Edward Thorp sind dafür bekannt, dass sie unzählige Stunden mit Recherchen verbringen, um herauszufinden, welchen Preis sie für eine Aktie zahlen sollten. Es gibt so viele Faktoren, die den Wert einer Aktie bestimmen, dass zahllose Autoren jedes Jahr Bücher über dieses Thema schreiben.

Der Grundgedanke dahinter lautet, dass man Erfolg versprechende Investments tätigen kann, wenn man sich Fähigkeiten zur Bewertung von Wertpapieren aneignet.

Aber die meisten Anleger möchten nicht jeden Tag Stunden mit der Bewertung von Aktien verbringen. Viele haben nicht die Leidenschaft oder das Interesse, sich intensiv mit Bilanzen und Jahresberichten eines Unternehmens auseinanderzusetzen. Wir interessieren uns nicht dafür, wie ein Unternehmen in seiner Branche abschneidet und wie seine Aussichten sind. Wir wissen häufig nicht, wie sein Vorstandschef heißt oder welche Werte es vertritt. Und doch kaufen viele von uns Aktien von Unternehmen, weil wir Produkte der Firma benutzen oder weil in den Medien darüber berichtet wurde. Viele Anleger sprechen diesbezüglich von »modischen« oder »glamourösen« Aktien. Oder wir kaufen die Aktien eines Unternehmens, das erst vor Kurzem an die Börse gegangen ist. Die meisten dieser neu an die Börse gebrachten Unternehmen entwickeln sich im ersten Jahr deutlich schlechter als der Markt.[121] Halten Sie sich daher von solchen populären Aktien fern, die häufig in den Nachrichten auftauchen.

Bei langfristigen Anlagen geht es darum, einen fairen Preis für einen guten Vermögenswert zu zahlen. Genau das tun Sie, wenn Sie in den S&P 500 investieren. Die Anlegergemeinschaft glaubt an die Hypothese des effizienten Marktes. Diese besagt, dass sich am Markt für ein Wertpapier immer ein fairer Preis bildet, weil Millionen von Marktteilnehmern unterbewertete Aktien kaufen und überbewertete Aktien verkaufen. Was heißt das? Es entsteht ein Gleichgewicht. Das bedeutet aber nicht, dass der Aktienmarkt jeden Tag effizient ist. Wenn man sich die Tagescharts der Aktien ansieht, kann man nur zu dem Schluss kommen, dass der Markt alles andere als effizient ist, wenn er um 5 Prozent absackt, weil der Vorsitzende der Federal Reserve etwas gesagt hat, was den Anlegern nicht gefallen hat. Langfristig gesehen ist der Aktienmarkt jedoch eine unbarmherzige Maschinerie der Selbstkorrektur.

Aktien, die schnell hochschießen, entwickeln sich in der Regel wieder zurück zu einem Durchschnittswert. Das ist der wichtigste Gedanke hinter der Hypothese des effizienten Marktes: Sie ist nur langfristig relevant. Das bedeutet, dass man theoretisch von kurzfristigen Bewertungsfehlern profitieren könnte. Ein erfahrener Anleger, der den wahren Wert einer Aktie kennt, könnte theoretisch in dem Moment einsteigen, in dem der Preis darunter fällt. Wenn Sie falsch bewertete Aktien kaufen wollen, empfehle ich Ihnen, die 90/10-Regel des Spekulierens anzuwenden (mehr dazu in Kapitel 15). Unabhängig davon, was Ihr Bewertungsmodell besagt, sollten Sie aber stets bedenken, dass der Markt die Dinge möglicherweise anders sieht.

Es gibt ein berühmt gewordenes Zitat, das dem Ökonomen John Maynard Keynes zugeschrieben wird: »Der Markt kann länger irrational bleiben als Sie liquide.«[122] Dieser Gedanke unterstreicht, dass die Märkte immer unberechenbar sind, egal wie abgewogen oder rational Ihre Argumente für eine Investition in bestimmte Wertpapiere auch sein mögen. Selbst wenn Sie davon überzeugt sind, dass sich eine Aktie irgendwann zu Ihren Gunsten entwickeln wird, kann sich der Markt lange genug gegen Sie wenden und Sie letztlich vernichten.

Wir brauchen Selbstbewusstsein, um zu sagen: »Das ist kein Spiel, das ich spielen kann oder *will*.« Die Stoiker sprachen häufig über die Bedeutung echten Selbstbewusstseins. Als Mark Aurel die wichtigsten Eigenschaften eines Menschen aufzählte, begann er mit der Selbsterkenntnis: »Die Eigentümlichkeiten der menschlichen Seele sind: Sie beschaut sich selbst, zergliedert sich selbst, bildet sich selbst nach eigenem Gefallen. Die Frucht, die sie trägt, genießt sie selbst, während von den Früchten der Pflanzen ... nur andere den Genuss haben ... Sie erreicht ihr bestimmtes Ziel.«[123]

Als stoische Investoren brauchen wir das Selbstbewusstsein, anzuerkennen, dass wir nicht genug über eine Sache wissen, um in sie zu investieren. Wenn wir dazu verleitet werden, unser Geld in eine bestimmte Aktie zu investieren, müssen wir uns selbst betrachten und fragen: »Weiß ich, in was ich investiere?« Wenn die Antwort Nein lautet, müssen wir es vermeiden, unser Geld in diese Anlage zu stecken.

Um in den S&P 500 zu investieren, müssen Sie nur etwas über den Markt als Ganzes wissen (was ich in diesem Buch erkläre). Sie wissen dann, wie die Wall Street funktioniert und was den Aktienmarkt antreibt. Wenn Sie sich entscheiden, Ihr Geld in einem Indexfonds anzulegen, der den Aktienmarkt nachbildet, investieren Sie in das, was Sie kennen. Wenn Sie etwas nur deshalb kaufen, weil es Aufmerksamkeit erregt oder der Preis steigt, tun Sie das nicht.

2. INVESTIEREN SIE NICHT MIT GELIEHENEM GELD

Seit der Entstehung der modernen Aktienmärkte im 17. Jahrhundert haben wir viele Auf- und Abschwünge erlebt. Das liegt in der Natur von Börsen und öffentlichen Märkten. In euphorischen Phasen, wenn es immer weiter aufwärtsgeht, will jeder dabei sein, wenn man scheinbar mühelos Geld verdienen kann mit Tulpen, Gold, Aktien, Immobilien, Kryptowährungen und dergleichen. Die Entwicklung von Blasen gehört zu den öffentlichen Märkten wie Verletzungen zum Sport. Man kann das eine nicht ohne das andere haben.

Das Kuriose daran ist, dass wir alle wissen, wie Blasen entstehen. Wenn es einen Ansturm auf einen Vermögenswert gibt, werden die Menschen vom Fieber gepackt und gehen mehr Risiken ein, als sie verkraften können. Das bedeutet oft, dass sie sich Geld leihen, um einen Vermögenswert zu kaufen. Denn wo ist das Risiko, wenn man sich Geld leiht, um Aktien zu kaufen, die einfach nur steigen? Das gemeinsame Merkmal von Blasen ist, dass alle Beteiligten die Finanzgeschichte zu vergessen scheinen. Zu viel Geld auf der Jagd nach zu wenigen Vermögenswerten führt immer zu einer Blase, die früher oder später platzt.

In ähnlicher Weise hat zu viel Sport eine Überlastung der Muskeln zur Folge. Wenn unsere Muskeln überbeansprucht werden, büßen sie ihre Leistungsfähigkeit ein, was sich in Form einer Verletzung äußert. Die meisten Verletzungen entstehen, wenn wir uns zu sehr anstrengen und unsere Grenzen nicht kennen. Ich laufe, seit ich sechzehn Jahre alt bin. Seitdem hatte ich fast jede Verletzung, die bei Läufern vorkommt. Immer wenn ich mich verletzte, lag es daran, dass ich meinen Körper zu sehr beansprucht hatte. Ich hatte nie eine unfallbedingte Verletzung, bei der ich gestürzt bin oder mir den Knöchel verstaucht habe. Jedes Mal, wenn ich mich verletzt habe, musste ich auch mit dem Laufen aufhören.

Das Gleiche gilt für die Märkte. Wenn sich zu viele Menschen zu viel Geld leihen, treiben sie die Wertpapierpreise in die Höhe. Es kann Jahre dauern, bis sich diese Überlastung, diese Übertreibung bemerkbar macht, aber irgendwann ist der Boomzyklus zu Ende. Plötzlich brechen die Preise ein, und der Markt scheint plötzlich zum Stillstand zu kommen. Die Menschen, die sich Geld geliehen haben, müssen ihre Vermögenswerte verkaufen, um ihre Schulden zurückzuzahlen. Dieser Kreislauf ist für unseren Wohlstand ebenso zerstörerisch wie für unsere geistige Gesundheit. Wir bürden uns mehr auf, als wir bewältigen können, weil wir ungeduldig sind. Das ist etwas, worüber die Stoiker oft geschrieben haben. Wenn wir uns für etwas begeistern, wollen wir mehr davon: mehr Geld, mehr Vergnügen, mehr Bewegung und dergleichen. Aber der Wunsch nach mehr ist nicht besser, selbst wenn man sich etwas wünscht, das gut ist. Epiktet hat es schön ausgedrückt: »Freiheit entsteht nicht durch die Erfüllung dessen, was man begehrt, sondern durch das Beseitigen der Begierde.«[124]

Auch wenn wir eine Möglichkeit erkennen, mehr Geld zu verdienen, müssen wir unser Verlangen unter Kontrolle halten. Ebenso wie der Läufer, der keine Ausdauer aufbauen kann, weil er sich ständig verletzt, kann der Anleger, der sich Geld leiht, keinen nachhaltigen Wohlstand aufbauen. Der Anleger, der im Boom viel verdient, verliert auch viel beim Crash. Dieses Schicksal müssen Sie als langfristiger Anleger vermeiden.

Aber all das bedeutet nicht, dass Geld leihen grundsätzlich schlecht wäre. Wenn Sie mit Aktien handeln, um schnelle Gewinne zu erzielen, kann die Aufnahme von Kredit oder der Einsatz von Hebeln (Leverage) hilfreich sein. Mittels Leverage können Händler Fremdkapital einsetzen, um größere Geschäfte zu tätigen, als sie es mit ihrem eigenen Kapital könnten. Das mag einleuchtend erscheinen, aber es ist wichtig zu bedenken, dass eine höhere Rendite immer auch mit einem höheren Risiko einhergeht. Der Einsatz von Fremdmitteln kann zu größeren Gewinnen, aber auch zu größeren Verlusten führen. Für Trader ist es wichtig, die Risiken stets unter Kontrolle zu halten. Der Einsatz von Fremdmitteln erhöht die Wahrscheinlichkeit, dass Ihr gesamtes Handelskonto vernichtet wird. Setzen Sie solche Hebel nur ein, wenn Sie bei mehr als der Hälfte Ihrer Geschäfte Gewinne erzielen und sich streng an Ihre Strategie halten. Riskieren Sie nie mehr, als Sie sich zu verlieren leisten können.

Für langfristige Investoren ist es ratsam, den Einsatz von Fremdmitteln gänzlich zu meiden. Die potenziellen Gewinne überwiegen einfach nicht die Risiken.

3. INVESTIEREN SIE NUR GELD, AUF DAS SIE LÄNGERE ZEIT VERZICHTEN KÖNNEN

Die Investition in den Aktienmarkt ist eine großartige langfristige Strategie. Seit 1926 hat der US-Aktienmarkt auf Zehn-Jahres-Basis in 95 Prozent der Fälle positive Renditen erzielt.[125] Das bedeutet, dass die Anleger in fast allen Zehn-Jahres-Perioden in diesem Zeitraum Gewinne mit ihren Anlagen erwirtschaftet haben. Die einzigen Ausnahmen waren die Große Depression in den Dreißigerjahren und das von Inflation geprägte Jahrzehnt der Siebzigerjahre. Ansonsten ist der Aktienmarkt stetig gestiegen.

Das bedeutet, dass der Aktienmarkt eine großartige Möglichkeit des Vermögensaufbaus ist, aber wir können uns nicht darauf verlassen, dass der Markt auch kurzfristig jedes Jahr seine jährliche historische Rendite von rund 10 Prozent erzielt. Nur weil man beharrlich investiert, heißt das noch nicht, dass man immer auch genau das bekommt, was man will. Wie Mark Aurel sagte, müssen wir jedes Ergebnis mit Gleichmut hinnehmen – »die willige Annahme des von der Allnatur Beschiedenen«.[126] Dies gilt insbesondere für das kurzfristige Ergebnis von Investitionen.

Im selben Moment, in dem Sie gedanklich in die Zukunft reisen und Sätze sagen wie »Mit meinen Gewinnen werde ich mir nächstes Jahr ein Auto kaufen« oder »Wir können die Gewinne aus unseren Aktien nutzen, um unsere Hochzeit in zwei Jahren zu bezahlen«, ignorieren Sie die Mathematik der langfristigen Anlage. Sie werden Ihr Geld wahrscheinlich schon mit ungefähr 10 Prozent pro Jahr vermehren können, aber nur dann, wenn Sie ihm ausreichend Zeit geben.

Investieren ist kein Weg, um kurzfristige Gewinne zu erzielen. Wenn wir langfristig anlegen, besteht das Ziel darin, unser Geld arbeiten zu lassen. Aber wir müssen dem Geld genug Zeit geben, um diese Arbeit zu erledigen.

Deshalb ist es wichtig, nur Geld zu investieren, das man zehn Jahre oder länger nicht benötigt. Wenn Sie Geld investieren, das Sie für regelmäßige Ausgaben oder größere Anschaffungen brauchen, müssen Sie wahrscheinlich Ihre Wertpapiere verkaufen, bevor Ihr Geld exponentiell anwachsen kann. Schlimmer noch, Sie könnten sogar gezwungen sein, mit Verlust zu verkaufen.

Während der S&P 500 zwischen 1980 und 2022 im Durchschnitt eine jährliche Rendite von 11,44 Prozent erwirtschaftete, kann immer wieder ein Jahr zu einer negativen Rendite führen. Sie können nicht sagen: »Meine 10 000 Dollar werden nächstes Jahr 11 000 Dollar wert sein. Das ist leicht verdientes Geld.« Vielleicht ist der Markt nächstes Jahr rückläufig? Was werden Sie sagen, wenn das geschieht? Dass langfristiges Anlegen nicht funktioniert und man dabei nur Geld verliert?

Als praktizierender Stoiker darf man nicht von dem Gedanken besessen sein, wann das Geld anfängt zu wachsen. Denn wenn wir Geld angelegt haben, das wir für konkrete Zwecke benötigen, werden wir immer ängstlich sein. Das Stoischste, was Sie mit Ihrem Geld tun können, besteht darin, sich im selben Moment, in dem Sie es investieren, gedanklich für längere Zeit von ihm zu verabschieden. Dieser mentale Wandel wird Ihnen helfen, Zwangsverkäufe zu vermeiden. Wenn Sie Geld für unerwartete Ausgaben benötigen, greifen Sie auf Ihr Notfallkonto zurück.

Ein Notfallkonto ist ein separates Sparkonto, auf dem Rücklagen angesammelt werden, mit denen man unvorhergesehene Ausgaben wie bei medizinischen Notfällen, für Autoreparaturen oder bei Verlust des Arbeitsplatzes abdecken kann. Ich empfehle, mindestens die Ausgaben von sechs Monaten in einem solchen Notfallkonto verfügbar zu halten. In Kapitel 13 gehe ich ausführlicher darauf ein. Mit diesem finanziellen Sicherheitsnetz können Sie es vermeiden, Kredite zu hohen Zinsen aufnehmen oder auf Ihre langfristigen Anlagen zurückgreifen zu müssen, wenn unerwartete Ausgaben anfallen.

Wenn Sie weiterhin mit Geld investieren, das Sie nicht für längere Zeit entbehren können, laufen Sie Gefahr, in einen Strudel aus Aktienkäufen und erzwungenen Verkäufen zu geraten, sobald Sie das Geld benötigen. Dadurch zerstören Sie Ihr Potenzial, ein größeres Vermögen aufzubauen. Es ist ein

Teufelskreis, der dafür sorgt, dass Sie auf der Stelle treten und nicht weiterkommen. Sie können dies nur vermeiden, indem Sie ausschließlich Geld investieren, das Sie in nächster Zeit nicht benötigen.

DENKEN SIE DARÜBER NACH …

Ein gesunder Verstand muss auf alle Begebnisse gefasst sein. Sagt er aber etwa: »Möchten doch meine Kindlein am Leben bleiben; möchten doch alle jede meiner Handlungen loben!«, so ist der dem Auge gleich, welches das Grüne, oder den Zähnen, welche das Mürbe fordern.

Mark Aurel[127]

Vorbereitung ist das A und O, nicht nur in unserem persönlichen Leben, sondern auch bei unserer Anlagestrategie. Anleger können sich auf zwei Arten vorbereiten. Zum einen, indem sie sich ständig auf dem Gebiet der Geldanlage weiterbilden. Zum anderen, indem sie sich so umfassend wie möglich über die jeweilige Investition informieren, die sie tätigen.

Wenn Sie diese beiden Aspekte in Ihr Leben integrieren, werden Sie für jedes finanzielle Ereignis gewappnet sein.

KAPITELZUSAMMENFASSUNG

- Der Aufbau von Vermögen geht schneller, wenn man Verluste vermeidet, als wenn man auf höhere Renditen zielt. Legen Sie als Anleger mehr Wert auf den Schutz Ihres Kapitals als auf die vollständige Ausschöpfung des Potenzials für höhere Erträge.
- Vermeiden Sie es, mehrmals dieselben Fehler zu machen. Menschen zerstören ihr Leben nicht aufgrund einer einzigen Fehlentscheidung, sondern aufgrund einer Reihe von Fehlentscheidungen, die über einen längeren Zeitraum getroffen werden.
- Investieren Sie in das, was Sie kennen. Der S&P 500 besteht aus den 500 leistungsstärksten Unternehmen in den USA. Er ist ein einfaches und verständliches Anlageinstrument. Das kann man von den meisten anderen Finanzanlagen nicht unbedingt behaupten.
- Nehmen Sie kein Geld auf, um langfristig zu investieren. Mit geliehenem Geld zu investieren mag verlockend sein, bedeutet für Anleger aber meist eine zu große finanzielle und mentale Belastung.
- Investieren Sie mit Geld, das Sie für längere Zeit nicht brauchen. Gewinne aus Geldanlagen sind nicht dasselbe wie Einkommen. Unser Beruf bietet uns ein Einkommen, von dem wir heute leben können, unser Vermögen wirft Erträge ab, von denen wir in der Zukunft leben können.

· 9 ·

Gier ist nicht gut

Wer möchte nicht gerne reich und berühmt sein? Wir sehen das extravagante Leben anderer Menschen, das mit Luxus, Status und Macht gefüllt ist, und das verleitet uns dazu, dasselbe zu wollen. Wir wollen mehr von allem: mehr Geld, mehr Urlaub, mehr Essen, mehr Erfahrungen, mehr Möglichkeiten. Aber das endlose Streben nach mehr führt zu unserer Zerstörung. Wenn Sie es wertschätzen, dass Sie von allem im Leben genug haben können, werden Sie inneren Frieden erfahren. Sie werden nicht mehr nach mehr von allem streben. Sie werden keine Gier mehr verspüren und genießen, was Sie haben.

Weiterkommen durch Durchschnittlichkeit

Es war 1965, die »Go-go«-Ära des Finanzwesens; eine Zeit, in der Fondsmanager, die in hochriskante und hochprofitable spekulative Anlagen investierten, die heißesten Trader an der Wall Street waren. Die Anleger kehrten in Scharen konservativen, ausgewogenen Fonds den Rücken, um ihr Geld aggressiven Fonds anzuvertrauen, die zweistellige Renditen versprachen.

Zu den traditionellen Firmen, die mit diesem Exodus konfrontiert waren, gehörte auch die Wellington Management Company. Walter Morgan, der Gründer von Wellington Management, hielt sich selbst für »zu konservativ«, um das Unternehmen weiterhin erfolgreich führen zu können. Als Morgan 1929 den Wellington Fund auflegte, war dies der erste Mischfonds, der ausgewogen in relativ sichere Aktien und Anleihen investierte.[128] Diese Strategie funktionierte mehrere Jahrzehnte lang, weil der Börsencrash von 1929 und die darauf folgende Große Depression die Anleger, auch die gewöhnlichen Amerikaner, vorsichtiger hatten werden lassen. Aber die 1960er-Jahre waren eine andere Zeit, die wieder stärker von Wohlstand geprägt war.

Der 66-jährige Morgan wandte sich an seinen damaligen stellvertretenden Vorstandsvorsitzenden John »Jack« Bogle und drängte ihn, »alles zu tun«, um das Problem zu lösen.[129] Morgan war der Meinung, dass Wellington der Go-go-Taktik anderer Unternehmen folgen müsse, indem sie ebenfalls spekulativere Fonds anboten. Der Begriff »Go-go« stammt aus den 1950er-Jahren, einer Zeit, in der Amerika seinen Wachstumshöhepunkt nach dem Zweiten Weltkrieg erreichte.[130] Die Wirtschaft und die Welt schienen zum ersten Mal seit Jahrzehnten wieder ruhig zu sein. Die Anleger gingen wieder mehr Risiken ein, investierten mehr Geld und wollten einfach nur, dass es weiterging, immer weiterging.

Bogle, geboren 1929, hatte nicht diese Mentalität. Er wuchs in den harten, entbehrungsreichen 1930er- und 1940er-Jahren auf. Er studierte Wirtschaftswissenschaften in Princeton und schloss 1951 mit magna cum laude ab.[131] Gleich nach seinem Examen trat Bogle bei Wellington ein und arbeitete sich bis 1965 bis zum Vizepräsidenten hoch.[132] Bogle, ein eher risikoscheuer und pragmatischer Mann, der sich von seinen Werten leiten ließ, fühlte sich jedoch von seinem Chef gedrängt, stärker ins Risiko zu gehen, wie auch die anderen Unternehmen. Mit Morgans Zustimmung fusionierte Bogle 1966 Wellington mit einer Go-go-Firma. Morgan trat später zurück, und Bogle wurde 1970 schließlich Vorstandschef von Wellington.[133]

Doch der Markt zeigte erste Anzeichen eines verlangsamten Wachstums. Im Jahr 1973 begann der Aktienmarkt einzubrechen. In jenem Jahr schloss der S&P 500 mit einem Minus von 17 Prozent, und im folgenden Jahr lag er fast 30 Prozent niedriger. Das Vermögen von Wellington, das 1965 noch 2 Milliarden Dollar betragen hatte, stürzte auf 480 Millionen Dollar ab. Bogle wurde 1974 gefeuert.[134]

Obwohl sich Bogle den Wünschen Morgans gebeugt hatte, war er nie ein Anhänger der Go-go-Ära.[135] In seiner Princeton-Dissertation von 1951 hatte Bogle sogar die Idee entwickelt, einen Fonds zu gründen, der weniger risikoreiche Renditen erzielte, indem er den S&P 500 nachbildete.[136] Seiner Meinung nach würde der durchschnittliche Anleger mehr Vermögen aufbauen können, wenn er über einen längeren Zeitraum stabile Renditen erzielte. Er war der Meinung, dass es unsinnig sei, zu versuchen, den Markt zu schlagen – ebendiese Strategie verfolgten aber die Go-go-Fonds.

Obwohl ihm die in seiner Dissertation entwickelte Idee, einen Indexfonds zu schaffen, weiter sehr gefiel, setzte er diese Möglichkeit nie in die Praxis um, bis er von Wellington entlassen wurde und den Artikel »Challenge to Judgement« des MIT-Ökonomen und Nobelpreisträgers Paul Samuelson las.[137] Obwohl er gerade seinen Job verloren hatte, schien sich für den 45-jährigen Bogle nun alles zu fügen.

Warum sollte man seine Zeit, sein Geld und seine Energie mit der individuellen Auswahl von Aktien verschwenden, wenn man den gesamten Aktienmarkt über einen Index abbilden und durch einfaches Mitziehen Vermögen aufbauen konnte? Damals musste man, wenn man einen Korb verschiedener Aktien kaufen wollte, entweder jede Aktie einzeln kaufen oder in einen aktiv verwalteten Investmentfonds investieren (was mit relativ hohen Kosten verbunden war). Das machte das Investieren zeitaufwendig, komplex und kostspielig.

Diese Erkenntnis inspirierte Bogle dazu, einen Investmentfonds aufzulegen, der alle im S&P 500 gelisteten Unternehmen abbildete. Weil der Fonds den S&P lediglich nachbildete, brauchte er weder Manager, noch musste der Fonds Verwaltungsgebühren erheben, was die Kosten für die Anleger erheblich senkte.

Im Jahr 1975 gründete Bogle sein eigenes Unternehmen, Vanguard, mit dem Ziel, die Geldanlage in Aktien für den Durchschnittsamerikaner zugänglich zu machen. Zu Beginn bestand das Unternehmen aus Bogle und zwei Mitarbeitern.[138] Innerhalb eines Jahres brachte Vanguard den First Index Investment Trust (heute Vanguard 500 Index Mutual Fund) auf den Markt, einen Investmentfonds, der den S&P 500 nachbildete.

Als Bogle den ersten Index-Investmentfonds auf den Markt brachte, wurde er von manchen Leuten in der Finanzbranche belächelt. Der Vorsitzende von Fidelity Investments sagte gegenüber der Presse: »Ich kann nicht glauben, dass sich die große Masse der Anleger mit durchschnittlichen Renditen zufriedengeben wird. Es geht immer darum, der Beste zu sein.«[139] Die Leute nannten den Fonds bereits »Bogles Torheit« und rechneten damit, dass er bald wieder verschwinden würde.[140] Für viele Leute an der Wall Street war das Erzielen von Marktrenditen durch passives Investieren ein »sicherer Weg in die Mittelmäßigkeit«.[141] Wenn man in einem Jahr hohe zweistellige Renditen erzielen konnte, warum sollte man sich dann an einem Index orientieren?

Bogle meinte, dass diese Denkweise genau der Grund sei, warum Investmentfirmen bislang noch keinen Indexfonds eingeführt hätten. Sie hatten einfach keine Motivation, dies zu tun. Das Ziel einer Investmentgesellschaft bei der Gründung eines Investmentfonds ist es, das verwaltete Vermögen zu erhöhen und dadurch die Beratungsgebühren zu steigern, was die Erträge der Firma erhöht. Die Finanzbranche war auf diesem System aufgebaut, und niemand stellte das konventionelle Denken infrage.

Das herkömmliche System war darauf ausgelegt, für die Wertpapierfirmen profitabel zu sein, nicht unbedingt für die Anleger. Aber Bogle gründete Vanguard nicht in erster Linie, um für sich und seine Firma Geld zu verdienen. Er baute die Firma auf, weil er wollte, dass die Anleger allgemein vom Aktienmarkt profitieren können. Bogle erklärte: »Während alle unsere Konkurrenten die Möglichkeit hatten, den ersten Indexfonds aus der Taufe zu heben, hatte nur Vanguard die *Motivation* dazu.«[142]

Nach dem holprigen Start von Vanguard Mitte der 1970er-Jahre begannen immer mehr Menschen zu investieren und stellten fest, dass die einzigartige Indexfondsstruktur von Bogle hervorragend zu ihren finanziellen Zielen passte. Während Vanguard mit einem verwalteten Vermögen von 11 Millionen Dollar startete, wuchs der Fonds bis Ende 1982 auf 100 Millionen Dollar.[143] Sechs Jahre später erreichte Vanguard die magische Marke von 1 Milliarde Dollar und belegte damit Platz 41 unter insgesamt 1048 Anlagefonds.[144] Zunehmend mehr Menschen begannen, langfristig über Indexfonds zu investieren.

Ende 2022 managte Vanguard Vermögenswerte von 8,1 Billionen Dollar[145] und war damit der zweitgrößte Vermögensverwalter in Amerika.[146]

Obwohl er so viel Reichtum geschaffen hatte, war Bogle selbst kein Milliardär. Als er im Jahr 2019 im Alter von 89 Jahren starb, belief sich sein Vermögen auf rund 80 Millionen Dollar.[147] Das ist nach allgemeiner Definition eine Menge Geld. Aber es ist verschwindend gering, wenn man bedenkt, dass Bogle ein Indexfondsmodell entwickelte, das Billionen von Dollar wert ist. Der Vorstandschef des Konkurrenten Fidelity Investment, dessen verwaltetes Vermögen halb so groß ist wie das von Vanguard, war im selben Jahr 12,2 Milliarden Dollar schwer.[148]

Bogle spendete regelmäßig die Hälfte seines Gehalts für wohltätige Zwecke.[149] Er sprach oft davon, anderen Menschen zu helfen, und ließ seinen Worten auch Taten folgen. Noch wichtiger war jedoch, dass er dafür sorgte, dass Vanguard nicht so viel Gewinn machte wie andere Investmentfirmen. Bogle vertrat die Ansicht, dass die Anlageerträge den Anlegern zugutekommen müssen. Im Gegensatz zu den typischen Fondsverwaltungsgesellschaften strukturierte Bogle Vanguard so, dass die Firma nicht den einzelnen Aktionären gehört, sondern den darin zusammengeschlossenen Investmentfonds. Diese Fonds befinden sich wiederum im Besitz der Fondsaktionäre und sind auf kostengünstige Anlagen ausgerichtet. Wären Bogle und seine Erben die Hauptaktionäre des Unternehmens, wie es bei den meisten anderen Fondsgesellschaften der Fall ist, wären sie seit mehreren Generationen Multimilliardäre gewesen.[150]

Jemand fragte einmal im 19. Jahrhundert den Ölmagnaten John D. Rockefeller: »Wie viel Geld ist genug?« Und Rockefeller antwortete: »Nur ein kleines bisschen mehr.«[151] Aber Jack Bogle war anderer Meinung; er begnügte sich damit, genug zu haben – und das bedeutet, wie er in seinem Buch *Enough* (deutscher Titel: *Was wirklich zählt*) schrieb, »Einen Dollar mehr zu haben, als man braucht.«[152]

Stoische Übungen zur Ausschaltung der Gier

Die gesamte Philosophie des Stoizismus beruht auf der Idee der »goldenen Mitte«, die manchmal auch als »Mittelweg« bezeichnet wird. Von Anfang an nahmen die Stoiker eine ausgewogene Position zwischen zwei anderen philosophischen Strömungen ihrer Zeit ein, nämlich dem Kynismus und dem Epikureismus.[153]

Die Kyniker glaubten ebenfalls, dass wir glücklich werden, wenn wir im Einklang mit der Natur leben, frei von Wünschen nach materiellem Besitz und sozialem Status. Aber im Gegensatz zu den Stoikern vertraten sie die Auffassung, dass soziale Konstrukte (wie Geld) nicht zu einem natürlichen Leben gehören. Die Stoiker glaubten, dass wir uns an die Gesellschaft *anpassen* sollen. Die Epikureer hingegen waren der Meinung, dass wir durch das Streben nach Vergnügen glücklich werden können, wenn wir dabei zugleich Schmerz vermeiden können. Die Epikureer wie auch die Stoiker waren überzeugt, dass wir Seelenfrieden erlangen können, wenn wir ein schlichtes und maßvolles Leben führen. Aber die Stoiker glaubten nicht, dass wir dafür Schmerz vermeiden müssen oder überhaupt irgendetwas, das natürlich ist.

Die Stoiker wählten den mittleren Weg. Sie verzichteten weder auf die Annehmlichkeiten der Gesellschaft, noch liefen sie vor Schwierigkeiten davon. Sie boten zu jedem Thema des Lebens eine ausgewogene Sichtweise.

Seneca, einer der wohlhabenderen Stoiker, äußerte sich über die goldene Mitte in Bezug auf Geld und dessen Übermaß wie folgt: »Was ist des Reichtums Maß, fragst Du? Das erste, besitzen, was notwendig ist. Das nächste, was genug ist.«[154] Damit stimmt er mit Bogle überein. Wir sollten nicht wie ein Kyniker auf Reichtum verzichten, denn wir brauchen ihn, um ein gutes Leben zu führen. Aber wir brauchen ihn auch nicht im Übermaß, um uns wie ein Epikureer alle Wünsche erfüllen zu können.

Was das Gleichgewicht ist, das ist leicht zu definieren, aber schwer zu erreichen. Es liegt in unserer Natur, dass wir zum Übermaß neigen. Tatsächlich betont unsere Gesellschaft die Extreme, und viele von uns halten es für normal, am Limit zu leben. In der Finanzwelt lässt sich das zum Beispiel an der Höhe der Kredite ablesen, die von Anlegern in Anspruch genommen werden. Als nach dem COVID-Crash im September 2020 die große Erholung an den Aktienmärkten einsetzte, ergab eine Umfrage, dass 43 Prozent der Privatanleger Kredite in irgendeiner Form für ihre Investitionen in den Aktienmarkt in Anspruch nahmen.[155]

Der Einsatz von Fremdkapital vergrößert Ihre potenziellen Verluste, aber auch Ihre potenziellen Gewinne. Manche Anleger lockt die Vorstellung, Riesengewinne abzuräumen. Sie bedenken jedoch nicht, dass zugleich auch die Möglichkeit besteht, dass sie alles verlieren können. Es dauert Jahrzehnte, Vermögen aufzubauen, aber es kann innerhalb weniger Wochen oder Monate vernichtet werden.

Wenn Sie den goldenen Mittelweg wählen, werden Sie nicht schnell reich werden, aber auch nicht schnell arm. Diesen Kompromiss würde ein Stoiker zu jeder Zeit eingehen. Es ist schwer, ein Leben im Gleichgewicht zu finden in unserer modernen Welt, in der wir in den sozialen Medien unablässig mit Erfolgsgeschichten konfrontiert werden. Das wünschen wir uns auch für uns selbst. Deshalb treiben uns diese Geschichten dazu an, immer mehr von allem zu wollen.

Es gibt nur einen Weg, um im Gleichgewicht zu bleiben: indem wir uns jeden Tag darin üben. Dies ist eine der wichtigsten Ideen, die Musonius Rufus in seinen Lehren vermittelte. Er schrieb: »Wie könnte jemand ein Vorbild für Besonnenheit sein, wenn er sich nicht darin geübt hätte, seine Begierden zu zügeln? Oder wie könnte jemand, der sich selbst nicht beherrschen kann, andere zur Mäßigung erziehen?«[156]

Im Stoizismus finden Sie eine Vielzahl von Übungen, die Sie inspirieren können, besser zu leben. Dahinter steht der Gedanke, dass wir bestimmte Gefühle wie Gier nie auslöschen können. Schließlich handelt es sich um menschliche Emotionen, die unbewusst entstehen. Wir können nur unsere Fähigkeit üben, die Gier zu neutralisieren oder auszuschalten, wenn wir diese Emotion spüren. Nachfolgend zwei der nützlichsten und einfachsten stoischen Übungen, die Ihnen helfen können, sich an die goldene Mitte zu halten.

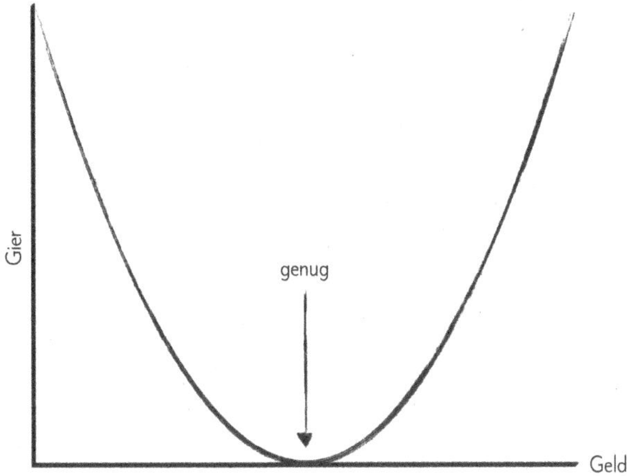

Abbildung 9: Das Verhältnis zwischen Gier und Geld lässt sich gewöhnlich in Form einer U-Kurve darstellen. Wenn wir wenig Geld haben, sind wir gierig, weil wir mehr Geld brauchen, um gut leben zu können. Wenn wir genug Geld haben, können wir mental und praktisch damit zufrieden sein, was wir haben. Wenn wir viel Geld haben, lassen wir uns leicht dazu verleiten, nach mehr Geld zu streben, einfach um noch mehr zu haben.

ÜBUNG 1: ERSTREBE NUR, WAS DU KONTROLLIEREN KANNST

Epiktet sagt: »Wenn du etwas begehrst von dem, was wir nicht meistern, so wirst du notgedrungen unglücklich.«[157] Und doch, wenn man einen Menschen fragt, was er sich im Leben wünscht, zählt er fast immer Dinge auf, die außerhalb seiner Kontrolle oder seiner Einflussmöglichkeiten liegen:

> »Ich möchte in diesem Jahr mit meinen Geldanlagen eine Rendite von 20 Prozent erzielen.«
> »Wenn ich mein Einkommensziel in diesem Quartal erreiche, bin ich glücklich.«

»Ich werde jeden Tag Sport treiben und mich gesund ernähren, damit ich lange lebe.«
»Mein Ziel ist es, mit 30 Jahren zu heiraten, mit 32 Jahren mein erstes Kind zu bekommen und mit 34 Jahren ein weiteres.«

Jeder dieser Wünsche liegt außerhalb dessen, was wir bestimmen oder kontrollieren können. Wir können in den Markt investieren, aber wir können nicht bestimmen, wie viel Gewinn wir erzielen. Wir können versuchen, unser Einkommen zu steigern, aber auch wenn es klappt, können wir immer noch unzufrieden sein. Wir können so viel Sport treiben, wie wir wollen, aber es steht nicht in unserer Macht, ob wir einen Unfall haben oder krank werden. Wir können eine Beziehung eingehen, aber wir können weder die Handlungen unseres Partners noch unsere Fruchtbarkeit bestimmen.

Trotz dieser offenkundigen Tatsachen beharren wir darauf, uns jeden Tag Dinge zu wünschen, die sich unserer Kontrolle entziehen. Den Stoikern zufolge ist gegen das Wünschen nichts einzuwenden, solange wir uns auf die Dinge beschränken, auf die wir Einfluss haben. Wir können uns wünschen, unser Wissen und unsere Fähigkeiten zu verbessern. Wir können uns wünschen, freundlicher im Umgang mit anderen zu werden. Aber sobald wir uns Dinge wünschen, die nicht in unserer Macht stehen, öffnen wir der Gier Tür und Tor. Um Gier zu vermeiden, müssen wir die Art und Weise ändern, wie wir zu uns selbst sprechen, wenn es um Dinge geht, die wir nicht kontrollieren können. Wenn wir unsere Sprache und unsere Einstellung ändern, ändern wir letztlich auch unsere Wünsche.

Nicht: Ich brauche/will/wünsche, dass dieses oder jenes geschieht.
Sondern: Es wäre schön, wenn dieses oder jenes geschieht.

Als ich anfing, dieses Buch zu schreiben, bemerkte ich, dass ich davon träumte, wie das Buch ein Bestseller und ich in Podcasts und Talkshows eingeladen werden würde. Ich dachte: »Ich möchte eine Million Exemplare verkaufen und auf die Bestsellerliste kommen.« Irgendwann habe ich meine Selbstgespräche angepasst. Ich überlegte: »Was würde jemand wie Seneca denken, wenn er ein Buch schreiben würde?«

Wenn es ein Erfolg wird, großartig, wenn nicht, auch großartig. Wir haben keinen Einfluss auf das Ergebnis. Wir haben Einfluss auf unsere Bemühungen. Schon bald begann ich, meine ganze Energie darauf zu verwenden, das beste Buch der Welt über persönliche Geldanlage zu schreiben. Das ist mein Ziel. Und für mich ist es auch tatsächlich das beste Buch zu diesem Thema. Wenn andere dies auch so sehen, ist das großartig, wenn nicht, ist es für mich auch in Ordnung. Da es nicht in meiner Macht steht, von anderen gemocht zu werden, kümmere ich mich nicht darum.

Epiktet nannte dies, sich auf das »Wollen und Nichtwollen«[158] zu beschränken. Es bedeutet, dass Sie bewusst jede Sache im Leben, auf die Sie Einfluss haben oder die Sie kontrollieren können, wählen oder meiden. Sie können sich dafür entscheiden, sich auf das zu konzentrieren, was in Ihrer Macht steht. Sie können sich aber auch weigern, sich vom Verlangen blenden zu lassen.

ÜBUNG 2: MÄSSIGE DEINE GEWOHNHEITEN

Um nach der goldenen Mitte zu leben, müssen wir Selbstbeherrschung üben. Und um unsere Fähigkeit zur Selbstkontrolle zu trainieren, fangen wir am besten mit dem Wichtigsten im Leben an: unseren Gewohnheiten. Und laut Musonius beginnt Mäßigung mit unserer Ernährung.

Musonius schrieb: »Wer mehr isst, als er sollte, verfehlt sich, ebenso wer in Eile isst, ... wer süßere Speisen den gesünderen vorzieht, und wer seinen Gästen nicht die gleiche Art und Menge von Speisen serviert wie sich selbst.«[159] Ein Stoiker sollte also:

1. Niemals mehr essen als nötig.
2. Sich genug Zeit nehmen, um die Nahrung zu verzehren.
3. Delikatessen (die in der Regel genussvoll, reich an Kalorien und verschwenderisch sind) meiden.
4. Süßigkeiten meiden.
5. Essen mit anderen teilen.

Wenn es Ihnen schwerfällt, Selbstbeherrschung zu üben, ist die Mäßigung Ihrer Essgewohnheiten ein guter Weg, um dies zu verbessern. Von nun an können Sie alle Ihre Gewohnheiten mäßigen, was Ihnen mehr Ausgeglichenheit verschafft.

Ich weiß das aus eigener Erfahrung. Als Teenager hatte ich Probleme damit, maßvoll zu essen. Als ich sechzehn Jahre alt war, wog ich 120 Kilo. Das Übergewicht machte mir psychisch zu schaffen, vor allem aber auch körperlich.

Als ich beschloss abzunehmen, suchte ich eine Ernährungsberaterin auf. Sie gab mir verschiedene Tipps, aber nur noch an einen kann ich mich erinnern: »Essen Sie niemals Ihre Mahlzeiten komplett auf, wenn Sie abnehmen wollen. Lassen Sie immer ein bisschen was auf dem Teller liegen. Nur ein winziges Stückchen, etwas, von dem Sie glauben, dass vielleicht ein kleines Tier wie eine Maus es fressen würde. Es geht nicht darum, Ihre Kalorien zu begrenzen. Es geht vielmehr um Selbstbeherrschung.«

Dieser Rat änderte meine Essgewohnheiten für immer. Innerhalb eines Jahres nahm ich rund 25 Kilo ab, indem ich sechs Tage in der Woche trainierte und weniger Kalorien zu mir nahm, als ich verbrannte. Sobald mein Gewicht wieder im Normalbereich war, achtete ich darauf, immer genug zu essen, aber nicht so viel wie möglich. Mein Gewicht ist nun seit zwanzig Jahren ungefähr gleich geblieben.

Ab und zu, wenn ich merke, dass ich beim Essen zu gierig werde, wende ich die Technik »Lass ein bisschen was auf dem Teller liegen« an. Sie erinnert mich daran, dass ich selbst die Kontrolle darüber habe, wie viel ich esse.

Wir unterschätzen oft, wie stark unsere Selbstbeherrschung ist. Wir gehen davon aus, dass unsere Begierden stärker sind als unsere Selbstkontrolle. Wir denken, es sei normal, dem Überfluss nachzugeben. Wir können nicht nur eine Handvoll Chips essen, wir müssen die ganze Tüte aufessen. Wir können uns nicht mit 10 Prozent Rendite auf dem Markt zufriedengeben, wir müssen 100 Prozent haben.

Die Art, wie wir essen, beeinflusst die Art, wie wir leben. In der Tat bietet uns jede Mahlzeit oder jeder Snack eine Gelegenheit zum Üben. Wenn Sie in der Lage sind, in Maßen zu essen, können Sie auch in Maßen leben. Beginnen Sie damit, was Sie essen, und der Rest Ihres Lebens wird folgen.

Die zugrunde liegenden Prinzipien sind dieselben, egal ob Sie diese Denkweise beim Essen oder beim Geld anwenden. Wenn Sie das Maßhalten vergessen, sind Sie verloren. Wenn Sie Selbstkontrolle ausüben, sowohl bei Ihrer Ernährung als auch in Ihren Geldangelegenheiten, sind Sie im Gleichgewicht. Das ist es, was die großen Stoiker und die großen Investoren gemeinsam haben. Sie sind immer im Gleichgewicht, egal ob der Markt optimistisch oder pessimistisch ist. Sie lassen sich nicht von den Extremen mitreißen, auch wenn der Sog noch so stark ist. Sie sind damit zufrieden, dass sie genug haben.

DENKEN SIE DARÜBER NACH …

Ist es nicht Wahnsinn und die äußerste Geistesverirrung, da du doch so wenig fassest, so Vieles zu begehren?

Seneca[160]

Wie viele Kleider tragen Sie wirklich? Wie viele Autos brauchen Sie? Wie viele Accessoires und Möbel können Sie in Ihrem Haus aufbewahren? Wie viele technische Spielereien benutzen Sie?

Die Antwort auf all diese Fragen lautet häufig: »Nicht so viele.« Die meisten von uns ziehen es sogar vor, ein einfaches Leben zu führen, anstatt ständig mehr anhäufen zu müssen.

Denken Sie darüber nach, dass man sich an alles gewöhnt. Selbst wenn Sie sehr viele Besitztümer haben, werden Sie sich bald an alles gewöhnen, was Sie besitzen. Sie können keine dauerhafte Freude finden an Gegenständen. Sie können sie nur in sich selbst finden.

Wenn Sie etwas begehren wollen, dann begehren Sie ein einfaches Leben.

KAPITELZUSAMMENFASSUNG

- Leben Sie nach der »goldenen Mitte«. Vermeiden Sie Exzesse, und streben Sie ein ausgeglichenes Leben an. Wenn wir uns an den Mittelweg halten, sind wir gefeit vor finanziellem Ruin.
- Konzentrieren Sie sich auf den Aufbau von Wohlstand, aber nicht um jeden Preis. Die Stoiker zogen es stets vor, nach ihren Werten zu leben, statt nach weltlichen Dingen wie Vergnügen, Status und Geld zu streben.
- Begehren Sie nur, was in Ihrer Macht liegt. Wenn wir Dinge wollen, die sich unserer Kontrolle entziehen, laufen wir Gefahr, unsere Werte für das Gewünschte zu opfern. Wenn wir nicht bekommen, was wir wollen, sind wir am Ende tief enttäuscht. Aber wenn wir nur etwas wollen, was wir auch beeinflussen oder kontrollieren können, dann können wir nicht enttäuscht werden.
- Mäßigen Sie Ihre Gewohnheiten. Um ein ausgeglichenes Leben zu führen, müssen wir in allen Bereichen unseres Lebens maßhalten. Wenn wir es schaffen, zu kontrollieren, was und wie viel wir essen, stärken wir unsere Fähigkeit, maßvoll zu leben.

· DRITTER GRUNDSATZ ·

Vermehren Sie Ihr Geld

Wenige Worte sind es, die gesprochen werden, doch wenn der Geist sie in rechter Weise aufgenommen hat, gewinnen sie an Kraft und wachsen heran. Die gleiche Bestimmung haben, behaupte ich, die Lehren, wie die Samen: sie bewirken viel und sind knapp umrissen. Nur sollte ein, wie ich sagte, empfängliches Gemüt sie erfassen und in sich aufnehmen; es wird seinerseits auch selbst viel erzeugen und mehr Ertrag bringen, als es empfangen hat.

Seneca[161]

· 10 ·

Lassen Sie Ihr Geld arbeiten

Wenn Sie etwas Geld angespart haben, können Sie damit beginnen, es in mehr Geld zu verwandeln. Sie können sich die Macht der Zinseszinsen zunutze machen, um das, was Sie haben, zu vermehren. Sie müssen sich nicht mehr nur darauf verlassen, Ihre Zeit gegen Geld zu tauschen. Das ist die wahre Definition von Reichtum: sich aus der Falle zu befreien, mit seiner Zeit Geld zu verdienen. Stattdessen lassen Sie Ihr Geld selbst die Arbeit erledigen. Kleine Erträge, Jahr für Jahr, werden mit der Zeit zu großen Ergebnissen führen. Wenn Sie entschlossen sind, konsequent in den Aktienmarkt zu investieren, ist es nur eine Frage der Zeit, bis Ihr Vermögen exponentiell wachsen wird. Dieses Wissen wird Ihnen bei allen Ihren Investitionsentscheidungen Befriedigung verschaffen.

Vom Caddie Boy zum Verwalter von Milliarden

Peter Lynch war gerade mal zehn Jahre alt, als sein Vater 1954 an Krebs starb.[162] Um seine Mutter finanziell zu unterstützen, arbeitete der Junge als Caddie in einem örtlichen Country Club. In diesem Club konnte Lynch ständig Gespräche über Geldanlagen mithören, die ihm eine völlig neue Welt eröffneten. Hier lernte er George Sullivan kennen, der Präsident von Fidelity war, einem der größten US-amerikanischen Finanzdienstleistungsunternehmen. Sullivan und andere Führungskräfte bei Fidelity ermutigten Lynch, sich auch im Investmentbereich zu versuchen.[163]

Während seines zweiten Studienjahres am Boston College im Jahr 1963 nutzte Lynch seine Ersparnisse, um 100 Aktien von Flying Tiger Airlines zu einem Preis von 7 Dollar pro Aktie zu kaufen. Die Aktie stieg schließlich auf 80 Dollar; es war ein »Tenbagger«, ein von Lynch geprägter Begriff für Aktien, die sich verzehnfachen. Mit seinen Börsengewinnen finanzierte er teilweise den Rest seines Studiums und später auch sein Master-Studium in Betriebswirtschaftslehre an der Wharton School.[164] Während seines Studiums an der Wharton School absolvierte er ein Praktikum bei Fidelity Investments, weil er als Caddie für George Sullivan tätig gewesen war. Dieses Praktikum wurde schließlich 1969 in eine Vollzeitstelle als Analyst umgewandelt.[165] Lynch kletterte rasch die Karriereleiter hinauf und wurde 1974 Forschungsleiter bei Fidelity.

Während Lynch sich hocharbeitete, ging es mit dem Aktienmarkt 1973 und 1974 bergab. Die Siebzigerjahre waren insgesamt ein schwieriges Jahrzehnt für Anleger, weil sie von hoher Inflation und einer Ölkrise geprägt waren, die sich negativ auf die Märkte auswirkten. Im Jahr 1977 war die Stimmung so schlecht, dass Maklerfirmen ganze Verkaufsabteilungen schlossen, weil fast niemand mehr Aktien kaufen wollte.

Nach seiner Tätigkeit als Forschungsleiter wurde dem 33-jährigen Peter Lynch angeboten, den Magellan Fund zu übernehmen. Während Magellan heute einer der bekanntesten aktiv verwalteten Investmentfonds der Welt ist, war er in den Siebzigerjahren noch klein und unbedeutend mit gerade einmal 18 Millionen Dollar an verwaltetem Vermögen.

Als angehender Vermögensverwalter hatte Lynch die Möglichkeit, ohne großen Druck Aktien auszuwählen. Schließlich erwartete in den Siebzigerjahren niemand positive Renditen, schon gar nicht von einem neuen, noch unerfahrenen Manager. Doch Lynch überraschte alle. Unter seiner Führung schaffte der Fonds 1978 den Umschwung. Er erzielte eine Rendite von 20 Prozent, während der Dow Jones Industrial Average, ein Index, der die dreißig größten Unternehmen der USA umfasst, im selben Zeitraum 17,6 Prozent und der S&P 500 9,4 Prozent verloren.[166]

Lynchs Strategie, um den Markt zu übertreffen, beruhte auf intensiver Recherche. Nachdem er die Bücher und den Markt eines Unternehmens geprüft hatte, besuchte er oft persönlich die Geschäfte oder Büros des Unternehmens, sprach mit den dort Beschäftigten und sammelte Informationen über die Inhaber des Unternehmens. Nach diesem aufwendigen Prozess entschied Lynch, ob es sinnvoll war, in ein Unternehmen zu investieren oder nicht.

Eine der bekanntesten Erfolgsgeschichten von Lynch ist seine Investition in Chrysler. In den Siebzigerjahren waren die Verkaufszahlen von Chrysler stark rückläufig. Der Autokonzern hatte ein gescheitertes Modell nach dem anderen auf den Markt gebracht, und manche Finanzanalysten sagten schon den Untergang des Unternehmens voraus. Auf der Grundlage seiner Recherchen entschied Lynch 1982, dass die Chrysler-Aktie unterbewertet war. Aus der Bilanz ging hervor, dass Chrysler über mehr als 1 Milliarde Dollar an Barmitteln verfügte, und Lynch kam zu dem Schluss, dass die Anleger irrtümlicherweise erwarteten, dass das Unternehmen in Konkurs gehen würde, was den Aktienkurs gedrückt hatte. Bevor er beschloss, weitere Chrysler-Aktien zu kaufen, wollte er sich aber mit dem Management des Unternehmens treffen.

Im Juni 1982 hatte Lynch nach eigener Aussage »den wahrscheinlich wichtigsten Tag in meiner 21-jährigen Investmentkarriere«.[167] Aus dem geplanten dreistündigen Treffen mit den Führungskräften von Chrysler wurde eine siebenstündige Sitzung. Und ein »kurzes Gespräch« mit Lee Iacocca, einem ehemaligen Ford-Manager, der nun Chrysler-Chef war, wurde zu einer zweistündigen Unterhaltung. Hier sah Lynch die neuesten Modelle des Unternehmens am Fließband. Er erkannte, dass Chrysler genügend neue, vielversprechende Produkte in der Pipeline hatte, die verkauft werden konnten, sobald sich die Wirtschaft erholte.

Autos sind zyklische Produkte, das heißt, in wirtschaftlich schwierigen Zeiten werden weniger, in guten Zeiten mehr Autos nachgefragt. Aber die Aktienkurse von Automobilunternehmen bewegen sich antizyklisch in Erwartung dieser wirtschaftlichen Veränderungen. Wenn ein Autokonzern einen Absatzrückgang verzeichnet, stürzen sich die Anleger in Erwartung eines künftigen erneuten Umsatzwachstums auf die Aktien und kaufen sie. Lynch erkannte dies und begann, aggressiv Chrysler-Aktien zu erwerben. Der Kurs der Chrysler-Aktie lag 1982 bei rund 2 Dollar; bis 1987 stieg er auf 46 Dollar, und damit wurde dieses Geschäft zu einem der erfolgreichsten Aktienkäufe von Lynch.[168]

Der Magellan Fund wuchs so schnell, dass er Lynch in der Finanzwelt den Status eines Rockstars eintrug. Den Höhepunkt seiner Berühmtheit erreichte Lynch 1989, als er das inzwischen zum Klassiker gewordene Anlagebuch *One Up On Wall Street* veröffentlichte (deutscher Titel: *Der Börse einen Schritt voraus*). Doch die Leitung eines großen Investmentfonds wie Magellan ist mit einer starken psychischen Belastung verbunden. Lynch nahm seinen Job abends, an den Wochenenden und in den Ferien mit nach Hause.

Lynch musste Tausende von Unternehmen im Blick behalten, um sicherzustellen, dass der Magellan Fund seine Mittel gut anlegte. Das bedeutete, dass er mehr als 90 Stunden in der Woche arbeiten musste.[169] Lynch erinnert sich, dass er am Donnerstag, dem 15. Oktober 1987, nach Irland reiste – ein Urlaub, auf den er sich nach einer langen, anstrengenden Arbeitsphase gefreut hatte. Am darauffolgenden Montag, dem 19. Oktober, büßte der Dow Jones Industrial Average 22,6 Prozent seines Wertes ein. Der S&P 500 brach um 20,4 Prozent ein, was noch immer der größte Tagesverlust in der Geschichte dieses Indexes ist.[170] Um diesen Rückgang ins rechte Licht zu rücken: Der größte Rückgang an einem einzigen Tag während der Großen Depression der 1930er-Jahre betrug »nur« 12 Prozent.

Anstatt die Zeit mit seiner Frau im Ausland zu genießen, wurde Lynch geistig vollkommen von der jüngsten Finanzpanik in Beschlag genommen. Um die Zeitverschiebung auszugleichen, blieb er nachts auf, telefonierte mit seinem Team und wies seine Leute an, welche Aktien sie abstoßen und welche sie behalten sollten. Aus diesem Erlebnis zog er für sich zwei wichtige Lehren: 1. Lass dir deine Investitionen nicht durch irgendwelche Ärgernisse vermiesen; und 2. Lass dir deinen Urlaub nicht durch irgendwelche Ärgernisse vermiesen. Aber auch nach dem Börsencrash von 1987 erholte sich der Markt schließlich wieder, wie immer. »Ob es nun ein 508-Punkte-Tag oder ein 108-Punkte-Tag ist, am Ende werden überlegene Unternehmen erfolgreich sein und mittelmäßige Unternehmen scheitern, und die Investoren werden entsprechend belohnt«, stellte Lynch lakonisch fest.[171]

Im Jahr 1990 zog sich Lynch aus dem Magellan Fund zurück und ging im Alter von 46 Jahren in den Ruhestand. Er hatte das Fondsvermögen von 18 Millionen auf mehr als 14 Milliarden Dollar mit mehr als 1000 einzelnen Aktienpositionen gesteigert.[172] In einem Interview wurde Lynch gefragt, warum er sich vorzeitig in den Ruhestand verabschiede. Er war einer der besten Fondsmanager in der Geschichte der USA. Magellan erzielte während Lynchs Zeit eine durchschnittliche jährliche Rendite von 29 Prozent und hatte die beste Zwanzig-Jahres-Rendite aller Investmentfonds aufzuweisen.

Der Interviewer fragte Lynch, ob es »der Druck« gewesen sei, der ihn schließlich zum Ausstieg aus dem Geschäft bewogen habe. Lynch antwortete: »Es war nicht der Druck. Ich habe die Arbeit geliebt. Ich arbeitete schließlich für das beste Unternehmen der Welt. Ich wurde extrem gut bezahlt. Wir bekamen kostenlosen Kaffee ... Nein, der Druck war es nicht. Es kostete einfach zu viel Zeit. Ich habe sechs Tage in der Woche gearbeitet, und auch das war manchmal nicht genug.«[173]

Lynch vermehrte sein Geld und das seiner Anleger in rasantem Tempo, aber seine finanziellen Ergebnisse hatten einen Preis: Sie kosteten Zeit. Er verpasste die prägenden Jahre seiner drei kleinen Kinder. Nachdem er jahrelang hervorragende Ergebnisse mit seinen Investitionen erzielt hatte, erkannte Lynch schließlich, dass er dasselbe auch für seine Zeit wollte.

Tipps für den Vermögensaufbau über den Markt

Wenn ich Ihnen die folgenden zwei Optionen vorlegen würde, welche würden Sie wählen? Option eins: Sie verbringen Ihre gesamte Freizeit damit, sich mit Geldanlagen zu beschäftigen und aktiv zu versuchen, den Markt zu schlagen. Nehmen wir an, es gelingt Ihnen, eine um 2 Prozent bessere Rendite als der Marktdurchschnitt zu erzielen. Im Gegenzug opfern Sie jedoch Ihre gesamte Freizeit – keine Zeit mehr für Sport, für Verabredungen oder um an Aktivitäten Ihrer Kinder teilzunehmen. Option zwei: Sie verfolgen eine passive Anlagestrategie und lassen Ihr Geld wachsen, wenn der Markt ansteigt. Sie profitieren von der Kraft des Zinseszinses und genießen gleichzeitig Ihre Freizeit und Ihren Seelenfrieden. Wenn Sie nicht gerade ein Finanzexperte sind oder den brennenden Ehrgeiz haben, den Markt zu übertreffen, entscheiden Sie sich wahrscheinlich für die zweite Option, weil Sie hier das Beste aus beiden Welten bekommen.

Sie bauen Vermögen auf und können Ihre Zeit mit jenen Dingen zubringen, die Sie wirklich lieben.

Das Schöne am Zinseszinseffekt ist, dass Sie dafür nichts tun müssen. Investieren Sie einfach Geld, erzielen Sie eine Rendite, und investieren Sie dann weiter, damit Sie zusätzlich zu den bereits erzielten Erträgen weitere Erträge generieren können.

Wenn Sie Ihre Erträge konsequent reinvestieren und Ihr Geld wachsen lassen, erreicht das Wachstum schließlich einen Punkt, ab dem es exponentiell wird und der Form eines Hockeyschlägers zu ähneln beginnt. Zu Beginn mag der Fortschritt langsam und stetig erscheinen, ähnlich wie der gerade Griff des Hockeyschlägers. Wenn jedoch der Zinseszinseffekt im Laufe der Zeit zum Tragen kommt, beschleunigt sich die Wachstumsrate dynamisch, ähnlich wie die scharf aufwärts gebogene Kelle eines Hockeyschlägers.

Die Idee erscheint einfach, ihre Umsetzung jedoch gehört zu den schwierigsten Dingen im Leben. Der Grund dafür ist, dass die flache Phase des Hockeyschlägers in der Regel zwei Jahrzehnte dauert, wenn es um den Aufbau von Vermögen geht, und da wir Menschen kurzfristig orientiert sind, neigen wir dazu, mit dem Investieren aufzuhören, bevor wir die exponentielle Wachstumsphase der Entwicklung erreichen. Um dies zu vermeiden, sollten Sie die Denkweise eines langfristigen Anlegers annehmen und sich sagen: »Ich nutze meine Gewinne lieber, wenn sie in der Zukunft groß sind, anstatt schon jetzt kleine Geldbeträge zu entnehmen.«

Wenn Sie langfristig investieren und zulassen, dass sich Ihr Geld im Laufe der Zeit aufzinst und exponentiell vermehrt, verbessern Sie tatsächlich Ihre Zukunft. Die Idee, sich jetzt Zeit zu nehmen, um sich für die Zukunft zu rüsten, ist ein wesentlicher Aspekt des Stoizismus. Seneca meinte, jeder stelle sich tapferer einer Sache, auf die er sich lange vorbereitet habe, und auch Leiden würden ertragen, wenn man sich im Voraus darauf eingestellt habe. Wer hingegen unvorbereitet sei, den versetzten schon die unbedeutendsten Ereignisse in Schrecken.[174]

Um langfristigen Wohlstand aufzubauen, müssen wir die gleiche Denkweise annehmen. Wir blicken gelassen in die Zukunft, weil wir heute investieren. Im Folgenden finden Sie drei Tipps, die Ihnen helfen werden, die Kraft des Zinseszinseffekts optimal zu nutzen. Wenn Sie diese Grundsätze beherzigen, wird Ihr Geld von selbst wachsen.

1. OPTIMIEREN SIE DIE ZEITRENDITE

Peter Lynch war ein großartiger Investor, der anderen viele kluge Erkenntnisse über das Investieren, über Geld und Geschäfte vermittelt hat. Aber seine wichtigste Lektion war die über das Leben: »Es kostete einfach zu viel Zeit. Ich habe sechs Tage in der Woche gearbeitet, und auch das war manchmal nicht genug.«

Zeit ist keine erneuerbare Ressource. Wenn man seine Zeit einmal verbraucht hat, ist sie für immer weg. Wenn man sich das immer vor Augen hält, trifft man andere Entscheidungen, weil man an den Ertrag denkt, den man bekommt. Sie überlegen: »Wenn ich meine Zeit für diese Tätigkeit verwende, welche Art von Gegenleistung erhalte ich dann?« Sie müssen sich fragen, ob sich die Dinge, die Sie tun, für Sie wirklich lohnen. Seneca hat diese Denkweise am besten erklärt: »Niemand soll mir fortab einen Tag rauben, denn er kann mir nichts geben, was an Wert dem entspräche.«[175]

Es geht nicht darum, mit seiner Zeit zu geizen und nur Dinge zu tun, die im eigenen besten Interesse sind. Nein, die Stoiker wussten einfach, dass Zeit absichtsvoll verbracht und mit Bedacht investiert werden muss. Für Lynch bedeutete das, Zeit mit seiner Familie zu verbringen. Jede Minute, die er mit seiner Familie zusammen war, gab ihm wahrscheinlich mehr Freude und Energie, als wenn er sie für die Suche nach Investmentmöglichkeiten aufgewendet hätte. Er konnte mehr Geld verdienen, wenn er seine Zeit mit der Recherche von Unternehmen verbrachte, statt mit seiner Familie. Da die Zeit mit der Familie ihm aber wertvoller war, verabschiedete er sich von seiner Rolle als Fondsmanager.

Sie können dieses Konzept als »Return on Time« (ROT), als Zeitrendite betrachten. Wenn die Menschen den Return on Investment (ROI) ermitteln, denken sie an den finanziellen Ertrag eines Investments.

- Wie viele Cents bekommt man für jeden investierten Dollar zurück? Das ist der ROI.
- Wie viel Energie bekommt man für jede investierte Stunde zurück? Das ist der ROT.

Betrachten Sie zuerst das Letztere, wenn Sie in Ihrem Leben Entscheidungen treffen. Schauen Sie sich die Alternative zu allem, was Sie tun, an und überlegen Sie: »Bietet mir die andere Option eine höhere Zeitrendite?«

Die Alternative zum aktiven Investieren ist das passive Investieren. Die meisten Menschen erwägen das Für und Wider und denken, dass sich Ersteres nicht lohnt. Sie denken an die geringe Wahrscheinlichkeit, dass sie den Markt übertreffen können, und an den Zeitaufwand, den sie für die Aktienauswahl aufwenden müssen, und entscheiden sich schließlich für passives Investieren, weil es praktisch keine Zeit kostet.

Albert Einstein nannte den Zinseszinseffekt nicht umsonst das »achte Weltwunder«.[176] Sein Geld ohne Zeitaufwand wachsen zu lassen, das erscheint so gut und so überzeugend, dass es nicht wahr sein kann, aber dies ist die einzige Ausnahme von der Regel.

2. BEGINNEN SIE JETZT ZU INVESTIEREN, NICHT ERST MORGEN

Ein allgemeines Thema im Stoizismus lautet: Wenn du etwas tun willst, das sich lohnt, dann tu es heute. Wenn es sich nicht lohnt, etwas zu tun, dann lass es ganz sein. Epiktet hat seine Schüler einmal gemahnt: »Wie lange willst du es noch aufschieben, dich des Besten für wert zu erachten und in keinem Fall der Vernunft zuwiderzuhandeln, die dich den Unterschied der Dinge lehrt?«[177] Er forderte sie auf, Verantwortung zu übernehmen und umgehend anzufangen, wie ein Stoiker zu leben. Wir alle neigen dazu, wichtige Aufgaben aufzuschieben, auch wenn wir wissen, dass es in unserem besten Interesse ist, sie unverzüglich zu erledigen.

Um diese Denkweise zu überwinden, darf man sich nicht auf Tipps oder Tricks verlassen. Um es mit Epiktet zu sagen: »Wenn du jetzt nachlässig oder leichtsinnig bist, immer nur einen Vorsatz nach dem anderen fasst und einen Tag nach dem anderen festsetzt, von dem an du auf dich achten willst, dann wirst du, ohne es zu merken, keine Fortschritte machen, sondern immer ein Ignorant bleiben im Leben wie im Sterben.«[178]

Die Stoiker forderten uns auf, außergewöhnlich zu sein und die Mittelmäßigkeit zu fürchten. Wie ein Faultier zu leben, das ist das Schlimmste, was einem Stoiker passieren kann. Sie wussten, dass es glücklich macht, das Leben nach stoischen Werten auszurichten und streng mit sich selbst zu sein.

Gleiches gilt für einen disziplinierten Anleger. Derjenige, der seine Investitionen immer wieder aufstockt, wird in zehn, zwanzig oder dreißig Jahren zufrieden zurückblicken. Er wird sagen: »Ich bin froh, dass ich früh mit dem Investieren angefangen habe.« Das sollten auch Sie sagen können.

Wenn Sie mit dem Investieren jedoch warten wollen, bis Sie ein bestimmtes Einkommen erzielen, den Beruf wechseln, einen Kredit abbezahlt haben, befördert werden, verheiratet sind und so weiter, dann flüchten Sie sich in Ausreden.

Denken Sie daran: Investieren ist eine Gewohnheit. Es ist nicht immer wichtig, wie viel Sie investieren, wichtig ist, dass Sie das Anlegen zu einem Teil Ihres Lebens machen. Dass Sie jeden Monat investieren, ohne zu zögern. Wenn Sie das noch nicht tun, sollten Sie heute damit anfangen, nicht erst morgen. Am einfachsten ist es, wenn Sie über Ihre Banking-App oder Ihren Online-Broker Anteile des S&P 500 ETF von Vanguard (Tickersymbol VUSA in Europa) kaufen.

3. VERMEIDEN SIE HOHE GEBÜHREN

Die größte Bedrohung für die langfristige Rendite eines Anlegers sind Kosten und Gebühren. Die Finanzbranche ist wie jede andere gewinnorientierte Branche. Sie muss Gewinne erwirtschaften.

Problematisch wird es nur dann, wenn sich Individualanleger und Trader nicht bewusst sind, wie viel Rendite ihnen aufgrund der Kosten entgeht. Manche Menschen gehen fälschlicherweise davon aus, dass Finanzprodukte und -dienstleistungen gewissermaßen kostenlos seien. Sie glauben, dass der Kauf von Wertpapieren nur mit einmaligen Transaktionskosten verbunden sei. Das stimmt aber nicht. Dies sind die häufigsten Kosten, die Sie als Privatanleger kennen müssen:

Transaktionskosten: Die Gebühren, die Sie an Ihren Broker, Ihre Bank oder den Vermittler zahlen, den Sie für den Kauf von Wertpapieren nutzen.

Laufende Kosten: Damit sind die jährlichen Kosten für einen ETF oder einen Investmentfonds gemeint. Bei ETFs liegen diese Gebühren in der Regel unter 0,1 Prozent des Gesamtvermögens. Da aktiv verwaltete Investmentfonds höhere Kosten haben, weil sie Mitarbeiter beschäftigen, bewegen sich ihre Gebühren im Allgemeinen zwischen 0,5 Prozent und 1,0 Prozent.

Provisionen: Wenn Sie sich für einen menschlichen Finanzberater oder einen Robo-Advisor entscheiden, müssen Sie deren Kosten einkalkulieren. Finanzberater berechnen in der Regel 1 Prozent oder mehr pro Jahr des verwalteten Vermögens. Die meisten Robo-Advisors kalkulieren zwischen 0,2 Prozent und 0,5 Prozent pro Jahr.

Steuern: Auf realisierte Kursgewinne, Dividenden und Zinserträge sind in den meisten Ländern Kapitalertragsteuern zu entrichten, die jeweils unterschiedlich ausgestaltet sind; in Deutschland greift in diesen Fällen die Abgeltungsteuer. Auch Investmentfonds sind häufig so strukturiert, dass Sie wahrscheinlich Kapitalertragsteuern zahlen müssen. Informieren Sie sich über die in Ihrem Land geltende Regelung.

Dass ich Indexfonds, insbesondere jene von Vanguard, bevorzuge, hat damit zu tun, dass sie die billigste Art zu investieren sind. Es gibt hier keinen Fondsmanager wie Peter Lynch, der Mitarbeiter und ein Büro hat, die Sie bezahlen müssen. Diese Fonds verlangen eine entsprechende Gebühr, die oft bei 1 Prozent oder knapp darunter liegt. Kostengünstige Indexfonds haben jedoch häufig eine Gebühr von weniger als 0,1 Prozent, was einem Zehntel der Gebühr eines herkömmlichen Investmentfonds entspricht.

Ein paar Basispunkte mögen nicht gravierend erscheinen, aber wenn Sie jedes Jahr auf kleine Renditen verzichten, lassen Sie im Laufe Ihres Lebens eine Menge Geld liegen.

Nehmen wir zwei Personen: Person A und Person B. Erstere kauft Anteile am Vanguard S&P 500 ETF mit einer Kostenquote von 0,03 Prozent pro Jahr, Letztere erwirbt einen aktiv verwalteten Investmentfonds mit einer Kostenquote von 0,75 Prozent.

Nehmen wir an, Person A und Person B beginnen mit jeweils 10 000 Dollar, halten sich dreißig Jahre lang an dieselbe Strategie, erzielen über diesen Zeitraum eine jährliche Rendite von 10 Prozent und bauen ihr Portfolio mit einer monatlichen Sparrate von 500 Dollar aus. So sieht der Wert ihrer Portfolios nach dreißig Jahren aus:

- Person A: 1 154 447,96 Dollar
- Person B: 999 085,61 Dollar

Ein Unterschied von mehr als 150 000 Dollar. Die Macht des Zinseszinseffekts führt zu großen Unterschieden aufgrund winziger Änderungen der Nettorenditen.

DENKEN SIE DARÜBER NACH …

Da der Tod das gemeinsame Los aller Menschen ist, ist es seliger, ehrenvoll zu sterben, als lange zu leben.

Musonius Rufus[179]

Stellen Sie sich vor, Sie liegen auf dem Sterbebett. Sie haben über einen großen Teil Ihres Lebens investiert und sitzen auf einem Haufen Geld. Denken Sie an die Befriedigung, die Sie empfinden, wenn Sie das der Welt hinterlassen.

Denken Sie an die Menschen, deren Leben Sie verändern können, weit über Ihre eigene Lebenszeit hinaus. Dies ist ein Beitrag für die Ewigkeit. Im Gegenzug verlässt man die Welt mit einem wahren Gefühl des Friedens.

KAPITELZUSAMMENFASSUNG

- Lassen Sie Ihr Geld von selbst wachsen. Vertrauen Sie auf die Kraft des Zinseszinseffekts, der Ihren Reichtum wachsen lässt, und schauen Sie sich Ihre Investments nicht allzu oft an. Es dauert seine Zeit, bis Ihre Rendite beträchtlich ist.
- Geben Sie dem *ROT* (Return on Time) den Vorrang vor dem *ROI* (Return on Investment). Zeit ist das wichtigste nicht erneuerbare Gut in unserem Leben. Konzentrieren Sie sich darauf, das meiste aus Ihrer Zeit herauszuholen, anstatt das meiste aus Ihrem Geld zu machen. Ein paar Prozentpunkte Rendite mehr zu erzielen ist oft die Zeit nicht wert.
- Tun Sie Dinge, die Ihnen Energie geben. Das Leben ist zu kurz, um besessen dem Geld hinterherzujagen. Investieren Sie, legen Sie Ihr Geld an. Aber tun Sie auch Dinge, die Ihnen wirklich Spaß machen.
- Investieren Sie heute, nicht morgen. Uns fällt immer ein Grund ein, warum wir es gerade jetzt nicht tun können, aber fast keiner dieser Gründe ist stichhaltig. Machen Sie es sich zur Gewohnheit, wichtige Dinge sofort zu erledigen.
- Vermeiden Sie hohe Gebühren. Nur auf 1 Prozent Ihrer Rendite zu verzichten, führt dazu, dass Ihnen im Laufe Ihres Lebens große Erträge entgehen. Behalten Sie stets die Kosten für Ihre Investments im Auge.

· 11 ·

Vertrauen Sie auf Ihr Urteilsvermögen

Wenn Sie sich eingehend über das Investieren und den Vermögensaufbau informiert haben, brauchen Sie sich nicht mehr auf andere zu verlassen. Sie können auf sich selbst vertrauen. Weil Sie letztlich selbst für Ihr finanzielles Wohlergehen verantwortlich sind, ist es wichtig, dass Sie auf Ihr Urteilsvermögen vertrauen und die volle Verantwortung für Ihr Vermögen übernehmen. Machen Sie sich kundig über Anlagestrategien, und haben Sie Vertrauen in Ihr Handeln, weil es auf Logik und nicht auf Glück beruht. Mit dieser Einstellung können Sie mit Zuversicht Vermögen aufbauen und langfristigen finanziellen Erfolg erreichen.

Trennung vom »größten Investor, der je gelebt hat«

Stanley Druckenmiller wurde 1953 in einem Mittelklasse-Haushalt in Pittsburgh, Pennsylvania, geboren und machte 1975 seinen Abschluss am Bowdoin College in Maine mit einem Bachelor in Englisch und Wirtschaft. Kurzzeitig strebte er einen Doktortitel in Wirtschaftswissenschaften an, brach das Studium jedoch ab, um eine Stelle als Wertpapieranalyst bei der Pittsburgh National Bank anzutreten.[180]

Nur drei Jahre später, im Alter von 28 Jahren, gründete Druckenmiller seine eigene Hedgefonds-Gesellschaft namens Duquesne Capital Management, die schnell erfolgreich wurde. Innerhalb von nur drei Monaten stieg einer seiner Fonds um 40 Prozent und katapultierte den jungen Manager in der Finanzbranche ins Rampenlicht.[181] Schließlich erregte Druckenmillers Erfolg auch die Aufmerksamkeit von George Soros, des Gründers des Quantum Fund, der 1987 mit mehr als 2 Milliarden Dollar an verwaltetem Vermögen einer der größten Hedgefonds war.[182]

Nach einer langen und legendären Karriere wollte sich der 57-jährige Soros mehr auf seine philanthropische Arbeit konzentrieren und sich aus dem Fondsgeschäft zurückziehen. Soros hatte seinen Fonds 1969 mit einem Kapital von 4 Millionen Dollar gegründet, wovon 250 000 Dollar aus seinem eigenen Vermögen stammten.[183] In den 1970er- und frühen 1980er-Jahren wuchs Soros' Ansehen in der Finanzwelt aufgrund der schieren Größe seines Fonds. Im Vergleich zu heute waren Hedgefonds damals noch relativ klein. Ein typischer Fonds verwaltete in den Siebzigerjahren mehrere zehn Millionen Dollar.[184] George Soros hingegen arbeitete mit Milliarden. Soros wurde durch die Veröffentlichung seines Buches *The Alchemy of Finance* (deutscher Titel: *Die Alchemie der Finanzen*) im Jahr 1987 noch bekannter. Druckenmiller hatte dieses Buch natürlich gelesen. Als sich Soros 1988 an den 35-jährigen Druckenmiller wandte und ihm einen Job beim Quantum Fund anbot, war er begeistert, aber auch vorsichtig.[185] Er wusste, dass Soros in dem Ruf stand, seine Mitarbeiter großzügig zu entlohnen, sie aber schnell zu feuern, wenn sie keine guten Leistungen erbrachten. Druckenmiller fragte seine Mentoren, ob er den Job annehmen solle oder nicht, und sie rieten ihm alle davon ab, zu Soros zu gehen.[186]

Warum sollte er seine Unabhängigkeit bei seinem eigenen Fonds aufgeben, um in eine große Fondsgesellschaft einzutreten, die von einem knallharten Manager geleitet wurde? Druckenmiller würde seine Freiheit aufgeben müssen. Aber Soros wollte Druckenmiller unbedingt in seinem Team haben, also machte er ihm ein Angebot: Druckenmiller könnte weiterhin seinen eigenen Fonds verwalten und gleichzeitig für Quantum arbeiten.

Dieses Angebot konnte Druckenmiller nicht ablehnen. Von Anfang an war er begierig darauf, von dem erfahrenen Soros, dem, wie er auch genannt wurde, »größten Investor, der je gelebt hat«, zu lernen.[187] Doch diese Bewunderung hatte auch ihren Preis: Wie konnte jemand wie Druckenmiller angesichts der beeindruckenden Erfolgsbilanz von Soros eine andere Meinung vertreten, wenn sie unterschiedliche Ansichten hatten? »Wenn man vom größten Investor der Welt gecoacht wird, ist das eher hinderlich als hilfreich, wenn dieser einen dazu bewegen will, sich von seinem eigenen Handelsrhythmus zu verabschieden«, erklärte Druckenmiller später.[188]

Soros tat sich schwer damit, einen seiner Fonds in die Obhut anderer Leute zu geben, selbst wenn es sich dabei um seinen eigenen vermeintlichen Nachfolger handelte. Druckenmiller schnitt in seinem ersten Jahr bei Quantum nicht so gut ab, wie er erwartet hatte.[189] Der Druck wurde stärker, und Soros schüchterte ihn ein. Obwohl er kein ängstlicher Mensch war, konnte Druckenmiller Soros nicht davon abhalten, seine Entscheidungen infrage zu stellen. Ein Jahr später, im August 1989, spitzte sich die Situation zu, als Soros eine Anleiheposition verkaufte, die Druckenmiller unbedingt behalten wollte.[190] Soros traf diese Entscheidung ganz allein.

Druckenmiller fühlte sich hintergangen und schrie Soros an: »Ich fühle mich eingeengt durch Ihre Anwesenheit!« Es kam zu einem heftigen Streit, den Druckenmiller mit den Worten beendete: »Ich möchte gehen.«[191]

Dies war ein Wendepunkt für Soros. Wollte er wirklich weiterhin allein das Sagen bei Quantum haben? Oder würde er sich endlich bereitfinden, die Verantwortung an jemand anderen abzugeben?

»Gehen Sie nicht«, erwiderte Soros. »Ich werde gehen.«

Nach seiner neu gewonnenen Unabhängigkeit begann Druckenmiller, das Heft in die Hand zu nehmen, ohne dass Soros ihm im Nacken saß. Bis Ende 1989 wuchs das Vermögen von Quantum um 31,5 Prozent im Vergleich zum Vorjahr. Im folgenden Jahr steigerte Druckenmiller das Fondsvermögen um 29,6 Prozent und erhöhte es 1991 um 53,4 Prozent.[192]

Soros war beeindruckt. »Es stellte sich heraus, dass es eine sehr kluge Entscheidung war«, erklärte er, nachdem er Druckenmiller das Steuer überlassen hatte. »Wir hatten drei Jahre hintereinander eine hervorragende Performance, eine weitere Boom-Periode in der Geschichte des Fonds.«[193]

Die Berühmtheit des Quantum Fund erreichte 1992 ihren Höhepunkt, als Druckenmiller Soros bei einem Geschäft unterstützte, das ihrer beider Vermächtnis zementierte. Während einer europäischen Währungskrise ging Druckenmiller eine massive Wette gegen das Britische Pfund ein. Am 16. September 1992 – in Großbritannien als »Schwarzer Mittwoch« bekannt – sah sich die britische Regierung gezwungen, aus dem Europäischen Währungssystem (EWS) auszusteigen, was zu einer drastischen Abwertung des Pfunds führte.[194]

Infolgedessen erzielte der Quantum Fund mit seiner Wette gegen das britische Pfund innerhalb eines einzigen Monats einen Gewinn in Höhe von 1 Milliarde Dollar. Da Soros das Rampenlicht ebenso liebte, wie Druckenmiller es meiden wollte, schrieben die Medien diesen Erfolg hauptsächlich Soros zu und nannten ihn den Mann, der »die Bank von England in die Knie gezwungen hat«.[195]

Die Dinge liefen gut bis Ende der Neunzigerjahre, als sich Soros entgegen seinen Zusicherungen gegenüber Druckenmiller doch wieder mehr ins Geschäft einzumischen begann. Er drängte Druckenmiller, mit Quantum verstärkt in Technologiewerte zu investieren.

Druckenmiller war davon nicht sehr angetan, denn er bezeichnete sich selbst als »Dinosaurier«, wenn es um Technologie ging. Technologieaktien verhielten sich anders als die Werte, die Druckenmiller kannte.[196] Dennoch ließ er sich dazu überreden, mehr in Technologie anzulegen. Wahrscheinlich hatte auch Stolz etwas damit zu tun. Während des Technologiebooms sah Druckenmiller, wie Unternehmen, die kleiner waren und über weniger Kapital verfügten als Quantum, ihr Geld verzehnfachten oder mehr. Druckenmiller fürchtete, er könnte etwas verpassen.

Da er sich selbst nicht für einen Experten auf dem Gebiet der Technologie hielt, stellte er einen Vermögensverwalter aus dem Silicon Valley namens Carson Levit ein, der ihn bei Quantum unterstützen sollte. Zum ersten Mal überließ Druckenmiller die Beurteilung von Wertpapieren jemand anderem. Und das schlug sich in den Einsätzen von Quantum nieder: Im Gegensatz zu Druckenmiller, der nur Werte kaufte, die er für einigermaßen günstig hielt, hatte Levit kein Problem damit, himmelhohe Preise für aufgeblasene Tech-Aktien zu zahlen.

Auf Empfehlung von Levit baute Druckenmiller ein Portfolio aus Internet-Aktien auf und verkaufte mehrere Blue-Chip-Unternehmen der »Old Economy« wie Sears und Goodyear, die nach Ansicht der beiden Manager im Zuge des Aufstiegs der Technologieunternehmen fallen würden. Ihre Strategie ging auf. Ende 1999 stand der Quantum Fund um 35 Prozent höher.

Beflügelt von den schnellen Gewinnen, entschloss sich Druckenmiller, noch stärker auf die Technologiebranche zu setzen. Wahrscheinlich hatte ihn wieder die Angst gepackt, etwas zu verpassen. Einer von Druckenmillers wichtigsten Käufen war ein Unternehmen namens Verisign. Als die Aktien der Firma bis Ende Februar 2000 auf 258 Dollar stiegen, dachte Druckenmiller, dass der Wert noch weiter nach oben klettern würde. Er kaufte Anfang März Verisign-Aktien im Wert von 600 Millionen Dollar, als deren Kurs auf 240 Dollar fiel, was wie ein kurzzeitiger Rückschlag aussah. Doch einen Monat später stürzte der Nasdaq ab, und die Verisign-Aktie fiel auf 135 Dollar – ein atemberaubender Rückgang von 44 Prozent gegenüber dem Kurs vom März.

Die Atmosphäre bei Quantum verdüsterte sich. Um Stress abzubauen, begannen die Händler auf dem Parkett mit Koosh zu spielen (jenen wuscheligen Spielbällen aus Gummifäden, die in den frühen 2000er-Jahren beliebt waren), und Druckenmiller ging häufiger ins Fitnessstudio. Aber die restliche Zeit saß er in seinem Büro und beobachtete ruhig den Markt.

Bei so großen Verlusten konnte Soros nicht mehr stillhalten. Er rief immer häufiger in Druckenmillers Büro an. Soros und Druckenmiller stritten sich weiterhin heftig. Während Verisign weiter absackte, begannen auch andere Positionen Druckenmillers dem Fonds zu schaden. Seine Short-Spekulationen gegen den S&P 500 und andere Unternehmen der Old Economy gingen ebenfalls nicht auf, sodass Druckenmiller noch mehr Geld verlor. Der Tiefschlag kam am 18. April, als die Aktie von Verisign auf 96 Dollar abstürzte.

Der Quantum Fund büßte in diesem Jahr 22 Prozent ein, und das Gesamtvermögen war seit seinem Höchststand von 22 Milliarden Dollar im Jahr 1998 um 7,6 Milliarden Dollar gesunken.[197] Wie an den meisten Tagen begrüßte Levit Druckenmiller um sieben Uhr morgens im Büro mit der Frage: »Wie geht es Ihnen?« Doch dieses Mal fiel die Antwort nicht wie üblich aus. »Was meinen Sie damit, ›wie es mir geht‹? Wir sind eben in die Luft gejagt worden«, erwiderte Druckenmiller. Am Ende des Tages reichte er seinen Rücktritt ein.[198]

Obwohl er als einer der größten Investoren aller Zeiten gilt, machte Druckenmiller den Fehler, dem Urteil eines anderen

Menschen mehr zu vertrauen als seinem eigenen. Der Preis, den er für das Abweichen von seiner eigenen Überzeugung zahlte, war der Verlust der Kontrolle über einen der bedeutendsten Hedgefonds jener Zeit.

Strategien zur Verbesserung des eigenen Urteilsvermögens

Unser Urteilsvermögen zeigt sich im Prozess der Bewertung und Abwägung aller verfügbaren Informationen und Optionen, um zu einer begründeten und fundierten Entscheidung zu gelangen. Um ein guter Investor zu sein, braucht man ein gutes Urteilsvermögen, denn die Zukunft ist unbekannt, und man muss Entscheidungen treffen mit den Informationen, die man hat.

In seinen Anfangsjahren bei Quantum traf Stanley Druckenmiller eine gute Entscheidung nach der anderen. Er verließ sich auf sein eigenes Urteilsvermögen und war selbstbewusst genug, um Soros aufzufordern, sich zurückzuziehen. Aber ein Jahrzehnt später hörte er auf, auf sich selbst zu vertrauen. Als es mit den Tech-Aktien bergauf ging, hätte er an seiner anfänglichen Beurteilung festhalten und dieses Marktsegment meiden sollen.

Im März 1999, als der Markt in die Höhe schoss, äußerte Druckenmiller seine Bedenken intern im Quantum-Team: »Mir gefällt dieser Markt nicht. Ich denke, wir sollten uns zurückhalten. Ich möchte nicht wie Steinhardt enden.«[199] Damit bezog er sich auf Michael Steinhardt, einen renommierten Hedgefonds-Manager, der 1995 seine lange Karriere beendete, nachdem er im Jahr zuvor erhebliche Verluste erlitten hatte.

Es ist offensichtlich, dass Druckenmiller sich nicht an der Blase der Technologieaktien beteiligen wollte. Ihm war klar, dass diese Blase platzen würde, er konnte nur nicht vorhersagen, wann. Weil er aber den Druck verspürte, die guten Ergebnisse des Quantum Fund zu halten, entschloss er sich schließlich, eine andere Person einzustellen und seine Entscheidungen über Technologieaktien an diese Person zu delegieren. Druckenmiller ignorierte sein eigenes Urteilsvermögen, und am Ende beteiligte sich Quantum an der Blase.

Richtige Beurteilungen zu treffen ist der wichtigste Bereich der Philosophie und des Investierens, denn es hilft uns, autark zu sein und konsequent zu handeln. Was also bedeutet gute Urteilskraft für einen Stoiker? Es heißt ganz einfach, die Grundsätze des Stoizismus zu beachten, wenn man Entscheidungen trifft. Die folgenden drei stoischen Strategien können Ihnen helfen, Ihre Urteilskraft zu stärken.

STRATEGIE 1: STREBEN SIE NACH REINEM URTEILSVERMÖGEN

Der Investor Charlie Munger sagte einmal: »Sich darüber zu ärgern, dass jemand schneller Geld verdient [als man selbst], ist eine Todsünde. Neid ist eine wirklich dumme Sünde, weil es die einzige ist, an der man niemals Spaß haben kann. Sie bringt eine Menge Schmerz und keinen Spaß. Warum sollte man auf diesen Karren aufspringen?«[200] Aber in den Büros des Quantum Fund in den Jahren 1999 und 2000 konnten sie sich der Anziehungskraft dieses Karrens nicht entziehen.

Sie werden keinen anderen Investor finden, der so bescheiden und selbstbewusst ist wie Druckenmiller, der schließlich erkannte, dass er mit seinen großen Einsätzen im Technologiesektor die falsche Entscheidung getroffen hatte. Zehn Tage nach seinem Rücktritt erklärte Druckenmiller: »Es wäre schön gewesen, als Sieger vom Platz zu gehen, so wie Michael Jordan, aber ich habe mein Blatt überreizt.«[201]

Er hatte sich von Gefühlen mitreißen lassen und war Risiken eingegangen, die er normalerweise nicht eingegangen wäre.

Die Stoiker glaubten, dass wir unsere Gefühle von unserem Urteilsvermögen trennen müssen. Ihrer Ansicht nach gibt es zwei Arten von Urteilen:

1. **Wertendes Urteil:** Wenn man seine Urteile von Emotionen beeinflussen lässt.
2. **Reines Urteil:** Wenn man rationale Urteile fällt, frei von Emotionen.

Wie können wir reine Urteile fällen? Eines der berühmtesten Zitate von Mark Aurel lautet folgendermaßen: »Nimm die Dinge nicht so, wie sie dein Beleidiger beurteilt oder von dir beurteilt haben will; sieh dieselben vielmehr so an, wie sie in Wahrheit sind.«[202] Wenn Sie sagen, dass Sie geschädigt wurden, werden Sie den Schaden spüren. Wenn Sie den Schaden ignorieren können und die Tatsachen so sehen, wie sie sind, ohne dass Ihre Gefühle dazwischenfunken, dann fällen Sie ein reines Urteil.

So könnte das im täglichen Leben aussehen: Stellen Sie sich vor, Sie hatten gerade eine Leistungsbeurteilung in Ihrem Job, die nicht so ausgefallen ist, wie Sie erwartet hatten. Ihr Chef hat Ihnen ein negatives Feedback gegeben. Am Abend gehen Sie nach Hause und sagen Ihrem Partner: »Ich habe heute eine verletzende Beurteilung erhalten.« Mark Aurel empfahl, wir sollten die Emotionen beiseitelassen und stattdessen sagen: »Ich habe heute eine Beurteilung erhalten.«

Wenn man sich auf seine Meinung verlässt, wird man blind für die Fakten und Realitäten des Marktes, was ein Fehler ist, den viele Anleger machen. Sie könnten zum Beispiel davon überzeugt sein, dass eine bestimmte Branche das nächste große Ding sein wird, und deshalb investieren Sie stark in mehrere Unternehmen oder kaufen einen ETF, der diese Branche nachbildet. Aber wenn diese Unternehmen einige Zeit später ihre Quartalsergebnisse veröffentlichen, wird ein erheblicher Gewinnrückgang gemeldet. Schlimmer noch, die Unternehmen geben negative Prognosen ab und erwarten auch nicht, dass sie in absehbarer Zeit Gewinne erzielen werden. Diese schlechten Nachrichten drücken die Aktienkurse der Unternehmen, in die Sie investiert haben, nach unten. Sie haben sich zu sehr auf Ihre optimistische Meinung über die Zukunft der Branche konzentriert und nicht genug auf die Fakten.

So erging es auch der Blockchain-Branche im Jahr 2022.[203] Blockchain ist eine Technologie, die eine sichere Aufzeichnung und Verfolgung von Informationen ohne Zwischenhändler ermöglicht. In den vergangenen Jahren wuchsen Blockchain-Unternehmen aufgrund der Popularität von Kryptowährungen und dezentralisierten Finanzinstitutionen exponentiell. Viele Anleger hatten jedoch nicht erkannt, dass die meisten dieser Krypto- und Blockchain-Unternehmen kein nachhaltiges Geschäftsmo-

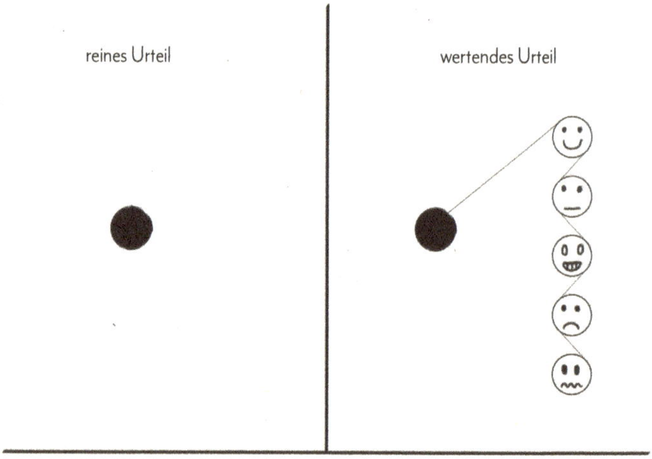

Abbildung 10: Ein reines Urteil ist rational und frei von Emotionen. Ein wertendes Urteil ist immer mit einer Meinung oder einem Gefühl verbunden.

dell haben.[204] Beliebte Unternehmen in dieser Branche wie Riot Blockchain, Marathon Digital Holdings und Coinbase lagen im Jahr 2022 um 90 Prozent oder mehr unter ihren Allzeithochs. Anstatt sich die Daten anzusehen, ließen sich viele Anleger von Meinungsmachern blenden, die behaupteten, dass Blockchain und Krypto weiterhin Wachstumsraten wie 2020 und 2021 verzeichnen würden.

Als Anleger ist es wichtig, reine Urteile zu fällen, die auf Daten und Fakten beruhen. Halten Sie Ihr Denken frei von Meinungen, Emotionen und Ihrem Ego. Denn unsere Meinungen können falsch sein, während Daten immer richtig sind.

STRATEGIE 2: LÖSEN SIE SICH VON DEN ERGEBNISSEN

Die Grundlage des Stoizismus ist die Vorstellung, dass sich die Ergebnisse unseres Handelns unserem Einfluss entziehen. Wir können gute Entscheidungen treffen, die auf reinen Einschätzungen beruhen, und dennoch können sie zu schlechten Ergebnissen führen. Auch das Gegenteil ist bisweilen der Fall. Manchmal treffen Menschen schlechte Entscheidungen, die zu guten Ergebnissen führen.

Aber als Stoiker verfolgt man das Ziel, gute Entscheidungen zu treffen und sich nicht zu sehr an die Ergebnisse zu binden. Das heißt nicht, dass man mögliche Ergebnisse ignorieren sollte. Es bedeutet, dass man, sobald man eine Entscheidung gefällt hat, diese auch wieder loslassen sollte. Man sollte sich nicht weiter darüber sorgen, was geschehen wird. Und noch wichtiger: Wenn man eine gute Entscheidung getroffen hat, die aber nicht das erwartete Ergebnis gebracht hat, sollte man sich nicht die Schuld geben.

Wie Seneca sagte: »Der Hoffnung folgt die Angst. Und ich wundere mich nicht, dass es so geht: Beides ist das Merkmal eines abhängigen, beides in Erwartung der Zukunft beunruhigten Gemüts. Der Hauptgrund für beides liegt darin, dass wir uns nicht auf die Gegenwart einstellen, sondern die Gedanken in weite Ferne vorauseilen lassen ... Wir zermartern uns mit dem Künftigen und dem Vergangenen. Die Erinnerung bringt die Qual der Angst zurück, die Voraussicht nimmt sie vorweg; niemand ist nur wegen der Gegenwart unglücklich.«[205]

Stoiker bemühen sich, Entscheidungen zu treffen, die im Einklang mit den eigenen Werten stehen. Die Neid, Gier und Angst vermeiden. Und sicherstellen, dass man alles in seiner Macht Stehende tut, um ein gutes Ergebnis zu erzielen. Aber das tatsächliche Ergebnis liegt nicht in unserer Hand. Druckenmiller wollte abtreten wie Michael Jordan, der an sechs NBA-Finalspielen teilnahm und alle sechs gewann.

Druckenmiller ließ sich von den schmerzhaften Auswirkungen der Dotcom-Blase nicht beirren. Während er für Quantum arbeitete, gab Druckenmiller nie die Beteiligung an seinem eigenen Fonds, Duquesne Capital, auf. Als er Quantum verließ, konzentrierte er sich wieder ganz auf Duquesne. Mit seinem eigenen Fonds hatte er nie ein Verlustjahr.[206] Das gilt auch für all die schlechten Jahre, die er mit Quantum erlebte. Und es gilt für 2008, das Jahr der globalen Finanzkrise.

Wenn wir uns von den Ergebnissen lösen, können wir all unsere Zeit und Energie auf das verwenden, was unmittelbar vor uns liegt. Wir können unsere Entscheidungen nach bestem Wissen und Gewissen treffen, und wenn alles erledigt ist, gehen wir weiter zum Nächsten ohne Angst oder Bedauern.

STRATEGIE 3: ERKENNEN SIE, WAS SIE NICHT WISSEN

Es ist leicht, Fehler und schlechtes Verhalten zu erkennen, wenn wir uns andere anschauen. Aber wenn es angebracht erscheint, uns selbst zu betrachten, schauen wir oft weg. Vielleicht möchte unser Ego nicht zugeben, dass wir nicht alles wissen, oder vielleicht ist es schmerzhaft, ehrlich zu uns selbst zu sein.

Es ist schwierig, sich einzugestehen, dass man so vieles nicht weiß. Allzu oft nehmen wir Aktientipps von anderen an und treffen eine Entscheidung, ohne viel darüber nachzudenken.

Der koreanisch-japanische Investor Masayoshi Son steht in dem Ruf, ein furchtloser Investor zu sein. Viele seiner Einsätze sind fehlgeschlagen. Aber er hat auch einige sehr erfolgreiche Investitionen getätigt. Am berühmtesten ist seine 20-Millionen-Dollar-Investition in die Alibaba Group im Jahr 2000, die bis 2018 auf einen Wert von 130 Milliarden Dollar stieg.[207] So riskant manche seiner Entscheidungen von außen aussehen mögen, er folgt einem bestimmten Investitionsprozess. Bei seiner Anlagestrategie geht es darum, neue Technologien aufzuspüren und in sie zu investieren, bevor sie den Mainstream erreichen.

Aber auch strategische Investoren machen Fehler. In einem Gespräch mit dem Journalisten Andrew Ross Sorkin von der *New York Times* erklärte Masayoshi Son, dass einer seiner Freunde ihm empfohlen habe, 1 Prozent seines Nettovermögens in Bitcoin zu investieren. Also legte er 200 Millionen Dollar in der Kryptowährung an, um zu sehen, wie er sich dabei fühlte. Er erzählte: »Ich habe jeden Tag nach dem Kurs geschaut, er ging rauf und runter. Also sagte ich: Das ist nicht gut. Das ist etwas, das ich nicht verstehe. Ich kann es geistig nicht in vollem Umfang erfassen. Ich schaute mindestens fünf Minuten am Tag auf den Kurs und sagte mir, dass dies meine Aufmerksamkeit ablenkt. Vielleicht steigt er später, vielleicht sinkt er später, aber ich will nicht einmal eine Minute am Tag nach dem Kurs schauen. Also sagte ich: Okay, ich verkaufe zu jedem Preis. Ich habe Bitcoin mit Verlust verkauft. Und ich fühlte mich gleich viel besser.«[208]

Son hat mit dem Bitcoin-Handel Geld verloren. Aber zumindest konnte er sich dann wieder auf sein eigentliches Geschäft konzentrieren, nämlich das Investieren in Technologieunternehmen. Son besaß die emotionale Stärke, zuzugeben, dass er Bitcoin nicht verstand, und er akzeptierte das Ergebnis.

Wenn es darum geht, seinem eigenen Urteil zu vertrauen, ist es wichtig, die Grenzen der eigenen Fähigkeiten zu erkennen. Daran ist nichts auszusetzen. Selbst einige der erfahrensten Anleger halten sich von Investments fern, die sie nicht verstehen. Aber um sich von Dingen fernzuhalten, die wir nicht verstehen, müssen wir ehrlich genug zu uns selbst sein, um zuzugeben, dass wir nicht alles wissen. Diese Selbsterkenntnis ebnet uns den Weg für mehr Erfolg in jenen Bereichen, in denen unsere wahre Stärke liegt.

DENKEN SIE DARÜBER NACH …

Die Eigentümlichkeiten der vernünftigen Seele sind: Sie beschaut sich selbst, zergliedert sich selbst, bildet sich selbst nach eigenem Gefallen. Die Frucht, die sie trägt, genießt sie selbst. … Sie erreicht ihr bestimmtes Ziel …

Mark Aurel[209]

Der Zweck, in die eigene Bildung zu investieren und ein vielseitiger Mensch zu werden, besteht darin, dass man sich auf sich selbst verlassen kann. Meiden Sie nicht die harten Entscheidungen bezüglich Geld, die Sie im Leben treffen müssen.

Streben Sie danach, selbst zum Entscheidungsträger zu werden. Zum Verwalter Ihres eigenen Geldes. Auch wenn Sie einen Finanzberater oder eine Vermögensverwaltungsfirma beauftragen, für Sie zu arbeiten, sollten Sie sich zum Ziel setzen, ebenso viel über Investitionen zu wissen wie der Fachmann, den Sie engagieren.

Verlassen Sie sich auf Ihre Selbsterkenntnis, um herauszufinden, was Sie nicht wissen und was Sie wissen. Unter- oder überschätzen Sie Ihre Fähigkeiten als Anleger nicht.

Und vergessen Sie nie: Niemand auf der Welt wird sich so gewissenhaft um Ihr Geld kümmern wie Sie selbst.

KAPITELZUSAMMENFASSUNG

- Betrachten Sie sich als einen unabhängigen Denker. Verlassen Sie sich bei Ihren Entscheidungen auf Ihre eigene Urteilskraft. Richtiges Urteilsvermögen ist nichts anderes, als eine Entscheidung nach sorgfältiger Überlegung zu treffen.
- Fällen Sie reine Urteile. Gründen Sie Ihre Entscheidungen auf Fakten. Das bedeutet, dass Sie reine Urteile fällen, die rational und frei von persönlichen Meinungen sind.
- Lösen Sie sich von den Ergebnissen. In dem Moment, in dem Sie sich für etwas entscheiden, lassen Sie das Ergebnis los. Akzeptieren Sie, was auch immer geschieht, sei es gut oder schlecht.
- Erkennen Sie, was Sie nicht wissen. Das Leben ist zu kurz, um alles über die finanziellen Möglichkeiten zu wissen, die sich auf der Welt bieten. Auch die besten Anleger der Welt wissen nicht alles über sämtliche Anlagen und Vermögenswerte. Wenn Sie sich darüber klar werden, was Sie nicht wissen, können Sie sich auf die Dinge konzentrieren, die Sie wissen.

· 12 ·

Halten Sie sich an Ihre Anlagestrategie

Sie können die beste Anlagestrategie der Welt haben, aber wenn Sie sich nicht daran halten, werden Sie kein Vermögen aufbauen. Es gibt Hunderttausende von Vermögenswerten, in die Sie investieren können. Aber es liegt nicht an den Arten von Vermögenswerten, in die Sie letztlich investieren, ob Sie reich werden. Ihr Verhalten ist der entscheidende Faktor. Auf Ihrem Weg zum Wohlstand werden Sie auf viele Ratschläge und Empfehlungen stoßen, die im Widerspruch zu Ihrer gewählten Methode und zu anderen Anlagemethoden stehen. Ihr unerschütterlicher Glaube an den von Ihnen gewählten Weg wird Ihnen helfen, konsequent bei der Sache zu bleiben. Durch Beständigkeit werden Sie nicht nur ein beträchtliches Vermögen aufbauen, sondern auch besser abschneiden als viele andere Privatanleger und sogar besser als die meisten professionellen Vermögensverwalter.

Wenn es sich auszahlt, in sich selbst zu investieren

Mohnish Pabrai wuchs in ärmlichen Verhältnissen in Mumbai auf. Der 1964 geborene Pabrai lebte in einer winzigen Wohnung, die seine Familie für 20 Dollar im Monat gemietet hatte.

Sein Vater, Om Pabrai, war ein Unternehmer, der mehrfach Konkurs anmelden musste.[210]

Zu sehen, wie sein Vater sich bemühte und dennoch immer wieder scheiterte, war frustrierend, aber Mohnish erlebte aus nächster Nähe, wie wichtig Beständigkeit war. Der junge Pabrai erinnerte sich, wie sein Vater trotz der ständigen wirtschaftlichen Schwierigkeiten standhaft blieb. »Mein Vater sagte immer: ›Ihr könnt mich nackt auf einen Felsen setzen, und ich werde ein neues Unternehmen gründen.‹«[211]

Doch der Optimismus zahlte sich nicht sofort aus. Während seiner gesamten Kindheit kämpfte Pabrais Familie mit finanziellen Problemen. Er musste mitansehen, wie seine Eltern mehrmals alles verloren. »Und wenn ich sage, dass sie alles verloren, dann meine ich damit, dass sie nicht mehr genug Geld hatten, um am nächsten Tag Lebensmittel zu kaufen oder die Miete zu bezahlen«, erinnert sich Pabrai. Seine schwierige Kindheit motivierte ihn zu guten schulischen Leistungen. Er schloss die Highschool als Drittbester seiner Klasse ab.[212]

Nach dem Abschluss erwarteten seine Eltern von ihm, dass er im Familienunternehmen arbeitete. Motiviert von seinen guten Leistungen in der Highschool, hatte Pabrai jedoch andere Ziele vor Augen. Er wollte weder für seinen Vater arbeiten, noch in seinem Heimatland einen Studienabschluss machen. Er wollte in Amerika studieren, weil er dort mehr Möglichkeiten sah, zu Wohlstand zu kommen. Im Jahr 1983 schrieb er sich an der Clemson University in South Carolina ein, wo er einen Abschluss in Computertechnik erwarb.[213] Pabrai schnitt in seinen Finanzkursen so gut ab, dass ihm ein Professor empfahl, statt Ingenieurwissenschaften den Finanzbereich zu wählen.

Aber Pabrai wollte nicht abweichen von dem Plan, den er für sich selbst aufgestellt hatte. Er ignorierte den Rat seines Professors und führte sein Ingenieurstudium zu Ende. Nach seinem Abschluss 1986 bekam er eine Stelle in der Forschungs- und Entwicklungsabteilung eines Netzwerktechnologieanbieters namens Tellabs. Nach fünf Jahren jedoch verflog die Begeisterung für seine Arbeit. Bald wurde ihm klar, dass es Zeit für eine Veränderung war. Er wollte nicht länger ein Angestellter sein, sondern das werden, wovor er anfangs davongelaufen war: ein Unternehmer.

Aber er war auch fest entschlossen, den Weg seines Vaters zu vermeiden. Anstatt seinen Job zu kündigen, was sehr riskant gewesen wäre, gründete er nebenbei sein eigenes Unternehmen mit dem Namen TransTech. Mit dieser Firma bot er seinen Kunden IT-Beratung und Systemintegration an.[214] Nach zehn Monaten hatte Pabrai das Gefühl, dass sein neues Geschäft genug Gewinn abwarf, um ihn finanziell über Wasser zu halten. Das gab ihm die Zuversicht, sich voll und ganz dieser Sache zu widmen, und so kündigte er bei Tellabs.

Innerhalb von sechs Jahren, im Jahr 1996, schaffte es TransTech, in die Liste der 500 am schnellsten wachsenden amerikanischen Unternehmen vorzustoßen.[215] Zu diesem Zeitpunkt hatte Pabrai schon genug Geld verdient, um 1 Million Dollar auf die Seite legen zu können. Eines Tages, als er am Londoner Flughafen Heathrow auf einen Flug wartete, kaufte er das Buch *One Up on Wall Street* von Peter Lynch.[216] So lernte er die Macht des Zinseszinseffekts und einen langfristigen Ansatz für die Geldanlage kennen.

In diesem Buch erfuhr Pabrai auch von Warren Buffett. Er war so beeindruckt von dem Reichtum, den Buffett durch Investitionen in Aktien erreicht hatte, dass er es ihm gleichtun wollte. Nachdem er Lynchs Buch gelesen hatte, verschlang er alles, was er über Warren Buffett und seinen Partner Charlie Munger in die Hände bekam. In den folgenden Jahren begann Pabrai, die Value-Investing-Strategie von Buffett und Munger mit Erfolg umzusetzen.

Als er sein Unternehmen weiter ausbaute, stellte er fest, dass er sich mehr für die Börse als für die Arbeit an TransTech begeisterte. Eines Tages im Jahr 1999 wachte Pabrai auf und hatte keine Lust mehr, in dem Unternehmen tätig zu sein, das er selbst gegründet hatte. TransTech war mittlerweile ein reifes Unternehmen mit wachsenden Umsätzen. Pabrai erkannte, dass er seine Zeit lieber voll und ganz dem Investieren widmen wollte, als weiter an TransTech zu arbeiten oder wieder ein neues Unternehmen zu gründen. Im Jahr 1999 verkaufte er seine Firma auf dem Höhepunkt der Technologieblase für 20 Millionen Dollar.[217]

Mit 900 000 Dollar von acht Personen und 100 000 Dollar von seinem eigenen Geld legte er dann einen Investmentfonds auf, der heute Pabrai Funds heißt.[218] Pabrai wollte nicht sein gesamtes Vermögen aufs Spiel setzen. Obwohl er von seinen Fähigkeiten und seiner Anlagestrategie überzeugt war, ging er dennoch vorsichtig zu Werke.

Das Geld anderer Leute anzunehmen und es für sie anzulegen hat aber auch seinen Preis. Wenn Investoren einem ihr Geld anvertrauen, erwarten sie, dass man ihnen innerhalb von ein oder zwei Jahren einen akzeptablen Return on Investment (ROI) liefert. Pabrai war jedoch fest entschlossen, eine langfristige Perspektive einzunehmen, und hielt sich strikt an die Regeln des Value Investing.

Er erkannte, dass Buffett in seiner Karriere gute Ergebnisse erzielt hatte, weil er konsequent an seiner Strategie festhielt. Jeder kann durch die Lektüre von Benjamin Grahams Buch *The Intelligent Investor* etwas über Value Investing lernen. Jeder kann sich auch darüber informieren, wie Buffett investiert, indem er einige der unzähligen Bücher liest, die über ihn geschrieben wurden. Value Investing ist keine Geheimwissenschaft. Man sucht einfach nach unterbewerteten Unternehmen, kauft deren Aktien und wartet ab. Der letzte Teil ist der schwierige Teil und das, was unerfahrene Value-Investoren in der Regel zu Fall bringt.

Aber Pabrai *lebte und atmete* das Value Investing. Er setzte diese Strategie um, ohne auch nur einen Zentimeter davon abzuweichen. Ihm gefiel es, dass sich die meisten Anleger nicht an eine bestimmte Strategie halten. »Das Erfreuliche ist, dass ich gegen Spieler antrete, die nicht einmal die Regeln kennen«, erklärte er.[219] Pabrai war stolz auf seine Fähigkeit, seine Anlagestrategie umzusetzen, die er Dhandho Investing nannte, nach dem Gujarati-Wort *dhandho*, das »Wohlstand« bedeutet.

Während Dhandho Investing und Value Investing bei der Auswahl von Aktien ähnlich vorgehen, liegt der Schwerpunkt beim Dhandho Investing eindeutig auf der Risikovermeidung. Diese übermäßige Konzentration auf die Minimierung des Risikos bei gleichzeitiger Maximierung der Erträge ist auf Pabrais Hintergrund zurückzuführen. Als Einwanderer hat er das Gefühl, dass er es sich nicht leisten kann, auch nur das geringste Risiko einzugehen. Während Warren Buffetts Firma Berkshire Hathaway gelegentlich auch in junge Technologiefirmen wie Snowflake investiert, hält sich Pabrai vor allem an Unternehmen mit einer langen Erfolgsgeschichte.

Pabrais Strategie erwies sich trotz seiner geringen Risikotoleranz als erfolgreich. Pabrai Funds erzielte im Zeitraum von 2000 bis 2018 eine Gesamtrendite von 1204 Prozent.[220]

Pabrais Anlagestrategie bedeutete, dass er oft strikt Nein sagen musste. Wenn sich Pabrai eine lange Liste von Unternehmen anschaute und nichts fand, in das es sich zu investieren lohnte, lehnte er sich einfach zurück und blieb bei seinen aktuellen Positionen. Während des Börsencrashs 2008 stieg er in zehn Unternehmen ein, die er für unterbewertet hielt. Zu diesen Investitionen gehörten unbekannte Namen wie Pinnacle Airlines, Air Transport Services, Teck Cominco und Horsehead Holding, die trotz des Crashs von 2008 bis 2009 um mehr als 200 Prozent stiegen.[221] Dann tat er drei Jahre lang nichts. Im Jahr 2011 kaufte er das ganze Jahr über Aktien von nur zwei

Unternehmen, 2012 dann von drei. Im darauffolgenden Jahr kaufte er nichts. Auch im darauffolgenden Jahr investierte er nur in einige wenige Unternehmen, wobei er nie von seiner Hauptregel abwich, nach risikoarmen Möglichkeiten Ausschau zu halten.

Pabrai hat gezeigt, dass jeder ein Vermögen aufbauen kann, wenn er beharrlich ist. Er ging weder große Risiken ein, noch hatte er eine einzigartige Anlagestrategie. Er nutzte die Strategie des Value Investing, legte den Schwerpunkt auf die Minimierung des Risikos und setzte diese Strategie makellos um.

Wie Sie Ihren Plan durchziehen

Der wichtigste Faktor, der über Ihren Erfolg entscheidet, ist die konsequente Umsetzung. Epiktet sagte: »Wenn du etwas Bestimmtes tust in der Überzeugung, dass es getan werden müsse, so scheue dich niemals, dabei gesehen zu werden, auch wenn die große Menge wahrscheinlich darüber die Nase rümpft.«[222]

Beständigkeit ist es, was den Anlageerfolg ausmacht. Die Art der Strategie, die Sie anwenden, ist dabei weniger wichtig als die Frage, ob Sie Kurs halten und die gewählte Strategie perfekt umsetzen können. Es gibt nur eine Handvoll bewährter Anlagestrategien, und diese sind seit Jahrzehnten allgemein bekannt:

1. **Technische Analyse und Momentum Trading.** Diese Strategien wurden zu Beginn des 20. Jahrhunderts von Tradern wie Jesse Livermore entwickelt. Bei der Technischen Analyse werden Marktdaten aus der Vergangenheit verwendet, um Trends und Muster zu erkennen. Die Händler untersuchen historische Kursdaten, um zukünftige Bewegungen vorherzusagen.

2. **Fundamentalanalyse.** Das Investieren nach fundamentalen Kriterien begann sich mit der Einführung des Value Investing durch Benjamin Graham in den 1930er-Jahren zu entwickeln. Diese Methode konzentriert sich auf die Analyse der Finanzdaten eines Unternehmens und anderer wirtschaftlicher Faktoren, um den langfristigen inneren Wert des Unternehmens und sein Wachstumspotenzial zu ermitteln. Growth Investing ist eine weitere Form des Investierens nach fundamentalen Kriterien, bei der man sich auf Unternehmen konzentriert, die ein hohes Wachstumspotenzial für die Zukunft aufweisen.
3. **Quantitatives Investieren** wurde durch die Arbeit von Edward Thorp in den 1970er-Jahren populär. Bei quantitativen Anlagestrategien werden mathematische Modelle, statistische Analysen und andere ausgefeilte Computertechniken eingesetzt, um Anlagemöglichkeiten auf dem Markt zu ermitteln.
4. **Passives Investieren** wurde in den späten 1970er-Jahren bekannt, vor allem durch die Arbeit von John Bogle. Beim passiven Investieren wird in ein diversifiziertes Portfolio von Aktien oder Anleihen investiert, das einen bestimmten Index nachbildet, mit dem Ziel, mit geringen Gebühren und minimalem Aufwand Marktrenditen zu erzielen.

Das ist alles. Und doch kommen jedes Jahr Hunderte von neuen Büchern heraus, die behaupten, sie besäßen den Schlüssel, um den Markt zu schlagen. Jedes dieser Bücher propagiert eine »neue« Strategie, bei der es sich in Wirklichkeit aber nur um eine abgewandelte Variante eines bestehenden Konzepts handelt.

Anleger, die keinen Erfolg haben, meinen oft, dass mit ihrer Strategie etwas nicht stimmt. Sie denken schnell, dass sie eine andere Strategie brauchen, sobald sie nicht die gewünschten Ergebnisse erzielen. Diese Anleger werden von Tausenden von Menschen in der Finanzbranche bedient, die ihren Lebensunterhalt mit dem Verkauf von Informationsprodukten verdienen und behaupten, das Geheimnis zu kennen, wie man den Markt dauerhaft schlägt.

Howard Marks warnte in seinem Buch *Mastering the Market Cycle* vor Leuten, die versuchen, die Anleger hinters Licht zu führen. »Ich habe im Laufe meiner 48-jährigen Karriere Dutzende von Wunderwaffen gesehen, die angepriesen wurden. Keine hat sich bewährt. Keine Anlagestrategie oder -taktik wird jemals eine hohe Rendite ohne Risiko bringen, vor allem nicht für Käufer, die nicht über ein hohes Maß an Anlagekompetenz verfügen.«[223] Wenn es Patentrezepte und andere perfekte, unschlagbar erfolgreiche Anlagestrategien gäbe, würden wir sie alle kennen.

Beim erfolgreichen Investieren geht es nicht darum, herauszufinden, welche Strategie die beste ist; es geht darum, sich an eine Strategie zu halten, die funktioniert. Um sicherzustellen, dass Sie Ihren Plan durch Bullen- und Bärenmärkte gleichermaßen durchziehen können, sollten Sie die folgenden Strategien auf Ihr Leben anwenden.

1. IGNORIEREN SIE DEN LÄRM

Im Jahr 1999 beherrschten die Börsennachrichten die Mainstream-Zeitungen. Tech-Aktien waren so beliebt, dass die berühmte Technologiebörse Nasdaq 37 Millionen Dollar für eine acht Stockwerke hohe Videoleinwand im Herzen des Times Square bezahlte. Einem Artikel der *New York Times* vom 29. Dezember 1999 zufolge sollte das Zeichen »dem Aktienmarkt ein öffentliches Gesicht auf dem globalen Markt geben, das mit seinem bekannteren Rivalen, der New York Stock Exchange, konkurrieren kann«.[224] Millionen von Amerikanern waren damals von den Tech-Aktien begeistert, über die in den großen Medien viel berichtet wurde. Drei Monate nach der Veröffentlichung des *New York Times*-Artikels begann dann die Dotcom-Blase zu platzen.

Pabrai ignorierte das Gerede darüber, wie großartig Technologie- und Internet-Aktien seien. Stattdessen schaute er sich Investoren wie Peter Lynch und Warren Buffett an, weil sie ein Konzept hatten – eine Strategie, die sie seit Jahrzehnten anwendeten. Das war es, was Pabrai ansprach, nicht die hochfliegenden Modeaktien jener Zeit.

Als langfristiger Investor müssen wir in der Lage sein, das Signal vom Rauschen zu unterscheiden. Man kann sich nicht in die sozialen Medien begeben, ohne über Börsentipps oder Warnungen zu stolpern. In einer Hausse versuchen die Börsengenies, Sie davon zu überzeugen, dass sie im Besitz des Erfolgsrezepts seien. In einer Baisse haben dieselben Genies die Blaupause, um den nächsten Crash zu überleben. Tatsache ist, dass niemand den Markt mit absoluter Sicherheit vorhersagen kann, nicht einmal die erfahrensten Anleger. Ignorieren Sie jeden, der behauptet, er sei dazu imstande.

2. VERGLEICHEN SIE SICH MIT LEUTEN, DIE NICHT INVESTIEREN

Idealerweise sollten wir uns nicht mit anderen vergleichen. Aber die Stoiker haben erkannt, dass wir unseren menschlichen Neigungen nicht entkommen. Wir schauen uns Menschen an, die reicher sind als wir oder mehr Geld ausgeben, und denken: »So möchte ich auch leben.« Solche Gedanken können uns von unserem Weg abbringen.

Das Problem ist, dass Sie, wenn Sie von Ihrem Plan abweichen, Ihren langfristigen Aussichten auf den Aufbau von Wohlstand ernsthaft schaden können. Wenn Sie sich von den Verheißungen von schnellem Reichtum verführen lassen und sich entschließen, 50 Prozent Ihres Vermögens aufs Spiel zu setzen, und Sie dann einen großen Teil davon verlieren, müssen Sie möglicherweise jahrelang arbeiten, um diese Verluste wieder auszugleichen.

Wenn Sie merken, dass Sie anfangen, sich mit anderen zu vergleichen, probieren Sie einen mentalen Trick aus, den Seneca seinem Freund Lucilius in einem seiner Briefe an ihn darlegte. Seneca rät davon ab, die Menschen zu betrachten, die vielleicht besser, klüger oder erfolgreicher sind als man selbst. Stattdessen empfiehlt er: »Rufe Dir daher, Lucilius, dann und wann in Erinnerung, wie viel Du erreicht hast; wenn Du hinschaust, wie viele Dir voran sind, denke daran, wie viele hinter Dir gehen.«[225]

Wenn Sie darauf bestehen, sich mit anderen zu vergleichen, dann vergleichen Sie sich mit allen Menschen – nicht nur mit den besonders Erfolgreichen. Wo Sie im Leben auch stehen, es gibt immer Menschen, die manche Dinge nicht haben, die Sie haben. Diese Erkenntnis wird Sie daran erinnern, zu schätzen, was Sie haben und was Sie bereits vollbracht haben.

3. SETZEN SIE SICH FINANZIELLE ZIELE, DIE SIE SELBST KONTROLLIEREN KÖNNEN

Mohnish Pabrai ist dafür bekannt, dass er nur wenige Aktien in seinem Portfolio hat. Im Jahr 2023 besaß er nur vier Positionen, von denen Micron Technology 77 Prozent seines gesamten Portfolios ausmachte.[226]

Er ist sehr wählerisch beim Kauf von Aktien, und wenn er kauft, dann investiert er große Summen. Pabrais Investitionsprozess dreht sich darum, sich Ziele zu setzen, die innerhalb seines Einflussbereichs liegen. Anstatt eine bestimmte Rendite anzustreben, konzentriert er sich auf die Zeit, die er für die Recherche aufwendet.

Wir müssen schonungslos ehrlich sein, was unsere Erwartungen an den Vermögensaufbau angeht. Es mag verlockend erscheinen, mit vierzig Jahren in Rente zu gehen, aber wenn wir in unseren Zwanzigern und Dreißigern nicht Hunderttausende von Dollar im Jahr verdienen, ist das nicht realistisch. Vor allem, wenn man bedenkt, dass die meisten Menschen in ihren Vierzigern und Fünfzigern mehr verdienen als vorher. Das sind die Jahre, in denen die meisten Menschen ihr höchstes Einkommen erzielen.

Wir müssen uns anschauen, wie viel wir zu einem bestimmten Zeitpunkt verdienen und wie viel wir realistischerweise für Investitionen beiseitelegen können. Anstatt in Geldbeträgen zu denken, wie zum Beispiel »Ich möchte 20 000 Dollar im Jahr investieren«, ist es besser, sich auf Prozentsätze zu konzentrieren.

30 Prozent Ihres Nettoeinkommens zu sparen oder zu investieren, ist ein gutes Ziel. Den Rest können Sie für den täglichen Bedarf und zum Vergnügen ausgeben. In manchen Lebensabschnitten können wir nicht so viel sparen, vielleicht nur 10 Prozent. Wenn Sie auch keine 10 Prozent beiseitelegen können, erscheint es sinnvoll, Ihren Lebensstil etwas zurückzuschrauben und mehr zu sparen.

Wie auch immer Ihr finanzielles Ziel aussehen mag, konzentrieren Sie sich auf jene Aspekte des Investierens, die Sie beeinflussen können:

- **Nicht zweckgebundene Ausgaben:** Dies bezieht sich auf alle nicht lebensnotwendigen Ausgaben wie Freizeit und Unterhaltung.
- **Aufwand:** Die Menge an Zeit und Energie, die Sie für Ihre Arbeit und Ihre persönliche Ausbildung aufwenden. Je mehr Fähigkeiten Sie erwerben, desto mehr Wert haben Sie auf dem Markt zu bieten.
- **Beständigkeit:** Wir können uns dafür entscheiden, immer weiterzumachen und eine konstante Praxis des Sparens und Investierens beizubehalten, auch wenn es sich kurzfristig nicht zu lohnen scheint.

Juvenal sagte einmal: »Alle wollen Wissen besitzen, aber nur wenige sind bereit, den Preis dafür zu zahlen.«[227] Der Preis, den wir für eine Zukunft ohne finanzielle Sorgen zahlen, besteht darin, dass wir heute etwas Geld beiseitelegen. Das klingt für mich nicht nach einem schlechten Geschäft.

DENKEN SIE DARÜBER NACH …

Wenn du mit Mühe etwas Edles tust, so wird die Mühe vergehen, aber das Edle bleibt; wenn du etwas Schändliches mit Vergnügen tust, wird das Angenehme vergehen, aber die Schande bleibt.

Musonius Rufus[228]

Denken Sie daran, wie Sie einmal ein schwieriges Projekt abgebrochen oder den einfachen Weg gewählt haben, anstatt etwas Neues zu lernen. Wie haben Sie sich danach gefühlt? Wahrscheinlich ist es Ihnen nicht besonders gut gegangen.

Vergleichen Sie das mit einer Zeit, in der Sie etwas Wichtiges erreicht haben, das Arbeit und Anstrengung erforderte. Ein Projekt abschließen, einen Studienabschluss machen, ins Ausland ziehen, ein Unternehmen gründen, Kunst schaffen, ein Baumhaus für die Kinder bauen.

Das sind die Leistungen, auf die man auch im Nachhinein noch stolz ist. Das Gefühl der Erfüllung, das sich einstellt, wenn man etwas Schwieriges zu Ende gebracht hat, ist unvergleichlich. Konzentrieren Sie sich auf diese Aktivitäten und nicht auf die ersteren.

KAPITELZUSAMMENFASSUNG

- Die Umsetzung macht Sie wohlhabend, nicht Ihre Strategie. Viele Anleger sind ständig auf der Suche nach der perfekten Strategie, mit der sie mehr Geld verdienen können. Doch die perfekte Strategie gibt es nicht. Streben Sie stattdessen nach der perfekten Umsetzung einer guten Anlagestrategie.
- Konzentrieren Sie sich auf Ihr eigenes Tun. Die Leute werden immer damit prahlen, wie viel Geld sie mit Aktien verdient haben. Ignorieren Sie diese Geschichten. Das ist nur Lärm.
- Vergleichen Sie sich mit Leuten, die keine Anleger sind. Wenn Sie sich Menschen anschauen, die reicher sind als Sie, vergessen Sie nicht, auch Menschen zu betrachten, die weniger Vermögen haben.
- Setzen Sie sich finanzielle Ziele, die Sie erreichen können. Setzen Sie sich zum Ziel, jeden Monat einen bestimmten Prozentsatz Ihres Einkommens zu sparen oder zu investieren. Wenn Sie diesen Prozentsatz festgelegt haben, halten Sie ihn ein, so gut es geht.

Stoische Anlagetechniken

· 13 ·

Wie man mit dem Investieren in Aktien beginnt

Das Leben von Seneca war durch zwei Phasen gekennzeichnet. In der ersten Phase seines Lebens erhielt er seine Ausbildung, zog nach Rom, in die Hauptstadt des Abendlandes, und machte eine lange Karriere in der Politik. Die zweite Phase seines Lebens begann, als er 62 Jahre alt war und beschloss, sich aus dem hektischen römischen Leben zurückzuziehen. Zu diesem Zeitpunkt hatte er bereits ein beträchtliches Vermögen angehäuft, sodass er sich Reisen zu einigen der schönsten Orte des Römischen Reiches leisten konnte.

Auch wir sollten die gleiche Aufteilung anstreben. Widmen Sie die erste Phase Ihres Lebens der Ausbildung, dem Broterwerb und dem Aufbau von Wohlstand. Dieser Abschnitt wird oft als Phase des Vermögensaufbaus bezeichnet, an die sich die Phase des Ruhestands anschließt. Die meisten Finanzplaner sind sich einig, dass wir, je nachdem, ob wir uns in der Phase des Vermögensaufbaus oder in der Ruhestandsphase befinden, unterschiedlich investieren sollten. Es gibt kein genaues Alter, in dem man von einer Phase in die andere wechselt – man kann 62 Jahre alt sein wie Seneca oder auch jünger oder älter.

In diesem Kapitel gehe ich auf die stoische Anlagestrategie für die Phase des Vermögensaufbaus ein (im nächsten Kapitel werden wir uns mit der Ruhestandsphase befassen).

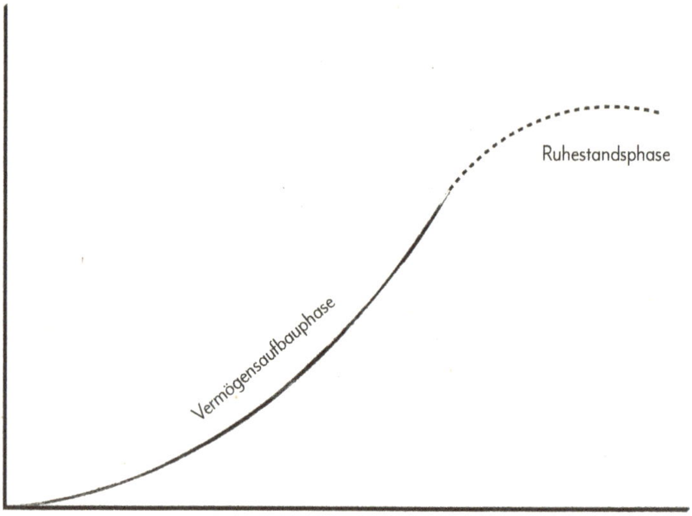

Abbildung 11: Die Vermögensaufbauphase umfasst den größten Teil unserer Lebenszeit. Wenn wir in den Ruhestand gehen, liegt der Fokus auf dem Geld, das wir haben; unser Geld zu vermehren steht nicht mehr im Vordergrund.

Wie man in der Vermögensaufbauphase investiert

Wir haben in diesem Buch viel Zeit auf die Philosophie verwendet, weil sie der Schlüssel zum Anlageerfolg ist. Aber wir müssen auch praktisch sein. Lassen Sie uns also zur Sache kommen. **Wenn das Investieren in Aktien etwas komplett Neues für Sie ist, sollten Sie zunächst einen Notfallkonto einrichten, bevor Sie anfangen.** Dies ist ein Geldbetrag, der beiseitegelegt und an einem risikofreien Ort aufbewahrt wird, idealerweise auf einem hochverzinslichen Sparkonto. Eine gute Faustregel für die Höhe dieses Betrags sind die Ausgaben, die im Laufe von sechs Monaten anfallen. Diese Summe hilft Ihnen, finanzielle Turbulenzen zu vermeiden, wenn Sie mit unerwarteten Situationen konfrontiert werden. Auf keinen Fall sollten Sie mit Geld, das Sie für Ihre Ausgaben und die Deckung Ihrer Lebenshaltungskosten benötigen, in Aktien investieren.

Als Nächstes müssen Sie entscheiden, in welche Anlagegüter Sie das Geld, das Sie für langfristige Investitionen beiseitelegen können, investieren sollten. Ich hoffe, dass ich diese Frage in diesem Buch bereits beantwortet habe. Wenn Sie in einen S&P 500 Indexfonds investieren, sind Sie direkt im breiten Aktienmarkt engagiert und profitieren vom Wachstum der Wirtschaft. Wenn die Wirtschaft wächst, wächst auch Ihr Aktienportfolio. Dies ist die perfekte Strategie für den Einstieg, weil sie fast keine Zeit in Anspruch nimmt. Später können Sie anspruchsvoller oder aktiver werden, wie Sie möchten. Zunächst aber sollten Sie sich nur darauf konzentrieren, damit *anzufangen*.

Hinsichtlich der Kapitalaufteilung empfehle ich Folgendes: Investieren Sie 100 Prozent in US-Aktien. Zumindest am Anfang. Sie brauchen Ihr Portfolio nicht zu diversifizieren, wenn Sie gerade erst anfangen, indem Sie internationale Aktien erwerben oder es durch die Beimischung anderer Anlageklassen komplizieren. Sie können es einfach halten, indem Sie das gesamte Geld, das Sie anlegen wollen, in einen S&P 500 Indexfonds stecken.

Meiden Sie Anleihen (sie haben eine niedrigere Rendite, mehr dazu im nächsten Kapitel). Vermeiden Sie den Kauf von Mietobjekten. Es kostet Zeit und Energie, und Immobilien haben sich in der Vergangenheit schlechter entwickelt als Aktien.[229] Das heißt nicht, dass Sie niemals in Anleihen oder Immobilien investieren sollten. Wenn die Umstände es erfordern, können Sie auch in andere Anlageklassen gehen.

Jetzt ist es an der Zeit, ein Broker- oder Altersvorsorgekonto zu eröffnen, damit Sie loslegen können. In den USA und zahlreichen anderen Ländern fördert der Staat die private Altersvorsorge, in der Regel über Steuerbefreiungen oder andere steuerliche Vergünstigungen. Der Beitrag, der auf ein Altersvorsorgekonto eingezahlt wird, kann zum Beispiel steuerlich absetzbar sein, das heißt, er wird von Ihrem Gehalt vor Steuern abgezogen, sodass Sie weniger Einkommensteuer zahlen.

Manchmal stocken auch die Arbeitgeber Ihre Beiträge bis zu einem bestimmten Betrag auf, was Ihrem Rentenkonto einen ordentlichen Schub gibt. Wenn Sie außerhalb der USA leben, sollten Sie prüfen, ob Ihr Land die Möglichkeit bietet, über Ihren Arbeitgeber steuerbegünstigt zu investieren.

Außerdem können Sie einen S&P 500 ETF (ich empfehle Vanguard, suchen Sie nach dem Tickersymbol VUSA, wenn Sie in Europa leben) auch über ein individuelles Brokerkonto kaufen. Der US-amerikanische Anbieter Interactive Brokers (IBKR) zum Beispiel ist ein solider Wertpapiermakler, der in über 200 Ländern zugänglich ist. Das ist auch der Broker, den ich benutze. Zudem gibt es in Deutschland und Europa mittlerweile ebenfalls eine Vielzahl etablierter Online-Broker. Die meisten modernen Broker bieten automatisierte Sparpläne an. In diesem Fall investieren Sie jeden Monat automatisch denselben Betrag.

Das Wichtigste ist, dass Sie Ihre Methode, in Aktien zu investieren, möglichst einfach halten, sodass es keine Ausreden mehr gibt. Ich versichere Ihnen, dass Sie jetzt genug wissen, um mit der Anlage in Aktien zu beginnen. Sie müssen sich nur noch die Frage stellen: »Mit wie viel?«

Wie viel Sie investieren sollten

In Kapitel 12 habe ich erwähnt, dass es ein sinnvolles Ziel ist, 30 Prozent Ihres Nettoeinkommens zu sparen. Wenn Sie nicht so viel beiseitelegen können, sollten Sie das Ziel nach unten korrigieren, mindestens jedoch 10 Prozent. Aber bedeutet das, dass alle Ihre Ersparnisse, abgesehen von Ihrem Notfallkonto, in den Aktienmarkt fließen sollten? Was ist, wenn Sie Geld für den Kauf eines Hauses oder ein Aufbaustudium sparen wollen? Sollten Sie Ihr gesamtes Erspartes in den Aktienmarkt stecken und es abheben, wenn Sie es brauchen?

Ich empfehle, während der gesamten Phase des Vermögensaufbaus kein Geld aus Ihrem Portfolio abzuziehen. Wenn Sie für eine größere Anschaffung oder ein Studium sparen wollen, nutzen Sie Ihr Sparkonto und investieren Sie weniger Geld in den Aktienmarkt. Nehmen wir an, Sie können 30 Prozent sparen, dann legen Sie 20 Prozent dieses Geldes auf Ihr Sparkonto, das Sie für größere Anschaffungen nutzen, und verwenden Sie 10 Prozent für den Kauf eines S&P 500 ETF. Auch wenn Sie nur kleine Summen investieren, lohnt es sich.

Bevor Sie glauben, Sie müssten jeden Monat Tausende von Dollar investieren, um im Ruhestand über Millionen zu verfügen, lassen Sie uns die Rechnung mit einem mittleren Haushaltseinkommen von 80 893 Dollar im Jahr machen.[230] Das Nettoeinkommen in diesem Fall würde etwa 57 000 Dollar betragen.[231] Gehen wir zudem von der durchschnittlichen jährlichen Rendite des S&P 500 seit 1980 von 11,44 Prozent aus.

- Eine Anlage von 10 Prozent pro Jahr oder 5700 Dollar über 30 Jahre ergibt 1 246 764,61 Dollar.
- Eine Anlage von 20 Prozent pro Jahr oder 11 400 Dollar über 30 Jahre ergibt 2 493 529,23 Dollar.
- Eine Anlage von 30 Prozent pro Jahr oder 17 100 Dollar über 30 Jahre ergibt 3 740 293,84 Dollar.[232]

Beachten Sie, dass diese Berechnung ohne Berücksichtigung der speziellen Regelungen für staatlich geförderte Altersvorsorgekonten erfolgt. Wenn Sie die gleichen Beträge in ein steuerlich begünstigtes Altersvorsorgekonto investieren, zahlen Sie weniger Steuern, was bedeutet, dass Ihr Nettoeinkommen höher ist. So oder so, alle oben genannten Optionen reichen aus, um in den Ruhestand zu gehen.

Die Frage ist: Wie komfortabel wollen Sie im Ruhestand leben? Wenn Sie es *wirklich* bequem haben wollen, müssen Sie die letzte Option nutzen. Es ist vielleicht nicht realistisch, 30 Prozent Ihres Einkommens zu investieren, wenn Sie in einer Lebensphase mit höheren Ausgaben leben, dennoch können Sie versuchen, *etwas* anzulegen. Schon mit einem geringeren Betrag können Sie im Laufe der Zeit ein beträchtliches Vermögen aufbauen.

Wenn Sie die Zeit nicht auf Ihrer Seite haben, müssen Sie mehr investieren. Wenn wir den Zeithorizont auf 15 Jahre verkürzen, müssen Sie etwa 32 000 Dollar im Jahr investieren. Da die meisten von uns in ihren Vierzigern und Fünfzigern mehr verdienen, ist das immer noch ein realistisches Ziel. Wir müssen vielleicht 30 bis 50 Prozent unseres Einkommens investieren. Es gibt Leute, die das bereits in ihren Zwanzigern tun, aber das ist nicht nötig. Das Leben ist zu kurz, um sich selbst allzu viel vorzuenthalten. Man sollte stets ein Gleichgewicht anstreben.

Und dann gibt es noch zwei weitere Faktoren, die sich ebenfalls positiv auf Ihre finanzielle Situation im späteren Leben auswirken können. Denken Sie an die folgenden Dinge in Bezug auf den Ruhestand:

- **Sie erhalten wahrscheinlich eine gesetzliche Rente.** So erhielt zum Beispiel ein durchschnittlicher US-Arbeitnehmer im Ruhestand im Jahr 2023 monatlich 1830 Dollar Rente.[233] Die Regierung sorgt dafür, dass die Zahlungen der Sozialversicherung mit der Inflation Schritt halten. In den letzten Jahren haben sie jedoch die Inflation übertroffen. So erhielten Arbeitnehmer im Ruhestand im Jahr 2010 1164 Dollar im Monat.[234] Im Jahr 2023 bekamen die Rentner 57 Prozent mehr als 2010, während die Verbraucherpreise in diesem Zeitraum um 38 Prozent stiegen.[235]

- **Sie haben mittlerweile vielleicht Ihre Hypothek abbezahlt und haben nun niedrigere Lebenshaltungskosten.** Im Jahr 2022 lebten 66 Prozent der US-Haushalte in einem Haus, das ihnen gehörte.[236] Viele Leute gehen heute davon aus, dass es für die jüngere Generation schwieriger sein werde, Immobilieneigentum zu erwerben, doch die Daten bestätigen dies nicht. Im Jahr 2022 besaßen in den USA rund 30 Prozent der 25-Jährigen, die der Gen Z (geboren zwischen 1997 und 2013) angehören, ein Eigenheim. Dieser Prozentsatz ist etwas höher als jener der Millennials (geboren zwischen 1981 und 1996), die auf 28 Prozent kommen, und der Generation X (geboren zwischen 1965 und 1980), bei denen der Anteil der Immobilieneigentümer 27 Prozent beträgt.[237] Nun ist der Erwerb eines Eigenheims und dessen Selbstnutzung kein Ersatz für die Investition in Aktien. Von einer Wertsteigerung der Immobilie können Sie erst dann profitieren, wenn Sie Ihr Haus oder Ihre Wohnung zu einem höheren Preis verkaufen. Aber der Kauf und Verkauf einer Immobilie ist stets mit Kosten verbunden, die Ihre potenzielle Rendite vermindern. Aus diesen Gründen ist es am besten, Wohneigentum als eine langfristige Verpflichtung zu betrachten, an einem bestimmten Ort zu leben, statt als eine Möglichkeit, Vermögen aufzubauen.

Auch wenn Sie eine eher niedrige Rente haben und Sie kein Eigenheim besitzen, ist das nicht unbedingt ein Problem. Es ist vielmehr ein Grund mehr, warum Sie in den Aktienmarkt investieren sollten – um die Risiken zu mindern, die mit der Abhängigkeit von staatlicher Unterstützung und Wohneigentum verbunden sind. Sie investieren, weil Sie unabhängig sein wollen. Betrachten Sie also die Sozialversicherung und das Wohneigentum als einen Bonus, der den Ruhestand angenehmer machen könnte.

Brauchen Sie einen Finanzberater?

Wenn Sie sich für einen menschlichen Finanzberater oder einen Robo-Advisor entscheiden, müssen Sie diese Kosten berücksichtigen. Finanzberater verlangen in der Regel 1 Prozent oder mehr pro Jahr des verwalteten Vermögens. Die meisten Robo-Advisors berechnen zwischen 0,2 Prozent und 0,5 Prozent pro Jahr.

Ich glaube, dass ein menschlicher Finanzberater von Vorteil ist, wenn man ein siebenstelliges Vermögen besitzt oder über fünfzig Jahre alt ist. Wenn viel Geld auf dem Spiel steht oder man kurz vor dem Ruhestand ist, wird das Gefühl der Angst bei Börsenturbulenzen oder in einem Bärenmarkt um das Zigfache verstärkt. In solchen Momenten kann Ihr Finanzberater das 1 Prozent wert sein, das er normalerweise verlangt.

Wenn der Markt crasht und Ihnen der Gedanke durch den Kopf schießt: »Oh nein! Ich habe 300 000 Dollar verloren. Wie soll ich da jemals wieder rauskommen?! Ich muss den Aderlass stoppen«, können Sie jemanden gebrauchen, der Sie daran erinnert, dass Verluste nur dann dauerhaft sind, wenn Sie verkaufen.

Diese Art von emotionaler Unterstützung ist etwas, das ein Robo-Advisor oder Ihr Online-Broker nicht bieten kann. Diese Plattformen führen lediglich die Aufträge aus, die Sie ihnen erteilen. Ihr menschlicher Berater wird sich die Zeit nehmen, mit Ihnen zu sprechen, bevor Sie eine Entscheidung treffen.

Aber wenn Sie sich in der Hauptphase Ihres Vermögensaufbaus befinden, müssen Sie die Kosten gering halten. Außerdem sind Sie vielleicht zu sehr mit Ihrem Leben beschäftigt, um über den Verkauf Ihrer Aktien nachzudenken.

Wenn Sie kein Anlageexperte sind, aber jeden Tag auf den Markt schauen, dann machen Sie etwas falsch. Genießen Sie das Leben! Bauen Sie Ihre Karriere auf. Gründen Sie eine Familie. Verbringen Sie Zeit mit Ihren Freunden. Und investieren Sie nebenbei weiter.

KAPITELZUSAMMENFASSUNG

- Investieren Sie in der Vermögensaufbauphase zu 100 Prozent in Aktien. Diese Strategie weist das beste Verhältnis zwischen Risiko und Ertrag auf. Und sie erfordert nicht viel Zeit.
- Investieren Sie mindestens 10 Prozent Ihres Nettoeinkommens, idealerweise 30 Prozent. Finden Sie den für Sie idealen Wert, indem Sie sich Ihren Lebensstil anschauen. Wenn Sie mehrere Jahre lang nicht viel anlegen können, investieren Sie in den Folgejahren mehr.
- Berauben Sie sich nicht selbst. Wenn Sie dreißig Jahre lang »nur« 5700 Dollar pro Jahr investieren, werden Sie immer noch zum Millionär, solange die durchschnittliche jährliche Rendite des S&P 500 weiterhin bei 11,44 Prozent bleibt.
- Vermeiden Sie hohe Gebühren. Geringe Kosten, die über Jahrzehnte hinweg anfallen, führen zu riesigen Geldbeträgen an entgangener Rendite. Achten Sie daher sorgfältig auf Ihre Kosten und Gebühren.

· 14 ·

In den Ruhestand gehen wie ein Stoiker

Die gängige Meinung ist, dass man im Ruhestand mehr in Anleihen als in Aktien investiert sein sollte. Der Gedanke dahinter ist, dass Anleihen sicherer sind und in der Regel eine Rendite in Höhe der Inflation oder leicht darüber bieten. Anleihen sollten Ihnen daher helfen, Ihr Vermögen im Ruhestand zu erhalten.

Von 1928 bis 2022 erzielten US-Staatsanleihen eine durchschnittliche jährliche Rendite von 4,87 Prozent. Der Aktienmarkt brachte im gleichen Zeitraum durchschnittlich rund 10 Prozent im Jahr.[238] Wenn Sie in Anleihen investieren, verzichten Sie also auf etwa 5 Prozent der Rendite und haben somit eine geringere Volatilität. Darauf läuft es letztlich hinaus: Anleihen schwanken nicht so heftig wie der Aktienmarkt.

Aber als stoischer Anleger können Sie die Volatilität des Aktienmarktes auch im Ruhestand in Kauf nehmen. Schließlich ist die Volatilität der Preis, den Sie für potenziell höhere Renditen zahlen. Wenn Sie nur Anleihen besitzen, sind Sie nicht unbedingt sicherer, und Sie werden nicht viel Vermögen anhäufen. Denken Sie an Ihre Sicherheitsmarge, wenn es um Ihre Rendite und die Inflation geht.

Bei einer Inflationsrate von 3 Prozent beträgt Ihre Sicherheitsmarge bei Aktien 7 Prozent und bei Anleihen nur 1,87 Prozent. Das erscheint mir nicht unbedingt sicher, vor allem, wenn die Inflation höher ist.

Dies ist der Grund, warum Aktien besser abschneiden als Anleihen: Wenn jemand eine Anleihe kauft, leiht er dem Emittenten der Anleihe Geld, unabhängig davon, ob es sich um eine Regierung, ein Unternehmen oder eine andere Institution handelt. Im Gegenzug erhält der Anleihegläubiger Zinszahlungen und das Versprechen, dass der Kapitalbetrag zu einem zukünftigen Zeitpunkt, dem Fälligkeitstermin der Anleihe, zurückgezahlt wird. Als Kreditgeber hat der Anleihegläubiger somit mehr Sicherheit als ein Aktionär oder Eigentümer, weil er einen rechtlichen Vertrag hat, der ihm die Rückzahlung des Kapitalbetrags garantiert.

Im Gegensatz zu Aktionären erhalten Anleihegläubiger jedoch keinen Anteil am Gewinn oder Dividenden, wenn ein Unternehmen gut abschneidet. Als Anleihegläubiger kommt man nie in den Genuss der Vorteile des Wirtschaftswachstums. Als Aktionär hingegen genießt man alle diese Vorteile, aber im Gegenzug ist dafür auch die Volatilität größer. Das heißt aber nicht unbedingt, dass Sie dadurch ein sehr viel höheres Risiko eingehen. Denn wenn ein Unternehmen pleitegeht und Sie Anleihen dieses Unternehmens besitzen, besteht immer auch die Möglichkeit, dass Sie nicht Ihr ganzes Geld zurückbekommen.

Aus diesen Gründen ist ein Engagement in Aktien immer noch besser für den Erhalt und den Aufbau von Vermögen im Ruhestand, weil es einfach deutlich bessere Renditen bei etwas höherem Risiko bietet. Wenn Sie eine geringere Volatilität wünschen, sollten Sie sich für ein 60/40-Portfolio entscheiden, bei dem Sie 60 Prozent Ihres Geldes in Aktien und 40 Prozent in Anleihen anlegen.

Wie und wann Sie Geld abheben

Wenn es um die Entnahmeraten geht, also den Betrag, den Sie im Ruhestand jedes Jahr durch Verkauf von Anteilen vom Anlagekonto abziehen, um damit Ihren Lebensunterhalt zu bestreiten, sprechen Finanzexperten oft von der »X-Prozent-Regel«. Am häufigsten werden 4 Prozent empfohlen.[239] Aber Entnahmeraten sollten nicht starr festgelegt sein – sie sollten wie das Leben sein, nämlich fließend. Wer sich strikt an die 4-Prozent-Regel hält, wird sich selbst wehtun, wenn er in einem Jahr tatsächlich 6 Prozent abziehen müsste. Auf der anderen Seite kann es passieren, dass er Geld abzieht, das er nicht braucht, wenn er in einem anderen Jahr nur 2 Prozent benötigt.

Es ist wichtig, im Ruhestand flexibel zu bleiben. Seneca hat es treffend ausgedrückt: »Wir müssen uns aber auch eine gewisse Fügsamkeit nach *der* Seite hin aneignen, dass wir uns nicht gar zu sehr auf das versteifen, was wir uns vorgenommen haben.«[240] Wichtig für den Ruhestand ist Folgendes:

- Berechnen Sie, wie viel Geld Sie jeden Monat brauchen.
- Berücksichtigen Sie dabei die Rentenzahlungen oder andere Einkünfte, die Sie im Ruhestand möglicherweise noch haben.
- Heben Sie *jeden Monat* das zusätzlich benötigte Geld von Ihrem individuellen Altersvorsorgekonto ab (heben Sie nicht die Ausgaben eines ganzen Jahres ab).
- Wenn Sie beispielsweise 3000 Dollar pro Monat benötigen, verkaufen Sie an jedem ersten Werktag des Monats Aktien für diesen Betrag.
- Behalten Sie die Rücklage, welche die Ausgaben für sechs Monate abdeckt, auf einem speziellen Sparkonto, um Notverkäufe Ihrer Aktien zu vermeiden.
- Es spricht nichts dagegen, in einem Jahr 6 Prozent abzuhe-

ben, wenn der Aktienmarkt um 10 Prozent steigt. Es ist auch in Ordnung, wenn Sie in einem Jahr, in dem die Aktienkurse fallen, nur 3 bis 4 Prozent abheben.

Mit Ihrem Wissen über den Aktienmarkt und die Funktionsweise von Investitionen können Sie Ihre Entnahmerate an die jeweiligen Marktbedingungen anpassen. Vermeiden Sie es jedoch, zu viel Zeit und Energie auf Diversifizierung oder Risikominimierung zu verwenden. Es lohnt sich einfach nicht, die gleiche Rendite bei geringerer Volatilität zu erzielen. Ihr Vorteil als stoischer Anleger ist, dass Sie gegen Volatilität immun sind.

Vermeiden Sie es, in der Zukunft zu leben

Einer der Hauptgründe für Kummer im Leben ist, wenn man eines Tages nach dem Aufwachen denkt: »Warum habe ich all die Dinge, die ich früher in meinem Leben machen wollte, nicht gemacht?« Das ist etwas, das ich bei allen Mitgliedern meiner Familie erlebt habe, als sie in das sechste Lebensjahrzehnt eintraten.

Wie Seneca sagt: »Wie oft vernimmt man die Äußerung: ›Mit dem fünfzigsten Jahre begebe ich mich in den Ruhestand, mit dem sechzigsten mach' ich mich frei von aller amtlichen Tätigkeit‹. Und wer leistet dir Bürgschaft für ein längeres Leben?«[241]

Sie können sparen, investieren und planen, so viel Sie wollen, aber Sie haben keine Garantie für ein langes Leben. Führen Sie ein verantwortungsbewusstes Leben. Haben Sie die Zukunft im Blick, aber leben Sie heute. Für die meisten von uns ist das Gegenteil der Fall. Wir leben gedanklich in der Zukunft und schenken daher der Gegenwart zu wenig Aufmerksamkeit. Wir sagen uns, dass wir den Genuss aufschieben sollen, bis wir ein bestimmtes Gehalt beziehen, befördert werden, einen Abschluss machen, die Liebe finden und so weiter.

Die meisten Menschen sind erst dann bereit zu leben, »wenn man aufhören muss«, wie Seneca so schön sagte.[242] Wenn sie dem Tod ins Auge blicken, erkennen sie, dass das Leben kurz ist. Vergessen Sie auf Ihrem Weg durchs Leben nie, dass die Zukunft nicht garantiert ist. Halten Sie an Ihren Plänen fest. Aber warten Sie nie auf den perfekten Moment in der Zukunft, um mit dem Leben anzufangen. Das Leben findet genau hier statt. Genau jetzt.

KAPITELZUSAMMENFASSUNG

- Wenn Sie im Ruhestand eine maximale Rendite erzielen wollen, sollten Sie zu 100 Prozent in Aktien investiert bleiben. Als stoischer Anleger sind Sie an das Auf und Ab des Marktes gewöhnt. Wenn Sie möglichst hohe Renditen erzielen wollen, ohne ein übermäßiges Risiko einzugehen, bleiben Sie auf Kurs.
- Als defensiver eingestellter Ruheständler sollten Sie 60 Prozent in Aktien und 40 Prozent in Anleihen anlegen. Mit diesem Portfolio wird Ihre Rendite zwar geringer sein, aber Sie können mit Marktschwankungen gelassener umgehen.
- Ziehen Sie jeden Monat den Betrag ab, den Sie zum Leben benötigen. Vermeiden Sie es, gleich die Ausgaben eines ganzen Jahres durch Aktienverkäufe zu decken.
- Während Ihr Anlageplan läuft, denken Sie nicht zu oft an den Ruhestand. Wenn Sie jeden Monat konsequent sparen und investieren, wissen Sie, dass Sie ein erkleckliches Vermögen erwartet, wenn Sie in Rente gehen.

· 15 ·

Die 90/10-Regel des Spekulierens

Die meisten Bücher über passives Investieren und persönliche Finanzen sprechen sich entschieden gegen den privaten Handel mit Einzelaktien aus. Sie argumentieren, dass dies nicht sinnvoll sei, weil die meisten Trader und Hedgefonds-Manager den Markt nicht schlagen können. Daraus leiten sie die Schlussfolgerung ab, dass überhaupt niemand besser abschneiden könne als der Markt. Das stimmt natürlich nicht. Gleichwohl ist es enorm schwierig und zeitaufwendig, den Markt zu übertreffen. Das ist ja auch der Grund, warum ich in diesem Buch eine einfache Anlagestrategie vorschlage.

Aber wenn Sie neugierig auf den aktiven Handel sind und sich engagieren, können Sie Gewinne erzielen. Nur weil die Chancen gegen Sie stehen, heißt das nicht, dass Sie es grundsätzlich nicht schaffen können. Wie Mark Aurel sagte: »Denke nicht, wenn etwas dir schwer ankommt, dass es nicht menschenmöglich sei! Vielmehr, wenn etwas für einen Menschen möglich und angemessen ist, so glaube, es sei auch für dich erreichbar.«[243]

Seit ich die Börse entdeckt habe, liebe ich die Idee des aktiven Handelns. Als ich älter wurde und mich selbst besser kennenlernte, stellte ich fest, dass ich nicht besonders risikofreudig bin, also betreibe ich meine Handelsgeschäfte nur in begrenztem Rahmen. Ich halte mich an die 90/10-Regel des Spekulierens:

Begrenze deine Verluste, indem du nur mit 10 Prozent deines gesamten Aktienportfolios spekulierst.

Diese Regel erlaubt es mir, risikoreichere Geschäfte zu tätigen, stellt aber sicher, dass ich dabei nie zu weit gehe. Von jedem Dollar, den ich in den Aktienmarkt investiere, lege ich 90 Cent im S&P 500 Index an. Dieses Geld fließt in den Markt und bleibt dort für lange Zeit. Die übrigen 10 Cent verwende ich zum Spekulieren. Vielleicht mache ich aus den 10 Cent 20 Cent, vielleicht verliere ich auch alles. Mit beiden Ergebnissen kann ich leben.

Denken Sie daran, dass Trading und Investieren zwei unterschiedliche Disziplinen sind. Ein guter Trader ist oft kein guter langfristiger Investor, weil er andere Fähigkeiten braucht. Umgekehrt gilt das Gleiche. Das heißt aber nicht, dass Investoren nie kurzfristige Trades tätigen und umgekehrt.

Selbst der berühmteste langfristige Investor, Warren Buffett, handelt gelegentlich kurzfristig mit Aktien. Grundsätzlich kauft Buffett Aktien, die er für lange Zeit halten will, manchmal macht er aber auch kurzfristige Geschäfte. So erwarb Berkshire Hathaway im Jahr 2020 Aktien des Goldminenunternehmens Barrick Gold[244] und verkaufte die Papiere sechs Monate später zum fast gleichen Preis,[245] womit er knapp die Gewinnzone erreichte.

Die Position machte nur verschwindend kleine 0,064 Prozent des Gesamtvermögens von Berkshire aus,[246] sodass das Risiko minimal war.[247] Da wir als Privatanleger nicht über Milliarden von Dollar verfügen, müssen wir einen höheren Prozentsatz für kurzfristiges Trading aufwenden, wenn es sich für uns lohnen soll.

Wenn Sie mit 50 Prozent Ihrer Ersparnisse handeln und alles verlieren, müssen Sie Ihren Lebensstil ändern. Sie werden weniger finanzielle Sicherheit haben, und das wirkt sich auf Ihre Lebensweise aus. Wenn Sie mit 1 Prozent Ihrer Ersparnisse spekulieren und diese verlieren, geht es Ihnen weiterhin gut. Aber selbst wenn Sie eine Rendite von 100 Prozent erzielen, ist das zusätzliche Geld, das Sie verdienen, relativ gesehen keine Riesensumme.

Nehmen wir an, Sie haben 100 000 Dollar und spekulieren mit 1000 Dollar. Eine Rendite von 20 Prozent bringt Ihnen 200 Dollar, was zwar schön ist, aber nur 0,2 Prozent Ihres Gesamtportfolios ausmacht. Wenn Sie mit 10 000 Dollar spekulieren und dieselbe Rendite erzielen, haben Sie 2000 Dollar verdient, sodass sich Ihr Aufwand lohnt. Vergessen Sie aber nicht, dass die Erzielung einer solchen Rendite viel Zeit und Energie erfordert.

Wenn Sie nicht mit größeren Beträgen spekulieren (die immer noch klein genug sind, dass Ihnen ein Verlust nicht allzu wehtut), lohnt sich der Zeitaufwand einfach nicht. Wenn Sie also mit Aktien Trading betreiben wollen, aber weniger als 10 000 Dollar zur Verfügung haben, ist Ihre Zeit dafür nicht gut investiert. Es ist erst sinnvoll, wenn die möglichen Erträge höher sind als das, was Sie in Ihrem Job verdienen.

So oder so: Die 90/10-Regel ist die verantwortungsvollste und »stoischste« Herangehensweise an Spekulationen. Sie begrenzen Ihre potenziellen Verluste, und Ihre potenziellen Gewinne sind es wert, dass Sie Zeit dafür aufwenden.

In den letzten zehn Jahren habe ich mich mit den erfolgreichsten Börsenhändlern wie Jesse Livermore, Stanley Druckenmiller, George Soros, Paul Tudor Jones, Richard Dennis, Sir John Templeton, Martin S. Schwartz und vielen anderen beschäftigt. Ausgehend von ihren Ergebnissen und Ideen habe ich fünf Grundsätze des erfolgreichen kurzfristigen Börsenhandels herausgearbeitet.

Grundregel 1: Handeln Sie unregelmäßig

Die besten Trader der Geschichte waren keine Daytrader. Stattdessen haben sie jedes Jahr mehrere erfolgreiche Geschäfte getätigt. Manchmal haben sie sich vom Trading ganz ferngehalten, wenn der Markt gegen sie lief. Und manchmal handelten sie intensiver, weil sie mehr Möglichkeiten sahen.

Insgesamt ist es ein Irrglaube, dass erfolgreiche Trader jeden Tag eine Vielzahl von Geschäften tätigen. Wie Jesse Livermore sagte: »Man kann nicht jeden Tag oder jede Woche im Jahr mit dem Trading Geld verdienen.«[248]

Das meiste Geld verdienen Händler, die kaufen, wenn der Markt aus einer Korrektur oder einem Tiefpunkt herauskommt. In seinem Buch *Devil Take The Hindmost* schreibt der Wirtschaftshistoriker Edward Chancellor darüber, wie einige der frühen Händler in den 1860er-Jahren Geld verdienten, indem sie die »Panikvögel-Strategie« verfolgten:

»Einige Spekulanten, die als ›Panikvögel‹ bekannt waren, gingen erst dann in den Markt, als die Preise abgestürzt waren und das Geld knapp wurde; sie kauften vorsichtig, sicherten ihre Anlagen ab und hielten sich von der Wall Street fern, bis das nächste Unglück kam.«[249]

In ähnlicher Weise erzielten die Händler, die nach der Finanzkrise von 2008 in Aktien investierten, große Gewinne. Aber wie Chancellor warnt, waren diese Nutznießer einer Panik ein »seltener Menschenschlag«. Es erfordert viel Disziplin und Geduld, nur dann zu handeln, wenn sich außergewöhnliche Chancen bieten.

Grundregel 2: Begrenzen Sie Ihre Verluste auf 10 Prozent

Da der Aktienhandel ein komplexes Unterfangen ist, ist es wahrscheinlich, dass ein Händler mehr Verlustgeschäfte als Gewinntrades macht. Die guten Händler erzielen einfach hohe Gewinne, wenn sie sich richtig positioniert haben, und begrenzen ihre Verluste, wenn sie falschliegen.

Erfolgreiche Händler halten ihre Verluste in Grenzen, um ihre Konten nicht zu sprengen. Ein guter Händler hat keine Angst, sich zu irren. Wenn Sie als kurzfristiger Trader einen Vermögenswert kaufen, erwarten Sie, dass er steigt. Wenn dies nicht in absehbarer Zeit geschieht, etwa innerhalb von zwei Wochen, haben Sie sich geirrt. Ein guter Händler gibt schnell zu, dass er falschliegt, und steigt aus.

Das geht am besten, indem man sich schon, bevor man ein Geschäft eingeht, überlegt, wann man daraus aussteigen möchte. Eine gängige Verlustschwelle liegt bei 10 Prozent.[250] Wenn Sie eine Aktie kaufen, können Sie umgehend einen Stop-Loss-Auftrag bei 10 Prozent erteilen.

Das ist ein Auftrag, der nur ausgeführt wird, wenn die Aktie unter ein bestimmtes Kurslimit fällt. Angenommen, Sie kaufen eine Aktie zu einem Kurs von 100 Dollar und möchten Ihren Verlust auf 10 Prozent begrenzen, dann geben Sie einen Stop-Loss-Auftrag bei 90 Dollar pro Aktie ein. Fällt der Kurs des Papiers auf 90 Dollar oder darunter, wird der Stop-Loss-Auftrag ausgelöst und die Aktie automatisch zum aktuellen Marktpreis verkauft.

Grundregel 3: Niemals runtermitteln

Wenn Sie die vorherige Grundregel ignorieren, werden Sie möglicherweise dazu verleitet, auf Ihre falsche Entscheidung noch eins draufzusetzen. Das nennt man Durchschnittsbildung, und es ist eine Form von Selbstbetrug. Einem Trader, der eine Aktie zu 100 Dollar in der festen Erwartung kauft, dass sie auf 130 Dollar steigen wird, fällt es möglicherweise schwer, aus dem Geschäft auszusteigen, wenn der Kurs sinkt. Es kann sogar sein, dass er in diesem Fall nachzukaufen erwägt. Denn wenn Ihnen eine Aktie bei 100 Dollar gefällt, dürften Sie sie bei 80 Dollar lieben – der Markt gewährt Ihnen einen vorübergehenden Preisnachlass.

Aber so sollte ein langfristiger Anleger denken, nicht ein Trader. Wenn Sie mit Aktien handeln, steigen Sie aus, wenn die Aktie in die andere anstatt in die von Ihnen erwartete oder erhoffte Richtung geht. Die Selbsttäuschung sieht folgendermaßen aus:

Nehmen wir an, Sie kaufen eine Aktie für 100 Dollar und sie fällt auf 80 Dollar. Sie ignorieren Grundregel 2 und kaufen eine weitere Aktie zu 80 Dollar, was Ihre durchschnittlichen Kosten pro Aktie auf 90 Dollar senkt. Toll, Sie werden eine bessere Rendite erzielen, wenn das Papier von 90 auf 130 Dollar steigt. Aber das ist eine falsche Annahme. Wie jeder Trader und Anleger früher oder später anerkennen muss, macht der Markt, was er will. Die 80-Dollar-Aktie könnte auf 200 Dollar steigen, aber sie könnte auch auf 20 Dollar fallen. Wollen Sie Letzteres riskieren? Begrenzen Sie Ihre Verluste, bevor diese außer Kontrolle geraten.

Grundregel 4: Kaufen Sie keine allgemein beliebten Werte

Wenn in der Mittagspause am Arbeitsplatz, in der Schule oder auf Geburtstagsfeiern über bestimmte Aktien oder Vermögenswerte gesprochen wird, ist es zu spät zum Kaufen. Die Aktienkurse folgen gewöhnlich einem bestimmten Zyklus:

1. **Unbekanntheit:** Wenn nur ein kleiner Kreis von einem neuen Trend, einer aufkommenden Technologie oder einem schnell wachsenden Unternehmen weiß.
2. **Aufmerksamkeit:** Der Moment, in dem aufmerksame Investoren davon erfahren und anfangen, kräftig zu kaufen. Auch einige Finanzdienstleister greifen den Trend auf.
3. **Euphorie:** In den großen Zeitungen, in Börsensendern und den sozialen Medien wird über den starken Anstieg eines bestimmten Vermögenswerts gesprochen. Dies ist der Zeitpunkt, an dem Nicht-Investoren neugierig werden und ebenfalls anfangen zu kaufen. Dies ist aber auch der Zeitpunkt, an dem ernsthafte Anleger damit beginnen, ihre Positionen abzustoßen.
4. **Kollaps:** Ohne die seriösen Investoren bricht die Nachfrage nach dem betreffenden Vermögenswert zusammen, und die Späteinsteiger bleiben auf ihren Verlusten sitzen.

Es erscheint als eine gute Idee, in den Phasen 1 und 2 zu kaufen, aber in Wirklichkeit passiert das vielleicht nur ein paar Mal im Leben eines professionellen Anlegers. Es ist besser, wenn Sie versuchen, Käufe am Ende von Phase 3 zu vermeiden. Das ist dann der Fall, wenn bekannte Medien wie die *New York Times* oder CNBC ein Thema aufgreifen oder wenn Ihre Freunde, die keine Investoren sind, über eine bestimmte Aktie oder einen

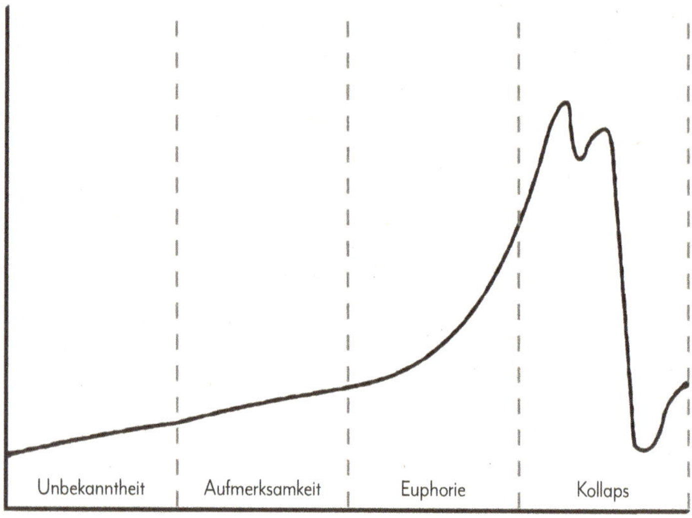

Abbildung 12: Die Kurse neuer und beliebter Aktien folgen einem bestimmten Muster, das auf der allgemeinen Marktpsychologie beruht.

Vermögenswert sprechen. Aber durch Ihre eigenen Recherchen und das Screening von Aktien könnten Sie in der späten Phase 2 oder *frühen* Phase 3 auf Gelegenheiten stoßen, wo es noch nicht zu spät ist, Gewinne zu erzielen. Steigen Sie in diesen Fällen einfach aus, wenn Sie deutlich im Plus liegen.

Grundregel 5: 20 Prozent Gewinn sind genug

Die größte Gefahr für einen Trader besteht darin, dass er zu gierig wird. Als ich mit dem Aktienhandel begann, lag ich oft 30 Prozent oder mehr im Plus. Aber ich dachte immer: »Was ist, wenn der Kurs weiter steigt und ich weitere Gewinne verpasse?«

Unweigerlich ging die Aktie dann zurück, und ich redete mir ein, dass dies nur vorübergehend sei, und hielt die Aktie. Die Aktie fiel weiter. Schließlich, viel zu spät, verkaufte ich sie mit Verlust. Aus diesem Grund ist das Aktientrading so nervenaufreibend. Man denkt: »Was ist denn hier los? Ich war schon 30 Prozent im Plus und jetzt liege ich 30 Prozent im Minus?«

So schnell bewegt sich der Markt. Wenn Sie ein ernsthafter Trader sein wollen, brauchen Sie eine Strategie für Gewinnmitnahmen. Verpassen Sie meist die Tenbagger? Natürlich. Aber zumindest verdienen Sie Geld und vermeiden dabei größere Verluste.

Sobald ich bei einem Trade Erträge von mehr als 20 Prozent habe, verkaufe ich die Aktie sofort, wenn ich nicht darauf vertraue, dass der Kurs weiter steigt. Wenn ich das Gefühl habe, dass die Aktie noch mehr Aufwärtspotenzial hat, arbeite ich mit einem »Trailing-Stop-Loss«, um meinen Gewinn zu schützen, während der Kurs weiter steigt. Der Unterschied zu einem regulären Stop-Loss-Auftrag besteht darin, dass ein Trailing-Auftrag den Stop-Loss-Preis automatisch anpasst, wenn der Kurs weiter steigt. Wenn Sie zum Beispiel eine Aktie zu 100 Dollar gekauft haben und der Kurs auf 140 Dollar steigt, können Sie dreierlei tun:

1. Sie verkaufen die Aktie bei 140 Dollar und nehmen 40 Prozent Gewinn mit.
2. Sie behalten die Aktie und setzen einen Stop-Loss bei 120 Dollar, um Ihren Gewinn von 20 Prozent zu sichern und gleichzeitig der Aktie Spielraum nach oben zu geben.
3. Sie legen einen Trailing-Stop-Loss bei 10 Prozent fest, um zu sehen, ob die Aktie noch weiter steigt, stellen aber gleichzeitig sicher, dass Sie nicht weniger als 20 Prozent Gewinn erzielen.

Wenn Ihre Aktie auf 140 Dollar klettert, bedeutet Ihr Trailing-Stop-Loss von 10 Prozent, dass die Aktie bei 126 Dollar verkauft wird. Wenn der Kurs auf 150 Dollar steigt, liegt der Trailing-Stop bei 135 Dollar. Mit dieser Marge von 10 Prozent folgen Sie dem Marktpreis, was bedeutet, dass Sie letztlich mehr Geld verdienen können. Mit dieser Strategie können Sie vermeiden, dass Sie sich ärgern müssen, wenn Sie eine Aktie verkauft haben, die danach noch weiter nach oben strebt. Sie sollten sich immer auf den Gewinn konzentrieren, den Sie in Ihre Tasche gesteckt haben, und nicht auf den imaginären Profit, den Sie erhoffen oder über den Sie reden.

Ein Spiel der Disziplin, des Geschicks oder des Glücks

Der Aktienmarkt kann dreierlei sein: ein langfristiger Wohlstandsgenerator, ein Marktplatz oder ein Casino. Diese unterschiedlichen Erwartungen an den Markt bedeuten konkret Folgendes:

1. **Langfristiger Wohlstandsgenerator:** Sie wollen nicht viel Zeit für die Geldanlage aufwenden. Aber Sie möchten trotzdem Vermögen aufbauen. Daher brauchen Sie eine stoische Disziplin, um durch Höhen und Tiefen hindurch investiert zu bleiben.
2. **Ein Marktplatz:** Sie betrachten den Aktienmarkt als einen Ort, an dem Sie Waren kaufen und verkaufen. In gewisser Weise betreiben Sie Ihr Handelskonto wie ein Unternehmen. Ihre Produkte sind Vermögenswerte. Sie brauchen Kapital, um Ihr Geschäft zu betreiben. Und wie bei jedem anderen Geschäft auch brauchen Sie Geschick.
3. **Ein Casino:** Sie wollen keine Zeit oder Energie aufwenden, um etwas über den Aktienmarkt zu lernen. Sie wollen ein-

fach nur einen Versuch wagen. Vielleicht klappt es ja, und Sie werden reich.

Als Stoiker ist es wichtig, vollkommen ehrlich zu sich selbst zu sein. Wie ist Ihre Einstellung zur Börse? Wenn Sie auch nur einen leichten Hang zum Glücksspiel zeigen, indem Sie Aktien ohne Strategie kaufen und verkaufen, gestehen Sie es sich selbst ein. Machen Sie sich klar, dass Sie mit Aktien wahrscheinlich nie richtig Geld verdienen werden, genau wie ein Spieler, der nach Las Vegas geht.

Wenn Sie das Trading ernsthaft betreiben wollen und es gewissermaßen wie eine unternehmerische Tätigkeit betrachten, könnte es für Sie funktionieren. Auch wenn Sie nur mit 10 Prozent Ihres Geldes und relativ selten handeln wollen. Machen Sie es gut, oder lassen Sie es ganz bleiben.

Die Stoiker glaubten daran, dass man bei jeder Aufgabe sein Bestes geben sollte. Wie Mark Aurel sagte: »Jederzeit sei ernstlich darauf bedacht, als Römer und als Mann, die dir obliegenden Geschäfte mit gewissenhaftem und ungekünsteltem Ernst, mit warmer Menschenliebe, Freimut und Gerechtigkeit zu vollziehen und alle anderen Einbildungen von dir fernzuhalten.«[251]

Wenn Sie nicht vorhaben, das Trading ernsthaft zu betreiben, sollten Sie es ganz bleiben lassen. Nutzen Sie den Aktienmarkt einfach als Mittel zum langfristigen Vermögensaufbau, indem Sie die in diesem Buch dargelegte passive Anlagestrategie verfolgen.

KAPITELZUSAMMENFASSUNG

- Das kurzfristige Handeln mit Aktien ist etwas anderes als das langfristige Investieren in Aktien. Überlegen Sie es sich genau, bevor Sie mit dem Trading beginnen. Es ist eine Disziplin, die andere Fähigkeiten erfordert als das Investieren.
- Wenn Sie mit Aktien kurzfristig handeln wollen, müssen Sie diszipliniert sein. Eine Tradingstrategie kann nur dann erfolgreich sein, wenn Sie sich konsequent an sie halten. Andernfalls wird sie zu einem Weg, Geld zu verlieren.
- Seien Sie ernsthaft bestrebt, einen Gewinn zu erzielen. Wenn Sie beim Aktienhandel ständig Geld verlieren, sollten Sie Ihre Strategie überdenken oder aufgeben. Das Ziel des Tradings ist es, Geld zu verdienen.

Schlussbetrachtung

Seien Sie aus Granit

Es war einmal ein König, der die Fähigkeit besaß, alles, was er berührte, in Gold zu verwandeln. Nachdem er einem verirrten Satyr geholfen hatte, einer Figur aus der griechischen Mythologie, die gerne dem Vergnügen nachjagte und ein Anhänger von Dionysos war, dem Gott des Weines und der Ekstase, erhielt König Midas von Dionysos als Zeichen der Dankbarkeit ein Angebot. Dionysos sagte, er würde Midas jeden Wunsch erfüllen. Und Midas, gierig, wie er war, wünschte sich, dass sich alles, was er berührte, in Gold verwandelte.

Überglücklich ging Midas von dannen. Er begann, beliebige Gegenstände zu berühren, und genau wie er es sich gewünscht hatte, verwandelte sich alles in Gold. Schon bald merkte er, dass er die Sache nicht zur Gänze durchdacht hatte. Wie sollte der König jemals essen? Er wandte sich seiner Tochter zu, umarmte sie verzweifelt, und *puff!*, verwandelte sie sich in eine goldene Statue. Voller Reue ging er zurück zu Dionysos und flehte ihn an, seinen Wunsch rückgängig zu machen.

Ich habe die Geschichte in der Schule gehört. Damals wurde Midas noch als abschreckendes Beispiel verwendet, so wie es ursprünglich gedacht war. Aber heute wird die Geschichte in einer *positiven* Weise verwendet. Wenn jemand die Gabe des Midas besitzt, ist er gut im Geldverdienen.

Wenn Sie dem stoischen Weg zu dauerhaftem Wohlstand folgen, sollten Sie die Lektion von König Midas beherzigen: Das

Mehr führt nicht zur Freiheit. Die sozialen Medien machen uns neidisch auf die neuen Autos, die Häuser und die exotischen Urlaube anderer. Viele von uns haben das Gefühl, etwas zu verpassen, und glauben, dass alle anderen besser leben. Diese negativen Emotionen sind Ihr größter Feind, wenn Sie Vermögen aufbauen.

Um alles anwenden und umsetzen zu können, was wir in diesem Buch behandelt haben – und wir haben sehr viel behandelt –, müssen wir unser Leben lang stoisch bleiben, das heißt, wir müssen unsere Emotionen im Zaum halten. Wenn Sie nach dem stoischen Weg leben, werden Sie Ihren negativen Emotionen widerstehen und konsequent Ihren Weg gehen. Tun Sie das Folgende:

1. **Investieren Sie in sich selbst:** Mit Ihrem Wissen und Ihren Fähigkeiten werden Sie immer in der Lage sein, der Wirtschaft einen Wert zu bieten. Sie müssen nicht befürchten, lange Zeit ohne Einkommen zu sein.
2. **Akzeptieren Sie Verluste:** Wenn Sie wissen, wie man verliert und dennoch den finanziellen Ruin vermeidet, werden Sie Ihr Vermögen stets bewahren. Zudem ist der Umgang mit Verlusten die wichtigste Eigenschaft eines langfristigen Anlegers, denn so bleiben Sie dauerhaft im Spiel.
3. **Vermehren Sie Ihr Geld:** Lehnen Sie sich zurück, und lassen Sie Ihr Geld die Arbeit machen. Mit genügend Zeit wachsen Ihre kleinen Investitionen zu riesigen Summen heran. Genießen Sie Ihr Leben, und denken Sie stets daran, dass Sie immer reicher werden, solange Sie weiter investieren.

Das Schöne an diesem Weg ist, dass er für jeden von uns möglich ist. Ich bin der lebende Beweis dafür. Ich stamme aus einer Familie, die nichts hatte. Ich wuchs in einer kleinen Stadt auf. Ich war das einzige nicht-weiße Kind in meiner Klasse. Und ich könnte noch eine ganze Weile über die widrigen Umstände sprechen, mit denen ich zurechtkommen musste. Ich wette, Sie wüssten Ähnliches zu erzählen. Keiner von uns hat ein einfaches Leben. Ist das schlussendlich nicht der Grund, warum Sie dieses Buch lesen?

Sie wollen wohlhabend werden. Und Sie haben das Recht dazu. Sie müssen nicht von einem Monatslohn zum nächsten leben und sich darüber Sorgen machen, was Sie tun werden, wenn Sie vielleicht einmal Ihren Job verlieren. Es ist an der Zeit, sich aus diesem Muster zu befreien. Es ist an der Zeit, reich zu werden.

Folgen Sie dem Weg, den ich Ihnen in diesem Buch aufgezeigt habe. Glauben Sie mir, es funktioniert. Ich wache jeden Tag auf und denke nicht mehr über Geld nach. Ich mache einfach meine Arbeit und erfülle meine Pflichten mit einem Lächeln auf dem Gesicht. Ich tue das nicht, weil ich überaus wohlhabend wäre. Ich habe keine Angst um mein Geld, weil ich mir selbst vertraue. Der Stoizismus hat mir geholfen, starke Gewohnheiten zu entwickeln, die mich zu einem besseren Menschen und zu einem besseren Anleger machen. Ich lebe jeden Tag nach diesen Gewohnheiten. Deshalb habe ich auch keinen finanziellen Stress. Ich kann morgen mein ganzes Geld verlieren und habe dennoch keine Angst vor der Zukunft. Ich kenne den stoischen Weg zum Reichtum, der mich immer in die richtige Richtung führen wird.

Wenn Sie diesen Weg gehen, konzentrieren Sie sich auf Ihr Handeln. Vergessen Sie die Erfolgsgeschichten über millionenschwere Unternehmer in den sozialen Medien. Jeden Tag wird Ihr Stoischer Vorsprung größer. Sie werden trotz Rezessionen, Pandemien, Naturkatastrophen, Kriegen und all dem anderen Chaos des Lebens stoisch bleiben.

Nichts kann Sie vom Investieren abhalten. Das liegt daran, dass Sie stets den wahren Preis im Auge haben: die Freiheit. Das ist der Grund, warum wir letztlich tun, was wir tun. Und das gilt für alles. In uns selbst investieren. Verluste akzeptieren. Unser Geld auf dem Markt vermehren. Das ist alles kein Kinderspiel. Aber es macht uns geistig und finanziell stärker. Und mit dieser Stärke geht die Freiheit einher.

Ich erinnere mich, dass ich während der Finanzkrise 2008 einen Blogpost gelesen habe, kurz nachdem ich viel Geld an der Börse verloren hatte. Ich weiß nicht mehr, wo ich ihn gelesen habe oder von wem er stammte. Ich erinnere mich nur an einen Satz (den ich hier paraphrasiere): *Wenn Sie Aktien besitzen und der Gedanke an eine Rezession Ihnen nicht gleich einen Schauer über den Rücken jagt, dann sind Sie aus Granit!*[252]

Das ist der Grund, warum sich gewöhnliche Menschen vor Aktien fürchten. Sie kommen nicht klar mit der Bandbreite der Emotionen, die sie durchlaufen, wenn der Markt tut, was er immer tut.

Nun, wir können das. Wir sind aus Granit.

Viel Spaß beim Investieren.

Dank

Ich danke Ihnen, liebe Leser. Ich erinnere mich immer wieder daran, dass es ohne Leser keinen Schriftsteller gibt. Seit 2015 haben mich die Leser zu einem Schriftsteller gemacht. Und dafür danke ich Ihnen.

Ohne die Unterstützung meiner Mutter, meines Vaters und meines Bruders wäre ich auch kein Schriftsteller. Sie haben mir bei jedem Schritt in meinem Leben geholfen und mich ermutigt. Besonders in den letzten acht Jahren, die mir geholfen haben, eine ernsthafte Karriere als Autor aufzubauen.

Allen, die direkt zu diesem Buch beigetragen haben, sage ich ein herzliches DANKESCHÖN. Ich dachte immer, das Schreiben sei eine einsame Angelegenheit. Ich habe mich geirrt. Das Schreiben eines Buches ist eine echte Teamleistung. Meinem Recherche-Assistenten John Pucay danke ich für sein Engagement und die Energie, mit der er mich bei jedem Kapitel unterstützt hat. Du hast an diesem Buch gearbeitet, als ob es dein eigenes wäre. Dank gebührt auch meinem früheren Assistenten Karl Balonzo für seine ausgezeichneten Recherchen für dieses Buch im Jahr 2021. Meiner Agentin Julie Stevenson, die von Anfang an an diese Idee geglaubt und mich mehr als zwei Jahre beim Schreiben unterstützt hat. Unsere frühen Gespräche haben mir geholfen, die Richtung des Buches klarer zu erkennen. Meiner Lektorin Merry Sun, die mir geholfen hat, meinen Text zu verbessern und das Buch auf die nächste Stufe zu heben.

Vielen Dank auch an die übrigen Lektoratsmitarbeiter, einschließlich Leila Sandlin. Meinem Verleger bei Portfolio, Adrian Zackheim, und Programmleiterin Niki Papadopoulos danke ich dafür, dass sie sich dieses Buches angenommen haben. Der gesamte Prozess war so positiv, energiegeladen und wunderbar. Ihr alle habt diesem Buch einen fruchtbaren Boden bereitet, auf dem es wachsen konnte. Dafür bin ich sehr dankbar.

Danke auch an Morgan Housel, Jimmy Soni, Tadas Viskanta, Scott Young und Derek Sivers für die Unterstützung, als ich noch an dem Buchkonzept arbeitete.

Dieses Buch wurde maßgeblich durch die Werke von Robert Greene inspiriert. Er hat meine Gedanken darüber beeinflusst, wie man Geschichten erzählen und Erkenntnisse vermitteln kann. Er hat einen Standard für Sachbücher wie dieses gesetzt.

Ich könnte noch eine ganze Weile weitermachen. Es gibt so viele Menschen, die mich in den letzten Jahren beim Schreiben unterstützt haben. Sollten wir jemals miteinander in Kontakt kommen, sollen Sie wissen, dass ich jedes Quäntchen Unterstützung, das ich bekomme, sehr zu schätzen weiß. Das ist etwas, was mir meine Eltern beigebracht haben. Als wir aufwuchsen, hatten wir nicht viel außer Dankbarkeit. Es kostet nichts, seine Wertschätzung zu zeigen. Aber die Wirkung, die dies auf andere hat, ist unbezahlbar. Danke, dass Sie diese Zeit mit mir verbringen. Ich wünsche Ihnen alles Gute.

Darius
Juni 2023

Anmerkungen

Kapitel 1: Mein Streben nach dauerhaftem Wohlstand

1 Tami Luhby, »Wages continue to rise, but they still aren't keeping pace with inflation«, CNN, 31. Januar 2023, https://edition.cnn.com/2023/01/31/economy/workers-wages-fourth-quarter/index.html.

2 »Value of $1 from 1980 to 2022«, OfficialData.org, https://www.officialdata.org/us/inflation/1980?endYear=2022&amount=1, abgerufen am 2. Juni 2023.

3 »Stock market returns between 1980 and 2022«, OfficialData.org, https://www.officialdata.org/us/stocks/s-p-500/1980?amount=1&endYear=2022, abgerufen am 14. Juni 2023.

4 J. B. Maverick, S&P 500 Average Return, *Investopedia*, https://investopedia.com/ask/answers/042415/what-average-annual-return-sp-500.asp, aktualisiert am 24. Mai 2023.

5 Der »reale Wert« eines einzelnen US-Dollars nimmt mit der Zeit ab. Mit anderen Worten: Mit einem Dollar lassen sich weniger Artikel im Laden kaufen. »Value of $1 from 1980 to 2022«.

6 Inflationsbereinigt würde der *nominale* Endwert der ursprünglichen 1000-Dollar-Investition von 105 244,24 US-Dollar eine Rendite von 29 632,50 US-Dollar ergeben. OfficialData.org, »Stock Market returns between 1980 and 2022«.

7 »WHO Coronavirus (COVID-19) Dashboard«, World Health Organization, https://covid19.who.int/?mapFilter=deaths, abgerufen am 3. Mai 2023.

8 Juliana Menasce Horowitz, Ruth Igielnik und Rakesh Kochhar, »Trends in income and wealth inequality«, Pew Research Center, 9. Januar 2020, https://www.pewresearch.org/social-trends/2020/01/09/trends-in-income-and-wealth-inequality.

9 Robert Frank, »Where The Rich Make Their Income«, CNBC, 9. April 2015, https://www.cnbc.com/2015/04/09/where-the-rich-make-their-income.html.

10 »The Rise of Retail Traders«, BNY Mellon Wealth Management, https://www.bnymellonwealth.com/insights/the-rise-of-retail-traders.html, abgerufen am 14. Juni 2023.

11 George Smith, »Is 2022 One Of The Most Volatile Years Ever For Stocks?«, LPL Financial Research, 1. September 2022, https://lplresearch.com/2022/09/01/is-2022-one-of-the-most-volatile-years-ever-for-stocks.

12 »Welcome to the future of markets«, World Federation of Exchanges, https://www.world-exchanges.org, abgerufen am 2. Juni 2023.

13 Bob Pisani, »Attention Robinhood power users: Most day traders lose money«, CNBC, 20. November 2020, https://www.cnbc.com/2020/11/20/attention-robinhood-power-users-most-day-traders-lose-money.html.

14 Josh Meyers, »New report finds almost 80 % of active fund managers are falling behind«, CNBC, 27. März 2022, https://www.cnbc.com/2022/03/27/new-report-finds-almost-80percent-of-active-fund-managers-are-falling-behind.html.

15 Dean Talbot, »Business Book Sales Statistics«, Words Rated, 20. Dezember 2022, https://wordsrated.com/business-books-statistics.

16 Andy Shuler, »9 Top Benjamin Graham Quotes on Value Investing«, eInvesting for Beginners, 21. November 2019, https://einvestingforbeginners.com/benjamin-graham-quotes-ashul.

17 John Carney, »America Lost $10.2 Trillion In 2008«, *Business Insider*, 3. Februar 2009, https://www.businessinsider.com/2009/2/america-lost-102-trillion-of-wealth-in-2008?international=true&r=US&IR=T.

18 Seneca, *Briefe an Lucilius*, 19. Buch, 116. Brief (Ditzingen: Reclam, 2014).

19 Bob Pisani, »One Year Ago, Stocks Dropped 12 % in a Single Day. What Investors Have Learned Since Then«, CNBC, 16. März 2021, https://www.cnbc.com/2021/03/16/one-year-ago-stocks-dropped-12percent-in-a-single-day-what-investors-have-learned-since-then.html.

Kapitel 2: Wohlstand aufbauen durch die Anwendung uralter Weisheit

20 »Zeno of Citium«, World History Encyclopedia, https://www.worldhistory.org/Zeno_of_Citium, abgerufen am 3. Mai 2023.

21 Epiktet, *Handbüchlein der Moral*, 24. Kapitel (Stuttgart: Reclam, 2008).

Kapitel 3: Sich in drei Schritten einen Stoischen Vorsprung verschaffen

22 »Berkshire Hathaway: Everything You Need to Know«, https://Insurance Business, insurancebusinessmag.com/us/companies/berkshire-hathaway/117652, abgerufen am 24. Juni 2023.

23 »How Warren Buffett Keeps up with a Torrent of Information«, Farnam Street, https://fs.blog/warren-buffett-information, abgerufen am 13. Juni 2023.

24 Bloomberg, »Buffett Nears a Milestone He Doesn't Want: \$100 Billion in Cash«, *Money*, 7. August 2017, https://money.com/warren-buffett-berkshire-hathaway-too-much-cash.

25 »90 % of Americans Want to Invest but Almost Half Don't Know Where to Start«, *Stash*, 9. August, 2022, https://www.stash.com/learn/90-of-americans-want-to-invest-but-almost-half-dont-know-where-to-start.

26 Caroline Banton, »The Rule of 72: What It Is and How to Use It in Investing«, *Investopedia*, aktualisiert am 18. Juni 2023, https://investopedia.com/ask/answers/what-is-the-rule-72.

27 Mark Aurel, *Selbstbetrachtungen*, Buch V, Abschnitt 19 (München: Anaconda, 2018).

Erster Grundsatz: Investieren Sie in sich selbst

28 Mark Aurel, *Selbstbetrachtungen*, Buch V, Abschnitt 19 (München: Anaconda, 2018).

Kapitel 4: Nützliche Fähigkeiten sind wichtiger als Geld

29 Lucinda Shen, »Why Wall Street traders are obsessed with Jesse Livermore«, *Business Insider*, 17. Juli 2015, https://www.businessinsider.com/the-life-of-jesse-livermore-2015-7.

30 Tom Rubython, *Jesse Livermore – Boy Plunger: The Man Who Sold America Short in 1929* (Northamptonshire: The Myrtle Press, 2014).

31 Ebenda.

32 Ebenda.

33 Ebenda.

34 Ebenda.

35 David Hochfelder, »›Where the Common People Could Speculate‹: The Ticker, Bucket Shops, and the Origins of

Popular Participation in Financial Markets, 1880–1920«, *The Journal of American History* 93, no. 2 (1. September 2006): S. 335–358, https://doi.org/10.2307/4486233.

36 Ab 1897 begannen die Behörden, die Bucket Shops in New York zu schließen. Der letzte wurde 1908 zugemacht. »Big Raid on Bucket Shops«, *The New York Times*, 24. April 1897, https://nytimes.com/1897/04/24/archives/big-raid-on-bucket-shops-three-new-street-houses-closed-in-the.html.

37 Rubython, *Jesse Livermore – Boy Plunger.*

38 Edwin Lefevre, *Reminiscences of a Stock Operator* (New York: George H. Doran Company, 1923), deutscher Titel: *Erinnerungen eines Börsenspekulanten. Der amerikanische Börsenklassiker aus dem Jahr 1923*, Ullstein 2023.

39 Ellen Terrell, »United Copper, Wall Street, and the Panic of 1907«, *Inside Adams* (Blog), Library of Congress, 9. März 2021, https://blogs.loc.gov/inside_adams/2021/03/united-copper-panic-of-1907.

40 Shen, »Why Wall Street Traders Are Obsessed with Jesse Livermore«.

41 Richard Smitten, *Jesse Livermore: World's Greatest Stock Trader* (New York: John Wiley & Sons, 2001), deutscher Titel: *Traden wie Jesse Livermore*, Börsenmedien 2007.

42 ET Bureau, »Market crash of 1929: Some facts of the economic downturn«, *The Economic Times*, 22. Oktober 2017, https://economictimes.indiatimes.com/industry/miscellaneous/market-crash-of-1929-some-facts-of-the-economic-downturn/articleshow/61166918.cms?from=mdr.

43 Ryan Holiday und Stephen Hanselman, *Lives of the Stoics: The Art of Living from Zeno to Marcus Aurelius* (New York: Portfolio/Penguin, 2020), deutscher Titel: *Das Leben der Stoiker. Lektionen über die Kunst des Lebens von Mark Aurel bis Zenon*, FinanzBuch Verlag 2020.

44 Robert Greene, *Mastery* (New York: Viking Adult, 2012), deutscher Titel: *Perfekt. Der überlegene Weg zum Erfolg*, Hanser 2013.

45 Seneca, *Briefe an Lucilius*, 2. Buch, 16. Brief, (Ditzingen: Reclam, 2014).

46 Epiktet, *Handbüchlein der Moral*, 51. Kapitel (Stuttgart: Reclam, 2008).

47 Epiktet, *Handbüchlein der Moral*, 51. Kapitel, in: Deckert, Tino (Hrsg.), *Gespräche, Fragmente, Handbuch* (Hamburg: tredition, 2021).

48 William Zinsser, »Looking for a Model«, *The American Scholar*, 2. Dezember 2011, https://theamericanscholar.org/looking-for-a-model/#.VVSw70JYzA4.

49 Epiktet, *Gespräche (Diatriben)*, Buch II, Kapitel 1: Dass Kühnheit und Behutsamkeit sich nicht ausschließen, in: Deckert, Tino (Hrsg.), *Gespräche, Fragmente, Handbuch* (Hamburg: tredition, 2021).

Kapitel 5: Die verborgenen Prinzipien des Marktes

50 Roger Lowenstein, *Buffett: The Making of an American Capitalist* (New York: Random House, 1995), deutscher Titel: *Buffett. Die Geschichte eines amerikanischen Kapitalisten*, Börsenbuchverlag 2019.

51 Kathleen Elkins, »22 mind-blowing facts about Warren Buffett and his wealth«, *Business Insider*, 24. September 2015, www.businessinsider.com/facts-about-warren-buffett-2015-9.

52 Alice Schroeder, *The Snowball: Warren Buffett and the Business of Life* (New York: Bantam Books, 2008), deutscher Titel: *Warren Buffett. Das Leben ist wie ein Schneeball*, FinanzBuch-Verlag 2010.

53 Brian Domitrovic, »Why Did People Buy Stocks In The 1920s?«, *Forbes*, 9. Januar 2020, www.forbes.com/sites/

briandomitrovic/2020/01/09/why-did-people-buy-stocks-in-the-1920s.

54 Ebenda.

55 Edgar Lawrence Smith, *Common Stocks as Long Term Investments* (New York: Macmillan, 1924).

56 Joshua Kennon, »How Did Warren Buffett Become So Rich?«, *The Balance*, 5. Juli 2022, https://www.thebalancemoney.com/warren-buffett-timeline-356439.

57 Schroeder, *The Snowball.*

58 Mark Casson und John S. Lee, »The Origin and Development of Markets: A Business History Perspective«, *Business History Review* 85, no. 1 (Mai 2011): 9–37, https://doi.org/10.1017/S0007680511000018.

59 Charles M. Jones, »Century of Stock Market Liquidity and Trading Costs«, Columbia Business School Research Paper Series, 23. Mai 2002, https://www0.gsb.columbia.edu/mygsb/faculty/research/pubfiles/4048/A%20century%20of%20Market%20Liquidity%20and%20Trading%20Costs.pdf.

60 »General Electric Co. History, Profile and Corporate Video«, Companies History, https://companieshistory.com/general-electric, abgerufen am 26. Juli 2023.

61 Howard Marks, *Mastering the Market Cycle: Getting the Odds on Your Side* (Boston: Houghton Mifflin Harcourt, 2018), deutscher Titel: *Marktzyklen meistern. So geht perfektes Timing für Anleger*, Börsenbuchverlag 2019.

62 Mark Aurel, *Selbstbetrachtungen*, Buch VI, Abschnitt 11 (München: Anaconda, 2018).

63 Warren E. Buffett, »Buy American. I Am.«, *The New York Times*, 16. Oktober 2008, https://www.nytimes.com/2008/10/17/opinion/17buffett.html.

64 Seneca, *Briefe an Lucilius*, 4. Buch, 35. Brief (Ditzingen: Reclam, 2014)

Kapitel 6: Beständigkeit zahlt sich aus: Investition als Gewohnheit

65 Robert D. Hershey Jr., »Geraldine Weiss Dies at 96; Blazed a Trail for Women in Investing«, *The New York Times*, 26. April 2022, https://www.nytimes.com/2022/04/26/business/geraldine-weiss-dead.html.

66 »Geraldine Weiss«, Capitol Private Wealth Group, http://www.capitolpwg.com/wp-content/uploads/2017/07/Geraldine-Weiss.pdf, abgerufen am 13. Juni 2023.

67 Katie McLaughlin, »5 things women couldn't do in the 1960s«, CNN, 25. August 2014, https://edition.cnn.com/2014/08/07/living/sixties-women-5-things/index.html.

68 Shenandoah Weiss, »Geraldine Weiss Levine interviewed by granddaughters in 2011«, YouTube, 21. Januar 2012, 56:31 min., https://youtu.be/ep-MRu45Wc.

69 »Dividend Stocks Pay Off«, *Forbes*, February 12, 2002, https://www.forbes.com/2002/02/12/0212adviser.html?sh=31a7d6163dbd.

70 Shenandoah Weiss, »Geraldine Weiss Levine interviewed …«

71 Amanda Leek, »How to invest like … Geraldine Weiss, the queen of blue-chip dividends«, *The Telegraph*, 18. September 2017, https://www.telegraph.co.uk/money/special-reports/invest-likegeraldine-weissthe-queen-blue-chip-dividends.

72 Anupam Nagar, »Geraldine Weiss' mantra for investing success: Stay with high dividend-paying stocks«, *The Economic Times*, 20. Februar 2021, https://economictimes.indiatimes.com/markets/stocks/news/bluechip-stocks-guru-geraldine-weiss-success-mantra-bet-on-high-dividend-paying-companies/articleshow/81124897.cms.

73 Geraldine Weiss, »Happy Birthday, I. Q. Trends«, *IQ Trends*, 1. April 2006, https://tayloredge.com/bits-n-pieces/news/happybirthday.pdf.

74 Hershey Jr., »Geraldine Weiss Dies at 96; Blazed a Trail for Women in Investing«.

75 Epiktet, *Gespräche (Diatriben)*, Buch II, Kapitel 18: Wie man mit den Vorstellungen kämpfen muss, in: Deckert, Tino (Hrsg.), *Gespräche, Fragmente, Handbuch* (Hamburg: tredition, 2021).

76 Musonius Rufus, *Gespräche*, Mus. 5: Ist die Praxis oder die Theorie wichtiger, in: Deckert, Tino (Hrsg.), *Der römische Stoiker Musonius Rufus* (Ahrensburg: tredition, 2023).

77 Epiktet, *Handbüchlein der Moral*, 3. Kapitel (Stuttgart: Reclam 2008).

78 Musonius Rufus, *Gespräche*, Mus. 7: Dass man Strapazen verachten sollte, in: Deckert, Tino (Hrsg.), *Der römische Stoiker Musonius Rufus*, (Ahrensburg: tredition, 2023).

79 Seneca, *Briefe an Lucilius*, 8. Buch, 72. Brief, (Ditzingen: Reclam, 2014).

Zweiter Grundsatz: Akzeptieren Sie Verluste

80 Epiktet, *Handbüchlein der Moral*, 13. Kapitel (Stuttgart: Reclam, 2008).

Kapitel 7: Finden Sie sich mit kurzfristigen Verlusten ab

81 FINAiUS, »How Cathie Wood Became the Queen of Retail Investors«, YouTube, 20. November 2021, https://youtu.be/CIXH1cceujg.

82 Adam Shell, »ARK Invest's Cathie Wood Reveals Her Successful Playbook«, *Investor's Business Daily*, 29. Oktober 2020, https://www.investors.com/news/management/leaders-and-success/cathie-wood-ark-invest-shows-you-her-winning-playbook.

83 »Tupelo Capital Management, L. L. C., 13F Report for Period Ending 2000-03-31«, United States Securities and

Exchange Commission, https://sec.gov/Archives/edgar/data/1080349/000095012300004921/0000950123-00-004921.txt, abgerufen am 26. Juli 2023.

84 Ebenda.

85 Michael Wursthorn, »Cathie Wood, Meme-Stock Champion Who Bet Big on Tesla and Bitcoin, Stands Her Ground«, *The Wall Street Journal,* 6. August 2021, https://www.wsj.com/articles/cathie-wood-ark-guiding-light-meme-stock-investing-11628258307.

86 Rebecca Lake, »History of IPOs That Failed«, *SoFi,* 8. März 2022, https://www.sofi.com/learn/content/ipos-that-failed/#.

87 Matt Phillips, »God, Money, YOLO: How Cathie Wood Found Her Flock«, *The New York Times,* 22. August 2021, https://www.nytimes.com/2021/08/22/business/cathie-wood-ark-stocks.html.

88 »ARK Innovation ETF ARKK: Performance«, Morningstar, https://morningstar.com/etfs/arcx/arkk/performance.

89 Claire Ballentine, »Cathie Wood's Ark Invest Rocked as Shareholder Seeks Control«, *Bloomberg,* 16. November 2020, https://www.bloomberg.com/news/articles/2020-11-16/takeover-battle-emerges-for-cathie-wood-s-ark-in-stellar-year.

90 Hayley C. Cuccinello, »›Go For It‹: America's Richest Self-Made Women On Founding Businesses After 40«, *Forbes,* 13. Oktober 2020, https://www.forbes.com/sites/hayleycuccinello/2020/10/13/american-self-made-women-founders-over-40.

91 »ARK Innovation ETF (ARKK) Performance«, *Yahoo! Finance,* https://finance.yahoo.com/quote/A RKK/performance.

92 Claire Ballentine, »Cathie Wood Amasses $50 Billion and a New Nickname: ›Money Tree‹«, *Bloomberg,* 5. Februar

2021, https://www.bloomberg.com/news/articles/2021-02-05/cathie-wood-amasses-50-billion-and-a-new-nickname-money-tree.

93 Jack Pitcher, »Investors Are Losing Faith in Cathie Wood's ARK Innovation»«, *The Wall Street Journal,* 13. Dezember 2022, https://www.wsj.com/articles/investors-are-losing-faith-in-cathie-woods-ark-innovation-11670846139.

94 In einem Tweet schreibt Cathie Wood (@CathieDWood): »Die Finanzwelt kritisiert und verunglimpft @ARKInvests Forschung und Investmentfokus auf exponentielles Wachstum: Sie lehnt unsere Prognosen über die enorme latente Rentabilität von Unternehmen ab, die kurzfristige Rentabilität zugunsten eines exponentiellen und hochprofitablen langfristigen Wachstums opfert«, Twitter, 4. Dezember 2022, https://twitter.com/CathieDWood/status/1599431785431326721.

95 Grace Dean, »Elon Musk says Tesla was just a month away from bankruptcy while it ramped up production of the Model 3«, *Business Insider,* 4. November 2020, https://www.businessinsider.com/elon-musk-tesla-bankruptcy-model-3-electric-vehicle-ev-production-2020-11.

96 »Tesla stock price in 2018«, StatMuse Money, https://www.statmuse.com/money/ask/tesla+stock+price+in+2018#, abgerufen am 12. Januar 2023.

97 2018 sagte Wood voraus, dass Tesla auf 4000 Dollar steigen würde. Das war vor den Aktiensplits von 5 zu 1 und 3 zu 1. Bereinigt um die Splits lag ihre Vorhersage bei etwa 260 Dollar. Matthew J. Belvedere, »Tesla stock going to $4,000 that would be an increase of 1,100%: Money manager Catherine Wood«, *CNBC,* 7. Februar 2018, https://www.cnbc.com/2018/02/07/ark-chief-catherine-wood-sees-tesla-stock-going-to-4000.html.

98 Tesla wurde bei rund 300 Dollar gehandelt, als Wood ihre Vorhersage im Jahr 2018 machte. Die Aktie erreichte im Juni 2019 einen Tiefstand von 177 Dollar. Diese Preise gelten vor den Aktiensplits. Alan Farley, »Slumping Tesla Stock Headed Into Test of 2019 Low«, *Investopedia,* 15. August 2019, https://www.investopedia.com/slumping-tesla-stock-headed-into-test-of-2019-low-4767681.

99 Matthew Fox, »ARK's Cathie Wood made a monster call in 2018 that Tesla stock would hit $4.000. Her prediction just came true 2 years early«, *Business Insider,* 8. Januar 2021, https://markets.businessinsider.com/news/stocks/tesla-stock-analysis-cathie-wood-ark-prediction-just-came-true-2021-1-1029944356.

100 Mark Aurel, *Selbstbetrachtungen,* Buch VI, Abschnitt 30 (München: Anaconda, 2018).

101 Seneca, *Briefe an Lucilius,* 20. Buch, 123. Brief (Ditzingen: Reclam, 2014).

102 »Percentage Positive and Negative Days Across Various Periods: S&P 500 Index«, Crestmont Research, https://www.crestmontresearch.com/docs/Stock-Yo-Yo.pdf.

103 Ben Ward, »Cathie Wood's Been Busy Adding to ARK Invest's Holdings, Buying Tesla, Coinbase and More«, Nasdaq, 20. April 2023, https://www.nasdaq.com/articles/cathie-woods-been-busy-adding-to-ark-invests-holdings-buying-tesla-coinbase-and-more.

104 Musonius Rufus, *Gespräche,* Mus. 6: Von der Übung, in: Deckert, Tino (Hrsg.), *Der römische Stoiker Musonius Rufus* (Ahrensburg: tredition, 2023).

Kapitel 8: Vermeiden Sie es, Ihr ganzes Geld zu verlieren

105 Edward O. Thorp, *A Man for All Markets: From Las Vegas to Wall Street, How I Beat the Dealer and the Market* (New York: Random House, 2017), deutscher Titel: *Ein Mann*

für alle Märkte. Wie ich das Casino und den Markt geschlagen habe, Börsenbuchverlag 2018.

106 Jacob Goldstein, »Episode 749: Professor Blackjack«, *Planet Money,* NPR, 20. Januar 2017, https://www.npr.org/transcripts/510810752.

107 Robert Blincoe, »Defining Moment: A professor temporarily turns the tables on the casinos, 1962«, *Financial Times,* 28. November 2009, https://www.ft.com/content/99075802-d7de-11de-b578-00144feabdc0.

108 Thorp, *A Man for All Markets,* S. 88.

109 Thorp, *A Man for All Markets,* S. 144.

110 Burton G. Malkiel, »The Math Whiz and the Money«, *The Wall Street Journal,* 29. Januar 2017, wsj.com/articles/the-math-whiz-and-the-money-1485733245.

111 »Stock market returns between 1969 and 1973«, https://officialdata.org/us/stocks/s-p-500/1969?amount=100&endYear=1973.

112 Thorp, *A Man for all Markets,* S. 146.

113 Michael Hiltzik, »Beating the odds: Ed Thorp tells how he invented card counting and made a fortune on Wall Street«, *Los Angeles Times,* 17. Februar 2017, https://www.latimes.com/business/hiltzik/la-fi-hiltzik-thorp-20170217-story.html.

114 Thorp, *A Man for all Markets,* S. 177f.

115 Roger Lowenstein, *When Genius Failed: The Rise and Fall of Long-Term Capital Management* (New York: Random House, 2000), S. 67–77, deutscher Titel: *Der große Irrtum. Die spektakuläre Geschichte vom Aufstieg und Untergang des raffiniertesten Investmentfonds aller Zeiten,* FinanzBuch Verlag 2007.

116 Troy Segal, »Long-Term Capital Management (LTCM)«, *Investopedia,* 29. Oktober 2020, https://www.investopedia.com/terms/l/longtermcapital.asp.

117 Sam Jones, »Meriwether's JWM Partners Winds Down Flagship Fund«, *Financial Times*, 8. Juli 2009, https://ft.com/content/21a6bbee-6c00-11de-9320-00144feabdc0.

118 Scott Patterson, »Old Pros Size Up the Game«, *The Wall Street Journal*, 22. März 2008, https://wsj.com/articles/SB120614130030156085.

119 Thorp, *A Man for All Markets*, S. 213.

120 »Juvenal Quotes«, *Encyclopaedia Britannica*, https://www.britannica.com/quotes/Juvenal, abgerufen am 13. Juni 2023.

121 Corrie Driebusch, »IPO Stocks Have Tumbled, Hobbling Demand for New Listings«, *The Wall Street Journal*, 26. September 2022, https://www.wsj.com/articles/poor-ipo-stock-performance-weighs-further-on-new-issue-market-11664184781.

122 Es ist nicht klar, ob Keynes diesen Satz tatsächlich gesagt hat. »The Market Can Remain Irrational Longer Than You Can Remain Solvent«, *Quote Investigator*, abgerufen am 13. Juni 2023, https://quoteinvestigator.com/2011/08/09/remain-solvent.

123 Mark Aurel, *Selbstbetrachtungen*, Buch XI, Abschnitt 1 (München: Anaconda, 2018).

124 Epiktet, *Gespräche (Diatriben)*, Buch IV, Kapitel 1: Über die Freiheit, in: Deckert, Tino (Hrsg.), *Epiktet. Gespräche, Fragmente, Handbuch* (Hamburg: tredition 2021).

125 Ben Carlson, »The Stock Market Is Not a Casino«, *A Wealth of Common Sense* (Blog), 25. Mai 2023, https://awealthofcommonsense.com/2023/05/the-stock-market-is-not-a-casino.

126 Mark Aurel, *Selbstbetrachtungen*, Buch X, Abschnitt 8 (München: Anaconda, 2018).

127 Mark Aurel, *Selbstbetrachtungen*, Buch X, Abschnitt 35.

Kapitel 9: Gier ist nicht gut

128 »VWELX Vanguard Wellington Fund, Vanguard, https://investor.vanguard.com/investment-products/mutual-funds/profile/VWELX.

129 John C. Bogle, *Stay the Course: The Story of Vanguard and the Index Revolution* (Hoboken: Wiley, 2018).

130 James Chen, »Go-Go Fund«, *Investopedia,* 30. Juni 2022, https://www.investopedia.com/terms/g/go-go-fund.asp.

131 Edward Wyatt, »John C. Bogle, Founder of Financial Giant Vanguard, Is Dead at 89«, *The New York Times,* 16. Januar 2019, https://www.nytimes.com/2019/01/16/obituaries/john-bogle-vanguard-dead.html.

132 Kathleen Elkins, »Jack Bogle shares the $1 billion investing mistake that cost him his job«, *CNBC,* 21. Dezember 2018, https://www.cnbc.com/2018/12/20/jack-bogles-biggest-investing-mistake-cost-1-billion-and-his-job.html.

133 Rick Ferri, »What Was John Bogle Thinking?«, *Forbes,* 10. Februar 2014, https://www.forbes.com/sites/rickferri/2014/02/10/what-was-john-bogle-thinking/?sh=ac281be68e71.

134 Elkins, »Jack Bogle shares the $1 billion investing mistake that cost him his job«.

135 Bogle, *Stay the Course.*

136 John Clifton Bogle, »The Economic Role of the Investment Company«, Princeton University, https://dataspace.princeton.edu/handle/88435/dsp017m01bm63k, abgerufen am 13. Juni 2023.

137 Jason Zweig, »Birth of the Index Mutual Fund: Bogle's Folly Turns 40«, *Jason Zweig* (Blog), 31. August 2016, https://jasonzweig.com/birth-of-the-index-mutual-fund-bogles-folly-turns-40.

138 Laura Southwick, »Jack and the Bogleheads: How Vanguard Changed Investing Forever«, *Juno Finance* (Blog),

4. März 2021, https://juno.finance/blog/John-bogle-bogleheads-vanguard-history.

139 John C. Bogle, »Bogle Sounds a Warning on Index Funds«, *The Wall Street Journal*, 29. November 2018, https://www.wsj.com/articles/bogle-sounds-a-warning-on-index-funds-1543504551.

140 Jason Zweig, »Birth of the Index Mutual Fund: ›Bogle's Folly‹ Turns 40«, *The Wall Street Journal*, aktualisiert am 31. August 2016, https://www.wsj.com/articles/BL-MBB-52953.

141 »Jack Bogle: The man who pioneered index investing«, *BBC News*, 17. Januar 2019, https://www.bbc.com/news/business-46906246.

142 John C. Bogle, »How the Index Fund Was Born«, *The Wall Street Journal*, 3. September 2011, https://wsj.com/articles/SB10001424053111904583204576544681577401622.

143 CNBC.com staff, »Jack Bogle, Index Mutual Fund Pioneer«, *CNBC*, 29. April 2014, https://www.cnbc.com/2014/04/29/25-jack-bogle.html.

144 Bogle, *Stay the Course.*

145 »Assets under management (AUM) of Vanguard in selected years from 1975 to 2024«, Statista, https://www.statista.com/statistics/1260855/vanguard-aum, abgerufen am 13. Juni 2023.

146 »Largest asset managers worldwide as of March 2022, by value of managed assets«, Statista, abgerufen am 28. Juli 2023, https://statista.com/statistics/322452/largest-asset-managers-worldwide-by-value-of-assets.

147 Shawn M. Carter, »This was Jack Bogle's ›only regret about money‹«, *CNBC*, 18. Januar 2019, https://www.cnbc.com/2019/01/18/jack-bogles-only-money-regret.html.

148 Nir Kaissar, »He should be a billionaire but Jack Bogle chose to make others richer«, *The Sydney Morning Herald,* 19. Januar 2019, https://www.smh.com.au/business/markets/he-should-be-a-billionaire-but-jack-bogle-chose-to-make-others-richer-20190119-p50sd8.html.
149 Wyatt, »John C. Bogle, Founder of Financial Giant Vanguard, Is Dead at 89.«
150 Jeff Sommer, »Vanguard's Jack Bogle Wasn't a Billionaire. He Was Proud of That.«, 16. Januar 2019, https://nytimes.com/2019/01/16/business/vanguard-jack-bogle-death.html.
151 »John D. Rockefeller«, *New World Encyclopedia,* abgerufen am 13. Juni 2023, https://www.newworldencyclopedia.org/entry/John_D._Rockefeller.
152 John C. Bogle, *Enough: True Measures of Money, Business, and Life* (Hoboken: Wiley, 2008), deutscher Titel: *Was wirklich zählt. Für mich, mein Konto, meinen Job,* Börsenmedien 2010.
153 Eine ausführliche Darstellung der Gemeinsamkeiten und Unterschiede von Stoizismus, Epikureismus und Kynismus finden Sie in diesem Vortrag von Professor Edith Hall. Die britische Altphilologin hat sich auf antike griechische Literatur und Kulturgeschichte spezialisiert. »Cynics, Stoics, Epicureans«, Gresham College, 27. Mai 2021, 45:58 min., https://www.gresham.ac.uk/watch-now/cynics-stoics-epicureans.
154 Seneca, *Briefe an Lucilius,* 1. Buch, 2. Brief (Ditzingen: Reclam, 2014).
155 Ethan Wolff-Mann, »43 % of retail investors are trading with leverage: Survey«, *Yahoo! Finance,* 9. September 2020, https://finance.yahoo.com/news/43-of-retail-investors-are-trading-with-leverage-survey-172744302.html.

156 Musonius Rufus, *Gespräche,* Mus. 8: Auch Könige sollten philosophieren, in: Deckert, Tino (Hrsg.), *Der römische Stoiker Musionius Rufus* (Ahrensburg: tredition, 2023).

157 Epiktet, *Handbüchlein der Moral,* 2. Kapitel (Stuttgart: Reclam, 2008).

158 Ebenda.

159 Musonius Rufus, *Gespräche,* Mus. 18: Über Ernährung, in: Deckert, Tino (Hrsg.), *Der römische Stoiker Musonius Rufus* (Ahrensburg: tredition, 2023).

160 Seneca, *Trostschrift an seine Mutter Helvia,* in: Lucius Annaeus Seneca, *Trostschriften,* Zenodot Verlagsgesellschaft, Berlin 2016.

Dritter Grundsatz: Vermehren Sie Ihr Geld

161 Seneca, *Briefe an Lucilius,* 4. Buch. 38. Brief (Ditzingen: Reclam, 2014).

Kapitel 10: Lassen Sie Ihr Geld arbeiten

162 Peter Lynch und John Rothschild, *One Up On Wall Street: How To Use What You Already Know To Make Money In The Market* (New York: Penguin Books, 1989), deutscher Titel: *Der Börse einen Schritt voraus. Wie auch Sie mit Aktien verdienen können!*, Börsenbuchverlag 2018.

163 Anne Fisher, »From golf caddy to big shot: No accidental path«, *Fortune,* 17. Juli 2013, https://fortune.com/2013/07/17/from-golf-caddy-to-big-shot-no-accidental-path.

164 »Betting on the market pros: Peter Lynch«, *Frontline,* PBS, https://www.pbs.org/wgbh/pages/frontline/shows/betting/pros/lynch.html, abgerufen am 13. Juni 2023.

165 »Peter Lynch Resource Page«, Value Walk, https://www.valuewalk.com/peter-lynch-resource-page.

166 Peter Lynch und John Rothschild, *Beating the Street* (New York: Simon & Schuster, 1992), deutscher Titel: *Aktien*

für alle. So verdienen Privatanleger an der Börse, Börsenbuchverlag 2019.

167 Lynch & Rothschild, *Beating the Street,* S. 149.

168 Lynch & Rothschild, *Beating the Street,* S. 148.

169 Anise C. Wallace, »Mutual Fund Champion Quits as Magellan Head«, *The New York Times,* 29. März 1990, https://www.nytimes.com/1990/03/29/business/mutual-fund-champion-quits-as-magellan-head.html.

170 Ryan McKeon und Jeffrey M. Netter, »What Caused the 1987 Stock Market Crash and Lessons for the 2008 Crash«, *Review of Accounting and Finance* 8, no. 2 (19. Januar 2009): S. 123–137, https://dx.doi.org/10.2139/ssrn.1330220.

171 Lynch und Rothschild, *One Up On Wall Street,* S. 36.

172 Steven Perlberg, »Mutual Fund Legend Peter Lynch Identifies His ›Three C's‹ Of Investing In A Rare Interview«, *Business Insider,* 6. Dezember 2013, https://www.businessinsider.com/peter-lynch-charlie-rose-investing-2013-12.

173 »Betting on the market pros: Peter Lynch«, *Frontline.*

174 Seneca, *Briefe an Lucilius* (Ditzingen: Reclam 2014).

175 Seneca, *Von der Seelenruhe,* 1. Kapitel, in: Seneca, *Vom glücklichen Leben. Vier Schriften* (München: Anaconda, 2016).

176 Maurice Backman, »Einstein Said Compound Interest Is the 8th Wonder of the World. Why Graham Stephan Thinks That's Right«, *The Ascent,* 5. Januar 2023, https://www.fool.com/the-ascent/buying-stocks/articles/einstein-said-compound-interest-is-the-8th-wonder-of-the-world-why-graham-stephan-thinks-thats-right.

177 Epiktet, *Handbüchlein der Moral,* 51. Kapitel, in: Deckert, Tino (Hrsg.), *Epiktet. Gespräche, Fragmente, Handbuch* (Hamburg: tredition, 2021).

178 Ebenda.

179 Musonius Rufus, *Fragmente,* Mus. 35, in: Deckert, Tino (Hrsg.), *Der römische Stoiker Musonius Rufus* (Ahrensburg: tredition, 2023).

Kapitel 11: Vertrauen Sie auf Ihr Urteilsvermögen

180 Julia La Roche, »The Fabulous Life Of Stanley Druckenmiller –The Hedge Funder Who Says Old People Are Robbing Young People Blind«, *Business Insider,* 5. März 2013, https://www.businessinsider.com/life-of-stanley-druckenmiller-2013-3.

181 Sebastian Mallaby, *More Money Than God: Hedge Funds and the Making of a New Elite* (New York: Penguin Press, 2010), deutscher Titel: *Mehr Geld als Gott: Hedgefonds und ihre Allmachtsfantasien,* FinanzBuch Verlag 2011.

182 »The Saturday Story: Soros loses $2 billion«, *The Independent,* 1. November 1997, https://www.independent.co.uk/life-style/the-saturday-story-soros-loses-2-billion-1291410.html.

183 George Soros, *Soros on Soros: Staying Ahead of the Curve* (New Jersey: Wiley, 1995), S. 47, deutscher Titel: *Soros über Soros. Börsenguru und Mäzen,* Eichborn 1996. »Outwitting the Markets: 1969–80«, Soros Fund Management LLC, Encyclopedia.com, https://encyclopedia.com/books/politics-and-business-magazines/soros-fund-management-llc#:~:text=in%20capital%2C%20including-,%24250%2C000,-of%20his%20own, abgerufen am 26. Juli 2023.

184 Im Jahr 1968 ordnete die SEC 140 Investmentgesellschaften als Hedgefonds ein. Bis Ende 1970 waren die größten 28 Fonds um 70 Prozent geschrumpft. Der Gesamtwert der verbleibenden Fonds lag damals bei 300 Millionen Dollar. Alan Rappeport, »A Short History of Hedge Funds«, *CFO,* 27. März 2007, https://www.cfo.

com/banking-capital-markets/2007/03/a-short-history-of-hedge-funds.

185 Mallaby, *More Money Than God.*

186 Jack D. Schwager, *The New Market Wizards: Conversations with America's Top Traders* (New York: HarperCollins, 1992).

187 Schwager, *The New Market Wizards*, S. 262.

188 Ebenda.

189 Soros, *Soros on Soros*, S. 61.

190 Katherine Burton, »Druckenmiller to Shut Fund After 30 Years as Stress Takes Toll«, *Bloomberg*, 19. August 2010, https://www.bloomberg.com/news/articles/2010-08-18/druckenmiller-calls-it-quits-after-30-years-as-hedge-fund-job-gets-tougher.

191 Mallaby, *More Money Than God*, S. 188.

192 Mallaby, *More Money Than God.*

193 Soros, *Soros on Soros*, S. 62.

194 Andrew Beattie, »How Did George Soros Break the Bank of England?«, *Investopedia*, 14. November 2022, https://www.investopedia.com/ask/answers/08/george-soros-bank-of-england.asp.

195 Mallaby, *More Money Than God*, S. 208.

196 Gregory Zuckerman, »How the Soros Funds Lost Game Of Chicken Against Tech Stocks«, *The Wall Street Journal*, 22. Mai 2000, https://www.wsj.com/articles/SB958944195758535 88.

197 Michael Batnick, *Big Mistakes: The Best Investors and Their Worst Investments* (New York: Bloomberg Press, 2018), deutscher Titel: *Große Fehler. Die besten Investoren und ihre schlechtesten Investments*, Wiley-VCH 2020.

198 Zuckerman, »How the Soros Funds Lost Game Of Chicken Against Tech Stocks«.

199 Ebenda.

200 Anupam Nagar, »Tendencies Charlie Munger wants you to beat to make money in market«, *The Economic Times,* 7. November 2020, https://economictimes.indiatimes.com/markets/stocks/news/tendencies-charlie-munger-wants-you-to-beat-to-make-money-in-market/articleshow/79097287.cms.

201 »›Overplayed‹ Hand«, *The New York Times,* 29. April 2000, https://www.nytimes.com/2000/04/29/business/another-technology-victim-top-soros-fund-manager-says-he-overplayed-hand.html.

202 Mark Aurel, *Selbstbetrachtungen,* Buch IV, Abschnitt 11 (München: Anaconda, 2018).

203 Das Umschwenken der Investoren vom Bitcoin/Krypto-Bereich zum Thema künstliche Intelligenz (KI) wird gut analysiert in: Wright's Research, »Nvidia: Goodbye Crypto, Hello AI«, *Seeking Alpha,* 22. November 2022, https://seekingalpha.com/article/4559930-nvidia-nvda-stock-goodbye-crypto-hello-ai.

204 Um Gewinne zu erzielen, versuchten viele Unternehmen der Blockchain- und Kryptobranche, ihre Geschäftsmodelle zu ändern. Stacy Elliott, »Bitcoin Miners Are Pivoting in Search of Profits – And Hedging Their Bets«, *Decrypt,* 18. Oktober 2022, https://decrypt.co/112312/bitcoin-miners-pivoting-profits-hedging.

205 Seneca, *Briefe an Lucilius,* 1. Buch, 5. Brief (Ditzingen: Reclam, 2014).

206 Andrew Ross Sorkin und Peter Lattman, »Founder Terminating Hedge Fund«, *The New York Times,* 18. August 2010, https://www.nytimes.com/2010/08/19/business/19hedge.html.

207 Peter Elstrom, Pavel Alpeyev und Lulu Yilun Chen, »Inside the eccentric, relentless deal making of SoftBank's Masayoshi Son«, *Los Angeles Times,* 2. Januar

2018, https://www.latimes.com/business/la-fi-tn-masayoshi-son-softbank-20180102-story.html.

208 Masayoshi Son, »Masayoshi Son Talks About Learning From Mistakes and Turning Them Into Success | DealBook«, YouTube, 17. November 2020, 48:41 min., www.youtube.com/watch?v=4KZrOfolyUA.

209 Mark Aurel, *Selbstbetrachtungen,* Buch XI, Abschnitt 1 (München: Anaconda, 2018).

Kapitel 12: Halten Sie sich an Ihre Anlagestrategie

210 William Green, *Richer, Wiser, Happier: How the World's Greatest Investors Win in Markets and Life* (New York: Simon and Schuster, 2021), deutscher Titel: *Über die Kunst reicher, weiser und glücklicher zu sein. Wie die besten Investoren der Welt an der Börse und privat erfolgreich sind,* FBV 2021.

211 »Mohnish Pabrai's Interview at Mint Equitymaster Investor Hour on April 11, 2023«, *Chai With Pabrai* (Blog), http://www.chaiwithpabrai.com/uploads/5/5/1/3/55139655/mohnish_pabrais_interview_at_mint-equitymaster_investor_hour_on_april_11_2023.pdf.

212 Preston Pysh, »Mohnish Pabrai's Approach To Beating The Market«, *Forbes,* 16. Januar 2017, https://www.forbes.com/sites/prestonpysh/2017/01/16/mohnish-pabrai/?sh=48e243dd3e01.

213 »Mohnish Pabrai Q&A Session with Students at Clemson University on January 27, 2021«, *Chai With Pabrai* (Blog), http://www.chaiwithpabrai.com/uploads/5/5/1/3/55139655/mohnish_pabrais_qa_session_with_students_at_clemson_university_on_jan_27_2021_v2.pdf.

214 »Mohnish Pabrai, Managing Partner, Pabrai Investment Funds«, Udemy, https://www.udemy.com/user/mohnishpabrai.

215 Inc. Staff, »The Inc. 500 Index«, *Inc.*, 15. Oktober 1996, https://www.inc.com/magazine/19961015/2077.html.

216 Nikhil Agarwal, »Man who made his billions by cloning Warren Buffett says shed ego first to get rich«, *The Economic Times*, 19. Mai 2021, https://economictimes.indiatimes.com/markets/stocks/news/man-who-made-his-billions-by-cloning-warren-buffett-says-shed-ego-first-to-get-rich/articleshow/82761893.cms.

217 Vanya Gautam, »Mohnish Pabrai: The ›Copycat Crorepati‹ Who Made Billions By Following Warren Buffett's Strategy«, *The Economic Times*, 17. November 2022, https://www.indiatimes.com/worth/news/copycat-crorepati-mohnish-pabrai-who-clones-warren-buffett-585048.html.

218 William Green, »Turning $1 million into $1 billion by ›cloning‹ Warren Buffett«, *LinkedIn*, 20. April 2021, https://www.linkedin.com/pulse/turning-1-million-billion-cloning-warren-buffett-william-green.

219 Green, *Richer, Wiser, Happier*, S. 35.

220 Agarwal, »Man who made his billions by cloning Warren Buffett says shed ego first to get rich«.

221 John Vincent, »Tracking Stocks In Mohnish Pabrai's Investment Funds: Part III«, *Seeking Alpha*, 10. Oktober 2011, https://seekingalpha.com/article/298573-tracking-stocks-in-mohnish-pabrais-investment-funds-part-iii.

222 Epiktet, *Handbüchlein der Moral*, 35. Kapitel (Stuttgart: Reclam, 2008).

223 Marks, *Mastering The Market Cycle*, S. 235.

224 Charles V. Bagli, »Nasdaq Adds the Biggest, Brightest Light to the Times Sq. Glare«, *The New York Times*, 29. Dezember 1999, https://www.nytimes.com/1999/12/29/nyregion/nasdaq-adds-the-biggest-brightest-light-to-the-times-sq-glare.html.

225 Seneca, *Briefe an Lucilius,* 2. Buch, 15. Brief (Ditzingen: Reclam, 2014).

226 »Mohnish Pabrai's Portfolio«, ValueSider, abgerufen am 26. Juli 2023, https://valuesider.com/guru/mohnish-pabrai-dalal-street/portfolio.

227 »Thoughts On The Business Of Life«, *Forbes,* https://www.forbes.com/quotes/5755.

228 Musonius Rufus, *Gespräche,* Fragment 51, in: Deckert, Tino (Hrsg.), *Der römische Stoiker Musonius Rufus* (Ahrensburg: tredition, 2023).

Kapitel 13: Wie man mit dem Investieren in Aktien beginnt

229 Auf lange Sicht hat der S&P 500 im Durchschnitt etwa 10 Prozent jährlich abgeworfen im Gegensatz zu gerade einmal 3 oder 4 Prozent bei den Immobilien. John Csiszar, »Should You Invest in Real Estate or the Stock Market?«, *Yahoo! Finance,* 23. Januar 2023, https://finance.yahoo.com/news/invest-real-estate-stock-market-120027283.html.

230 Political Calculations, »Median Household Income in February 2023«, *Seeking Alpha,* 4. April 2023, https://seekingalpha.com/article/4592188-median-household-income-in-february-2023.

231 Der tatsächliche Steuersatz hängt vom jeweiligen US-Bundesstaat ab. Dieser Rechner geht von einer durchschnittlichen Steuerbelastung von 29,14 Prozent aus. »Federal Income Tax Calculator – Estimator for 2022–2023 Taxes«, Smart Asset, https://smartasset.com/taxes/income-taxes#ifoRCFtLkp.

232 Die Zahlen wurden mit dem Zinseszins-Rechner von investor.gov berechnet. »Compound Interest Calculator«, Investor.gov, https://www.investor.gov/financial-tools-calculators/calculators/compound-interest-calculator.

233 James Royal und Brian Baker, »What is the average Social Security check?«, *Bankrate,* 13. Juli 2023, https://www.bankrate.com/retirement/average-monthly-social-security-check.

234 Social Security Administration, »Average retired worker's monthly benefit is $1,164«, *Tampa Bay Times,* 28. April 2010, https://www.tampabay.com/archive/2010/04/28/average-retired-worker-s-monthly-benefit-is-1164.

235 »CPI Inflation Calculator«, U. S. Bureau of Labor Statistics, abgerufen am 14. Juni 2023, https://www.bls.gov/data/inflation_calculator.htm.

236 Statista Research Department, »Homeownership rate in the United States from 1990 to 2022«, Statista, 6. Februar 2023, https://www.statista.com/statistics/184902/homeownership-rate-in-the-us-since-2003.

237 Katherine Hamilton, »Gen Z Ahead Of Millennials-And Their Parents-In Owning Their Own Home«, *Forbes,* 21. April 2023, https://www.forbes.com/sites/katherinehamilton/2023/04/21/gen-z-ahead-of-millennials-and-their-parents-in-owning-their-own-homes/?sh=882c48a7d0e6.

Kapitel 14: In den Ruhestand gehen wie ein Stoiker

238 »Historical Returns on Stocks, Bonds and Bills: 1928–2022«, New York University Stern School of Business, Januar 2023, https://pages.stern.nyu.edu/~adamodar/New_Home_Page/datafile/histretSP.html.

239 Jasmin Suknanan, »What is the 4 % rule and how can it help you save for retirement?«, *CNBC Select,* November 30, 2022, https://www.cnbc.com/select/what-is-the-4-percent-retirement-savings-rule.

240 Seneca, *Von der Seelenruhe,* 14. Kapitel, in: Seneca, *Vom glücklichen Leben. Vier Schriften* (München: Anaconda, 2016).

241 Seneca, *Von der Kürze des Lebens,* 3. Kapitel, in: Seneca, *Vom glücklichen Leben. Vier Schriften* (München: Anaconda, 2016).

242 Ebenda.

Kapitel 15: Die 90/10-Regel des Spekulierens

243 Mark Aurel, *Selbstbetrachtungen,* Buch VI, Abschnitt 19 (München: Anaconda, 2018).

244 Theron Mohamed, »Warren Buffett slashes JPMorgan and Wells Fargo stakes, bets on Barrick«, *Business Insider,* 15. August 2020, https://markets.businessinsider.com/news/stocks/warren-buffett-sells-jpmorgan-wells-fargo-buys-barrick-gold-2020-8-1029506182.

245 Shubham Raj, »Does Warren Buffett's short honeymoon with gold signal you to sell yours?«, *The Economic Times,* 19. Februar 2021, https://economictimes.indiatimes.com/markets/stocks/news/does-warren-buffetts-short-honeymoon-with-gold-signal-you-to-sell-yours/articleshow/81105197.cms.

246 Das Gesamtvermögen von Berkshire Hathaway belief sich im Jahr 2020 auf rund 874 Milliarden Dollar. »Berkshire Hathaway Total Assets 2010–2023 | BRK.B«, *MacroTrends,* https://www.macrotrends.net/stocks/charts/BRK.B/berkshire-hathaway/total-assets. Berkshire Hathaway kaufte im Jahr 2020 Aktien von Barrick Gold im Wert von 562 Millionen Dollar. Eine Position im Wert von 562 Millionen Dollar entspricht also 0,064 Prozent des Gesamtvermögens des Unternehmens.

247 Maggie Fitzgerald, »Barrick Gold's stock soars more than 10 % after Buffett's Berkshire reveals stake«, *CNBC,* August 17, 2020, https://www.cnbc.com/2020/08/17/barrick-golds-stock-soars-after-buffetts-berkshire-reveals-stake.html.

248 Jesse Livermore, *How to Trade in Stocks* (New York: Duell, Sloan and Pearce, 1940), deutscher Titel: *Mein Schlüssel zu Börsengewinnen. Strategien einer Legende*, TM-Börsenverlag 2001.

249 Edward Chancellor, *Devil Take the Hindmost: A History of Financial Speculation* (London: Penguin Publishing Group, 1999).

250 The Investopedia Team, »Determining Where to Set Your Stop-Loss«, *Investopedia*, 4. Juni 2023, https://investopedia.com/ask/answers/030915/how-do-i-determine-where-set-my-stop-loss.asp.

251 Mark Aurel, *Selbstbetrachtungen*, 2. Buch, Abschnitt 59, (München: Anaconda, 2018).

Schlussbetrachtung: Seien Sie aus Granit

252 Leider kann ich mich an die Quelle dieses Zitats nicht mehr erinnern. Ich weiß auch nicht mehr, wie der Autor hieß. Ich erinnere mich nur, dass der Autor des Textes Gold zu kaufen empfahl, anstatt Geld in Aktien anzulegen. Falls Sie die Quelle kennen, lassen Sie es mich wissen! Bitte setzen Sie sich dazu über meine Website mit mir in Verbindung, damit ich diese Anmerkung aktualisieren kann.

Register

Unabhängig. Risikobewusst. Erfolgreich

Coverabbildungen vorbehalten

Margarethe Honisch
So wirst du finanziell frei
13 clevere Geldstrategien erfolgreicher Frauen

Piper Paperback, 256 Seiten
ISBN 978-3-492-06357-9

Margarethe Honisch möchte Frauen jeden Alters dazu ermutigen, ihre Finanzen selbst in die Hand zu nehmen. In ihrem Buch teilt sie die wertvollsten Erfolgsgeheimnisse, die sie von finanziell unabhängigen und erfolgreichen Frauen erfahren hat. Durch inspirierende Gespräche und konkrete Umsetzungstipps von Persönlichkeiten wie Diana zur Löwen, Verena Pausder und Antje Erhard bietet dieses Buch praxisnahe Anleitung und Motivation.

PIPER

Leseproben, E-Books und mehr unter www.piper.de

»Eine knallharte Auseinandersetzung mit Geld.« *ORF*

Coverabbildungen vorbehalten

Marlene Engelhorn

Geld

Über Macht, Vermögen und Ungerechtigkeit

Piper Taschenbuch, 192 Seiten
ISBN 978-3-492-32020-7

Als Erbin eines beträchtlichen Vermögens redet Marlene Engelhorn über Geld – und besteht darauf, dass wir alle es tun. Wie viel ist genug? Was ist das gute Leben für alle? Wie wollen wir teilen? Wenn wir nachhaltige Antworten wollen, müssen wir fragen, was Geld eigentlich ist. Ein erstrebenswertes Ziel oder der direkte Weg ins Verderben? Engelhorn seziert mit spitzer Feder unser Verhältnis zu Geld – und entwirft eine Vision, die zeigt, dass gerechte Umverteilung nur demokratisch wirken kann.

Leseproben, E-Books und mehr unter www.piper.de